趣味数学丛书

趣味运筹

从田忌赛马到囚徒

熊义杰／编著

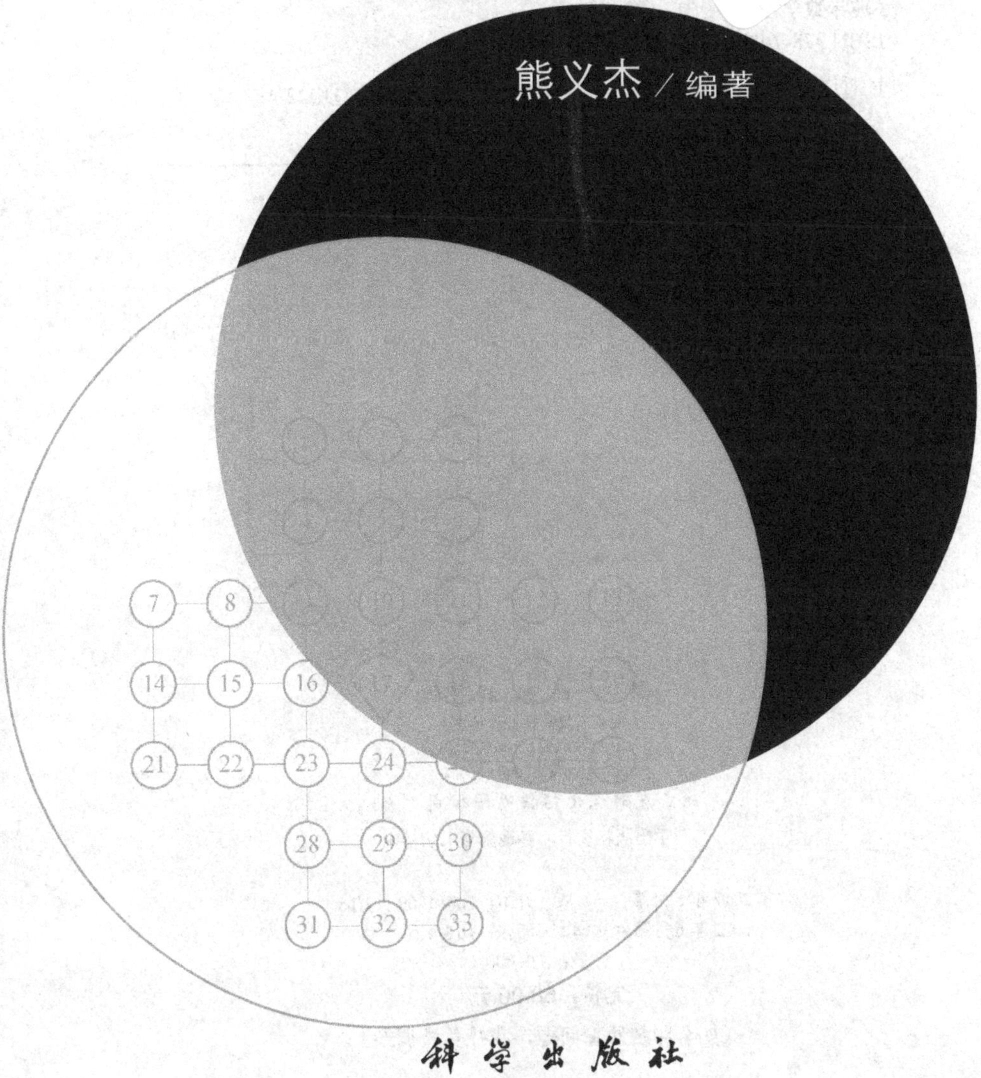

科学出版社
北京

图书在版编目（CIP）数据

趣味运筹学：从田忌赛马到囚徒困境 / 熊义杰编著. —北京：科学出版社，2017.8

（趣味数学丛书）

ISBN 978-7-03-053728-7

Ⅰ. ①趣…　Ⅱ. ①熊…　Ⅲ. ①运筹学-普及读物　Ⅳ. ①O22-49

中国版本图书馆 CIP 数据核字（2017）第 138699 号

责任编辑：石　卉 / 责任校对：何艳萍

责任印制：李　彤 / 封面设计：黄华斌

科学出版社 出版

北京东黄城根北街 16 号

邮政编码：100717

http://www.sciencep.com

北京虎彩文化传播有限公司 印刷

科学出版社发行　各地新华书店经销

*

2017 年 8 月第　一　版　开本：720×1000　1/16

2022 年 6 月第六次印刷　印张：16 3/4

字数：338 000

定价：58.00 元

前　言

运筹学是研究当面对某方面的问题时，如何在给定的条件下寻求最优方案的一门科学。因此，运筹学与不同问题结合，就出现了不同的分支学科，如当面对的问题属于军事问题时，有军事运筹学；当面对的问题属于管理问题时，有管理运筹学。我从事运筹学教学已近30年，由我编著的《运筹学教程》已出版了第三版。然而，如何将运筹学的教学做到深入浅出，我仍然深感困惑。原因何在？最重要的一点是运筹学相对较难，它不仅需要建立模型，需要数学知识，更需要熟悉所要解决的问题，如管理问题或军事问题。我教过的MBA（工商管理硕士）学员中有一个班的同学们竟直接管运筹学叫做“晕愁学”，足以想见他们对运筹学的印象。所以，怎样把运筹学讲得通俗易懂，一直是我努力的一个方向。收集趣味运筹学问题，目的有二：一是增加读者对运筹学学习的兴趣；二是加深读者对运筹学精髓的理解。有了这两条，我相信运筹学的学习就会变得相对容易一些。

何为趣味？所谓趣味，即读后能使人感到愉快，能引起人的兴趣。运筹学的精髓或说核心是它的方法，即寻求最优方案的方法，具体地说就是建立模型和求解模型。这两个方面都需要丰富的专业知识，做起来往往比较困难。我们在现实生活中遇到的问题是多方面的，因此解决问题的方法也是多种多样的。我们常常说“条条大路通罗马”就是这个意思。这就为我们编写本书留下了足够的空间——讨论的问题涉及现实生活的方方面面，运用的方法是能够解决问题的可用方法。

在现实生活中，每天都会有这样那样的问题需要我们运筹决策。有些事情是有可参考的模式的，而有些事情却从来没有遇到过，我们就不知道该怎么做，这就需要我们运筹和思考。如何运筹？毫无疑问就需要方法。在运筹学思想和方法的运用方面，我国古代有过许多经典的案例，读来颇有趣味。例如，战国时谋士孙膑为田忌赛马献策而胜齐威王，北宋时丁渭设计皇宫修复方案等。

按照学科分类，运筹学属于应用数学范畴，也就是说，运筹学本身就植根于数学。然而，它又不完全等同于数学。运筹学的方法不仅包括计算，还包括观察、逻辑判断、推理、分析、综合等，也就是说，凡属于“运筹帷幄” 或者解决“How to do”问题的有效方法，都是运筹学的可用方法。这可以说是贯穿全书的一条主线。在内容的编排上，本书采用了循序渐进、由浅入深的方法，内容比较简单的尽量靠前，稍微偏难的或相对专业一点的尽量靠后。另外，类似的问题尽量放在一起，以便于读者能举一反三、触类旁通。同类型的问题，则作为某个问题的扩展问题，放在同一个题目下介绍。还有一些问题，虽然没有明确进行分类，实际上也包括了多个问题，如有剩余分配、奇型幻方等。

编写本书属于一项开创性的工作，因为据我所知，市面上目前尚没有可资参考的任何版本的趣味运筹学书籍。由于我水平有限，书中疏漏之处在所难免，比如题目或问题的选择是否得当，分析是否全面、科学，都有待于时间的进一步检验。因此热诚欢迎读者能与我就有关问题随时互动，或提出批评，或给出建议，我都会虚心接受。

好奇之心，人皆有之。欢迎大家阅读本书，看看本书所收集的趣味运筹学问题究竟能否引起你对运筹学的兴趣。我相信一定能！

我的 E-mail 地址是：xiongyj@xaut.edu.cn；xiongyijie@163.com。

熊义杰

2017 年 5 月于西安理工大学

目　录

横穿沙漠

这是一道经典的运筹学人门题目。

有一个探险家，准备用六天时间徒步横穿沙漠，如果一个人只能搬运一人四天所需的给养，即粮食和水，那么这个探险家应该如何做才能确保顺利地横穿沙漠？

答案是，只需要雇用两个搬运工协助搬运即可。为什么呢？

三人一同出发，第一天取用其中一人的给养，即使用一人三天的给养。第一天结束时，这个人正好剩下一天的给养，他可以用这一天的给养返回。

第二天，两人一起出发，取用第二名搬运工的给养，这天结束时这人还剩两天的给养，可以保证第二个搬运工顺利返回。

对于探险家而言，此时还剩四天，而他自己四天的给养还没动过，正好可以保证他成功穿越沙漠。

类似的问题是，小明一家五口要过一座桥，过桥时间是黑夜，所以必须有手电筒。已知小明过桥要 1 分钟，小明的弟弟要 3 分钟，小明的爸爸要 6 分钟，小明的妈妈要 8 分钟，小明的爷爷要 12 分钟。每次此桥最多可过两人，而过桥的速度依过桥最慢者决定，且手电筒只有一个。已知手电筒在连续使用 30 分钟后会变得不稳定，即忽明忽暗，所以过桥必须在 30 分钟内完成。问小明一家应如何过桥？

这类题目，其实考察的是人们在限制条件下解决问题的能力。很多人认为应该由小明打着手电筒来来去去，这样最节省时间，但最后却怎么也找不到解决方案。但是换个思路，我们根据具体情况来决定谁持手电筒，只要稍稍做些变动即可。第一步，小明与弟弟过桥，小明打手电筒回来，耗时 4 分钟；第二步，小明与爸爸过桥，弟弟打手电筒回来，耗时 9 分钟；第三步，妈妈与爷爷过桥，小明打手电筒回来，耗时 13 分钟；最后，小明与弟弟过桥，耗时 3 分钟，共耗时 29 分钟，多么惊险！

这类题目多出现于跨国企业的招聘面试中，有助于考察一个人的思维方式及思维转变能力，这样的能力往往也与工作中的应变与创新状态息息相关。所以回答这些题目时，必须打破思维定式，试着从不同的角度考虑问题，并且把题目与自己熟悉的场景联系起来，切忌思路混乱。

聪明的读者朋友，你想出来了吗？其实运筹学在生活中是非常有用的，学好了运筹学，能帮助我们全面地考虑问题，做到事半功倍！

环球飞行

与上述的案例比较接近的一个问题，叫环球飞行问题。说的是有一架飞机准备沿赤道飞行一周，中途不准着陆，但是满载燃料也只够飞行半周。现在的问题是，应如何完成这样的环球飞行？

问题不难，答案是使用三架同样的飞机密切协作即可圆满完成飞行任务。

方法是，假设 A 机是主机，以 B 机和 C 机为辅机，为 A 机补充燃料（飞机在空中是可以互输燃料的），以保证 A 机绕地球飞行一周。

开始时，A、B、C 三机同时起飞，到全程 1/8 的地方，C 机分别将 1/8 的燃料给 A 机和 B 机。C 机本身只用了 1/8 的燃料，可以保证它从 1/8 路程中再返回来。这样，C 机给 A 机的 1/8 燃料，正好补充 A 机飞完 1/8 路程所消耗掉的燃料，也就是说，A 机已飞完 1/8 路程，但现在依然是满载着燃料。同样，C 机给 B 机的 1/8 燃料，但并不是给 B 机的，而是等到 A 机飞完 2/8 路程后，由 B 机再向 A 机补充 1/8 的燃料。这样 A 机虽已飞完 2/8 的路程，但仍然是满载着燃料，这些燃料足够它飞完全程 4/8 的路程。而 B 机把补充的燃料给了 A 机以后，对于 B 机本身，它既没有多用燃料，也没有得到别的燃料，它是自给自足的，因此正好完成 2/8 路程的一个来回。

照上述方法，细心的读者应该看出来了，A 机实际上只能飞到起点的 6/8 处就弹尽粮绝了。所以，还需要两个辅机接机才能完成全程飞行，B 机和 C 机必须做好迎接 A 机的准备。

这里，由于是环球飞行，起点和终点是在同一地方，因此 B 机和 C 机是可以实现迎接 A 机的任务的，只是办法与开始略有不同。这时，B 机需要先起飞，直飞到终点 2/8 处，向 A 机输送 1/8 的燃料，与 A 机一同飞到终点 1/8 处，这时由及时赶到的 C 机向 A 机和 B 机各输送 1/8 的燃料，然后三机一同飞回。全部航程如图 1 所示。

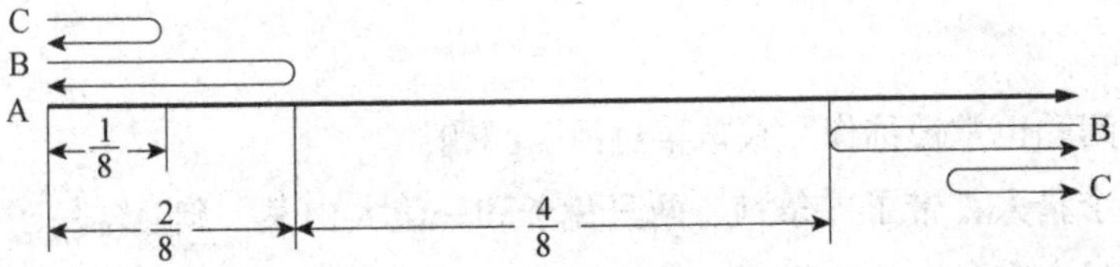

图 1　环球飞行图示

银 链 付 酬

在古代，有一位老板雇了个长工。到了年底，他不想给工钱，于是就拿出一条环环相扣的链子（七个银环）来抵工钱。他告诉长工：这条银链就是你一年的工钱，要得到一年的工钱，你需要再干七天，你只准砸开其中的一个环，要保证第一天给我留六个，第二天给我留五个，第三天给我留四个，第四天给我留三个，第五天给我留两个，第六天给我留一个，第七天全部拿完。如果做不到，那就别怪我不给你工钱。

结果这问题并没有难住这位聪明的长工，他还是拿到了自己应得的工钱。请问他是怎样取走那条银链的？

此题核心是砸开中间某个环后，使剩余银环分别是两连环和四连环就行。那么，砸第三（或第五）个环就行了。

当砸开第三个环以后：第一天把第三号环拿走，剩下的两段分别为两连环和四连环，共 6 个环；第二天把第三号环拿回，拿走两连环，剩下的是第三号环和四连环，共五个环；第三天拿走第三号环，剩下的是四连环，共四个环；第四天把第三号环和两连环拿回，拿走四连环，剩下的是第三号环和两连环，共三个环；第五天把第三号环拿走，剩下的是两连环，共两个环；第六天把第三号环拿回，拿走两连环，剩下的是第三号环一个环；第七天把第三号环拿走，至此长工就全部拿走了这条银链。

渡河问题

这个问题也常被称作“狼羊菜过河”问题。

有一个猎人，带了一条狗、两只兔子和一筐大白菜，狗会吃兔子，兔子会吃白菜，只有在猎人的监督下，才能保证这三样东西相安无事。他们来到了一条河边，准备过河。河边有一条小船，因为船太小，船家要求猎人每次只能带一样东西过河，现在的问题是如何渡河才能保证猎人所带的三样东西相安无事？

猎人灵机一动，计上心来。猎人的办法是什么呢？猎人需要往返四次完成渡河：第一次，先带上兔子过河，空手回来；第二次，再带上狗过河，回来时带上兔子；第三次，放下兔子带上白菜过河，然后再空手回来；第四次，带上兔子过河。

聪明的读者一定会发现，这里的要点是，狗是不吃白菜的，即狗和白菜可以和平相处，这一点对问题的解答很重要。因此，实际上第二趟的时候，是带上狗还是带上白菜，是任意的，先带哪个都行。

聪明的读者，这些你想到了吗？

田忌赛马

田忌赛马的案例充分说明了策略的重要性。

战国时期齐威王和他的大将田忌约定赛马，每人各有上、中、下三个不同等级的马参赛。因为齐威王贵为国王，所以每个不同等级的马均比田忌的马略好些。开始的时候，田忌不注意策略，看到齐威王使用什么等级的马，他也使用什么等级的马，结果屡战屡败。后来他接受了谋士孙膑的建议，用自己的上马对齐威王的中马，用自己的中马对齐威王的下马，最后用自己的下马对齐威王的上马，结果取得了三赛二胜的战绩，反赢了齐威王 1000 金。当然这 1000 金的赢得是有条件的，即每次必须齐威王先出马。

田忌赛马的案例不仅反映了策略的重要性，同时还说明了信息的重要性。在策略博弈中，信息的保密和公开实际上也是一种策略。上面刚刚提到，田忌赢得的 1000 金是有条件的，即每次必须齐威王先出马。田忌按照孙膑的建议，在选择自己参赛的马的等级时，必须知道齐王参赛的马的等级。因此，他每次都邀请齐王先出马。齐王不明就里，以为田忌是出于臣下对君王的尊重，于是便拍马上阵，结果暴露了信息，让田忌得以有针对性地选择策略。如果齐王识破了田忌的计谋，执意要两人同时出马，那么田忌的 1000 金就很难得到了。这充分说明了策略博弈中信息保密的重要性。然而，有意暴露信息也是一种策略，如“马陵之战”中的“减灶骄兵”，华容道上捉放曹时的“青烟”，《三十六计》中的“瞒天过海”等，都是有意暴露信息的案例。

球体体积

一碗糯米粉可以搓 100 个汤圆，如果要搓直径比原来大一倍的 100 个汤圆，该用几碗糯米粉？也许你会说：要用两碗糯米粉，不！太少了。那么四碗？还是少！告诉你吧，要用八碗。

有两个铅球，大球的直径比小球大一倍。倘若小的铅球重 5 千克，大的铅球重多少千克？如果你猜它重 40 千克，那就猜对了。因为 40 千克是 5 千克的八倍。

为什么大球的直径是小球的两倍，体积却是小球的八倍呢？

如果大球的直径比小球大一倍，也就是大球的直径是小球的两倍。设小球的直径是 d，那么，大球的直径就是 $2d$。

球的体积公式是

$$V=\frac{1}{6}\pi d^3$$

式中，V 是球的体积；d 是球的直径。

这样，我们就不难求出两球的体积了。

$$V_{大}=\frac{1}{6}\pi(2d)^3=8\left(\frac{1}{6}\pi d^3\right)=8V_{小}$$

铅球的质量是和它的体积成比例的，大球的体积是小球八倍，因此大球的质量也是小球的八倍。因此搓直径比原来大一倍的汤圆，就要用八倍数量的糯米粉。

事实上，不只是圆球有这样的性质。一切相似的物体都具有这种关系，如立方体，这由图1很容易看出。

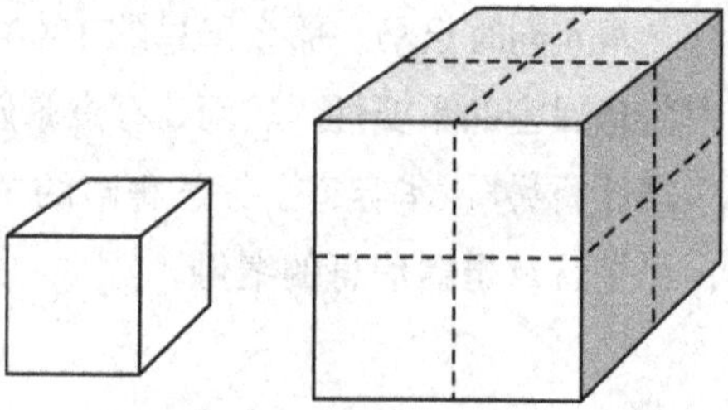

图1　立方体示图

聪明的过桥人

有位英明的总督，他的辖区内有一座桥通往国外。为了不让罪犯偷越国境，总督制定了一条规则，要求所有过桥的人都必须说明自己的去向，说实话的人可以过桥，说谎话的人将立刻在桥边被绞死。

一天，有个人来到桥边，守桥的士兵照例问他："你往何处去？"

那人说；"我是到桥边来被绞死的。"这是真话还是谎话？绞死他，就是真话；放了他，就是谎话！士兵不知该如何是好，只能请示总督。

如果你是那位总督，你该怎么办呢？

按照规则的逻辑推理，如果绞死那个人，就说明他说的是实话，应该让他过桥。而如果让他过桥的话，那么他说的话就是谎话，应该被绞死。这样就陷入逻辑悖论，所以守桥的士兵不知如何是好。

但是，这个推理也不是完美无缺的。通过对条件的合理限制，就可以破解悖论，做出没有矛盾的选择。我们可以看到，这条规则只适用于所有过桥的人，而那个人是来过桥的吗？不是，他看起来更像是来捣乱的，因此可以不适用这条关于过桥人的规则。这样，悖论也就不存在了。既然他是自愿来被绞死的，那就可以成全他。不过作为一名英明的总督，他没有这样做。他觉得，对于这样的聪明人，还是赦免他的死罪，让他在有用的地方去发挥聪明才智更好。最终，这位聪明的过桥人被无罪释放，过桥办事去了。

监狱长的难题

很久以前，有一个国王非常幽默，经常做一些令人匪夷所思的事情。一天，他去视察监狱时，指着一名正在旁边干活的犯人，问这个犯人被判处何种徒刑。“终身监禁，陛下。”陪同视察的监狱长回答。

“监狱长，传我的命令，改判他一半终身监禁。”国王说完这句话就走了。

天哪！一半终身监禁是个什么概念？鬼才知道这个犯人能活多久！不知道他能活多久，一半终身监禁怎么执行？监狱长感到非常困惑。后来，有一个聪明的狱吏，终于想出了一个绝妙的办法，解决了这个难题。你知道这个狱吏是怎样解决这个问题的吗？

一半终身监禁的意思就是这个犯人在这一生中应该有一半自由的日子。这个狱吏向监狱长说：“遵照国王陛下的命令，这个犯人应该坐一天大牢，释放回家一天。然后再坐一天大牢，再释放回家一天，如此下去，直到他死。”

这个办法你想到了吗？

古董商的交易

有一位古董商收购了两枚古钱币，后来又以每枚60元的价格出售了这两枚古钱币。其中一枚赚了 20%，另一枚赔了 20%。请问，和他当初收购这两枚古钱币相比，这位古董商是赚了还是赔了，或者是持平了？

答案是他赔了 5 元。因为这里赚和赔的百分比虽然相等，但是由于对比的基数不同，赚和赔的绝对值肯定不同。假设甲古钱币收购时花了 A 元，乙古钱币花了 B 元，那么。由 $A(1+20\%)=60$，得 $A=50$。由 $B(1-20\%)=60$，得 $B=75$。$A+B=125$，因此，赔了 5 元。

我们换一种情况进行分析。如果已知古董商是以 100 元的价格卖的，其中一枚赚了 20%，另一枚赔了 20%。请问，和他当初收购这两枚古钱币相比，这位古董商是赚了还是赔了，或者是持平了？现在我们来分析一下，与最初的购买价相比，他赚和赔的绝对数是多少？

这时候，由 $A(1+20\%)=100$，得 $A\approx 83$。由 $B(1-20\%)=100$，得 $B=125$。83+125=208，显然他赔了 8 元。两例相较，显然基数越大，相同的相对数差异就越大。比如，如果两枚古钱币的卖价都是 40，赚赔各 20%时，可算出赔了 3 元(33+50)。

硬币自转

把一枚硬币 A 固定在桌子上，让另一枚同样大小的硬币 B 的边缘紧贴着它，并围绕着 A 滚动。当硬币 B “公转”一周回到原来的位置时，它也围绕着自己的中心在“自转”。

那么，这枚硬币“自转”了多少圈呢？很多人会想当然地认为是一圈。但是，这个答案是错误的。

由于两枚硬币的圆周是一样的，所以一般人在没有经过缜密思考的情况下，都会认为那枚硬币 B 在“公转”一周的整个过程中，仅围绕自己的中心“自转”了一周，即 360°。但实际上如果拿两枚硬币实际操作一下，你就会惊奇地发现，那枚硬币 B 实际上“自转”了两周，即 720°，如图 1 所示。这其中有什么道理呢？读者不妨自己先思考思考。

只要你以硬币 A 的圆心为圆心，以 A 的圆心到 B 的圆心为直径，画一个同心圆就很清楚了（图 1）。这样画出的同心圆因为直径是硬币直径的 2 倍，所以圆周长也一定是硬币的 2 倍。硬币 B 的中心即圆心要走完这个长度，自然需要转 2 圈才行，因为它的圆周与硬币 A 是等长的。

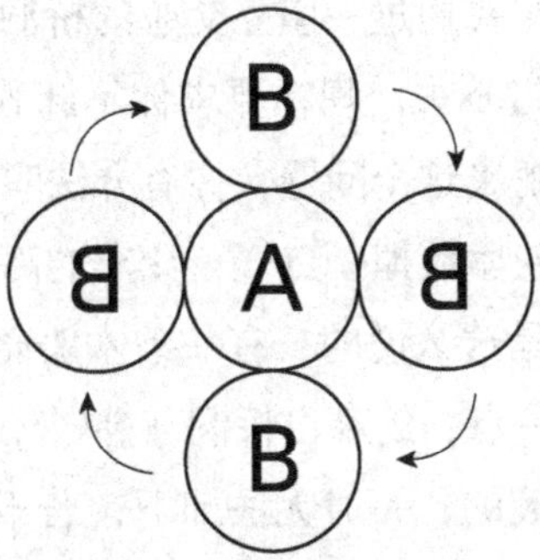

图 1　硬币自转（一）

明白了这个道理，下面的问题就容易回答了。

准备两枚硬币，让两枚硬币并排放在一起，硬币 A 正面朝上（图 2），硬币 B 保持不动，硬币 A 并不滑动，只是绕着硬币 B 转动，当它转到另一边时，问硬币 A 是正的还是反的？

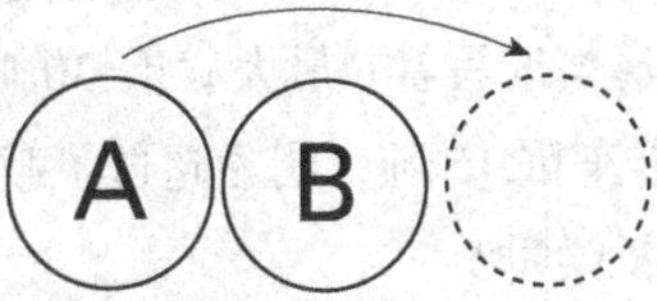

图 2　硬币自转（二）

正确答案是正的，因为它要转 360°，肯定是正的。

有的时候，相信头脑的判断不如相信眼睛所见，这个问题就是这样。

急 中 生 智

这类问题，又叫作发散思维谜题。解决这类问题，需要的是急中生智，所以将题目叫作急中生智，或许更贴近题意。

过桥洞

有一辆满载货物的卡车要通过一座立交桥的桥洞，但是装载的货物超高了 1 厘米，试了几次，怎么也过不去。现在要求你不卸载货物，也不重装货物，找到一种简单省力的办法来解决这个问题，你有办法吗？

简单的办法就是给车轮胎放掉一点气，让车的高度降低 1 厘米多点。

还有一个类似的问题是这么说的，有一条木船要通过一座桥洞，发现货物虽然不多，但装得略高了一点，约高出桥洞 1 厘米，怎么也过不去。想要卸掉一些货物，无奈货物是整装的，一时无法卸下；若不卸吧，就是过不去。你能够想个简单的办法，在不卸货的前提下解决这个难题吗？

办法不难。从附近船上找一些乘客上来，或从岸上找些石头装上，让船下沉 1 厘米多一点即可。

过危桥

一辆载重卡车坏了，被另一辆卡车用钢索拖着走。但是在行进过程中遇一座桥梁，桥头的标志牌上清楚地写着“最大载重 30 吨，超重危险！”可是前面的卡车重 20 吨，后面的卡车重 15 吨，明显超过了载重限量，这该怎么办呢？你有办法让卡车顺利通过桥梁吗？

办法不难，量量桥长，把连接两辆卡车的钢索加长至比桥梁略长即可顺利通过。

过山涧

有一个山涧 4 米宽，下面是万丈深渊，掉下去肯定是没命了。山涧上没有桥，来往的行人都是自己带着木板过桥。有一次，一个人带了 3.9 米长的一块木板，对面的另一人带有一块 3.5 米长的木板。两个人的木板都太短了，搭不了桥，他们应该用什么方法才能够通过山涧呢？

办法就是两个人合作。一个人可以把木板向山涧的另一端伸出一部分，并站在木板的一端压住。另一人可以把木板搭在自己的一方与对方的木板之间，这样就可以从容过涧了。然后把两块木板换位，一个人压住木板，让对方过涧即可。

过独木桥

妞妞跟着挑着箩筐的爸爸过独木桥，走到桥中间的时候，迎面走来了一个小男孩牛牛。妞妞和牛牛谁也不肯让谁，妞妞的爸爸怎么劝说也不行，于是他急中生智，想出了一个办法，使他们都过去了。你知道应该怎么做吗？

办法是，把框里的东西卸下来，把妞妞和牛牛放在两个筐里转个身即可。

新手司机

一位新手司机驾驶轿车去见朋友，半路上忽然有一个轮胎爆了。当他把这个轮胎上的 4 个螺丝拆下来从后备箱里把备用轮胎拿出来时，一不小心把 4 颗螺丝全踢进了旁边的下水道里。

请问新手司机该怎么做才能将轿车安全地开到距离最近的服务区或修车厂？

没有别的办法，只有从其他 3 个轮胎上各取下 1 颗螺丝，用 3 颗螺丝去固定刚换下来的轮胎。

巧取王冠

有一次，某个国家的国王举行盛大宴会，参加宴会的人很多。国王在 15 米见方的一块豪华地毯正中央放了一顶金光闪闪的王冠。

国王说："女士们，先生们，有没有人能够不走上地毯而拿到这顶王冠？但只能用手拿，不能用其他任何工具。如果谁能拿到它，我就把它作为礼物送给谁。"

话音刚落，人们立即在地毯周围争先恐后地伸出了手，想拿到王冠，可是谁也够不着。

这时，有一个小女孩突然走过来，笑嘻嘻地说："我可以拿到它"。

说完，她真的拿到了那顶王冠。大家都夸小女孩聪明。小女孩是用什么办法拿到王冠的呢？你有好办法吗？

小女孩的办法是，把地毯的一端卷起来，边卷边往前走，逐渐接近王冠，最后她一伸手就拿到了王冠。

餐厅老板的题目

一位刚刚大学毕业的学生到一家大型餐厅应聘大堂经理。主考官出了这样一道题目，请在正方形的餐桌周围摆上 10 把椅子，使桌子每一面的椅子数都相等。应聘者想了很久都没有想出来，你能帮帮他吗？

这也是一个应急的题目，通常的方桌都是坐 8 个人，现在有 2 个人没有位置，因此你必须很快想出一个办法，不能让顾客等待太久。

图 1 是一个参考方案，按照题目要求，肯定有两把椅子需要两个面共用。

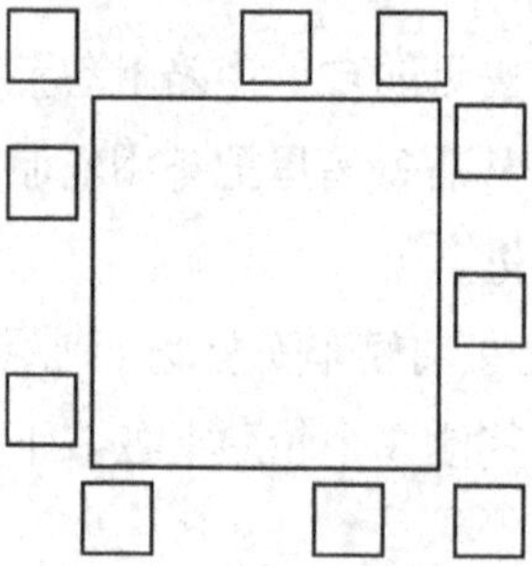

图 1　10 人围坐

发牌技巧

假定你在和 3 个朋友一起玩扑克，轮到你发牌，按照惯例，按逆时针方向顺序发牌，第一张发给你的右手邻座，最后一张是你自己的。当你正在发牌时，手机响了，你不得不离开座位接电话。打完电话回来，你忘记了刚才牌发到谁了。现在，不允许你数已发的和未发的牌，但必须把每个人应该发到的牌准确无误地发到他们的手里。你该如何做到这点？

其实不难！

全副牌不包括大、小王总数是 52 张，把未发的牌从最后一位开始由上往下发（假定原来是由下往上发），第一张先发你自己，然后按顺时针方向（即改变原来发牌的方向）把牌发完即可。

如果全副牌总数是 54 张，则第一张牌先发给你的对家即可。

如果玩法要求发牌时需要留下底牌，可以从最上面（即最后面）拿够底牌数目然后照上述方法进行即可。

计算一个城市的面积

图 1 是某座城市的地图，很明显，它的形状是非常不规则的（有点像骆驼，所以我把它命名为骆驼市）。你能根据这张地图，用最简便的方法计算出这座城市的实际面积吗？

最直接，也是最传统的方法，是将地图看作一个封闭图形，将它划分成若干比较规则的形状，然后用直尺测量，并计算出它的面积。但是这种方法不仅烦琐，而且要进行大量的估算，得到的结果误差也比较大。

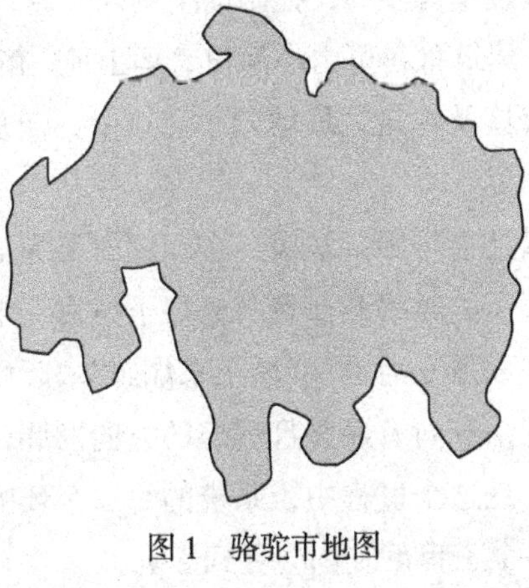

图 1　骆驼市地图

有一种简单高效的方法是，找一块薄厚均匀的矩形硬纸板，你可以很容易计算出它的面积，也可以称出它的重量。把地图按照 1 : 1 的比例绘制在纸板上，然后把这块区域剪下来，并且称出它的重量。

因为纸板的密度是均匀的，所以，地图的面积 : 纸板的面积=地图的重量 : 纸板的重量。据此，再根据地图所标明的比例尺，就可以求得城市的实际面积了。

皇 宫 修 复

北宋年间，汴京发生火灾，皇宫一夜间被烧为灰烬。宰相丁谓受命主持修复。接旨后他对废墟进行勘察，发现工程存在三大难题：第一是取土困难，第二是运输困难，第三是清墟排放困难。他找到主要矛盾后，开始征集解决方案，最后从众多方案中综合出一个最佳方案，并提前完成了皇宫修复工程。

你知道丁谓是怎么做的吗？

他的方案是这样的，沿皇宫前门大道至汴水河开挖渠道取土，将大道挖成小河道，同时使小河道绕皇宫一周，挖出的土用来烧砖，解决了“取土困难”；挖成的河道接通汴水，建筑材料可由小河道直运工地，解决了“运输困难”；皇宫修复后，将中间的废墟及建筑垃圾填到小河道中，恢复原来的大道，解决了“清墟排放困难”。

丁谓修复皇宫的措施很巧妙，解决一个问题时又为下一个问题的解决做好了铺垫，这使他用了很少的时间和经费就修好了皇宫。他充分把握各个要素之间的相生关系，运用“大道变河道”“挖土来烧砖”“废墟填河道”三个事件的互相关系，使整个工程系统向有序并且理想的方向发展，最终达到修复皇宫，按期完成圣旨的目的。在这个过程中，系统的每一个环节都彼此相连，破坏了其中任何一个事件，整个工程系统都会受到影响。

丁谓的方案可真是“一石三鸟”！

鱼塘里有多少条鱼

一个养鱼场有大小规格相同的 20 个鱼塘，假定最初放入每个鱼塘的鱼苗数量相同，大约半年以后，到了收获季节，如何估产是一个重要问题。

“你能知道这 20 个鱼塘里总共有多少条鱼吗？”如果有人这样问你，你有办法回答这个问题吗？你可能会想，鱼在水中游来游去，怎能透过水看到水中的鱼呢？就是看得到，也很难数得清楚呀！

如果你懂得一些数学知识，通过两次捕鱼，就一定能够知道鱼的数目。

你可以先把一张有确定网眼大小的渔网撒入鱼塘中，过一会儿你把渔网再收上来，如果捕到了 30 条鱼，可以在每条鱼上做一个记号，譬如给鱼嘴穿上一段红线，然后全部放回鱼塘里，你第二次再把渔网撒下去，假设捕到了 40 条鱼，其中有记号的是 2 条。

这时，只要通过简单的计算，你就可以得出一个鱼塘中鱼的大致数量了。

为什么呢?

你学过比例吧？因为后一次捕到的有记号的鱼，占捕到的 40 条鱼的 2/40=1/20。

可以假定有记号的鱼是均匀分布的，我们把鱼塘中的鱼的总数用 n 表示，那么有记号的 30 条鱼，也应该占 n 条鱼的 $\frac{1}{20}$。也就是

$$\frac{30}{n}\approx\frac{1}{20}$$

所以，$n\approx20\times30\approx600$ 条。

在这里，n 只是一个近似数，因为比网眼小的鱼是没有计算在内的，所以网眼越小，估计的数目就越精确。

知道了一个鱼塘里鱼的数量，那么 20 个鱼塘里鱼的数量就不难知道了。

比例测量法

公元前 6 世纪的一个晴朗的日子，法老和祭司们都聚集在埃及大金字塔脚下。他们怀着好奇的心情，想看看一位名叫泰勒斯（Thales）的希腊客人究竟用什么办法来测出大金字塔的高度。出乎人们的意料，泰勒斯并没有爬到金字塔上去，他不时让人测量自己影子的长度。当影长刚好与自己的身高相等时，他就断定，此时金字塔的影子长度也刚好等于其高度，于是他在金字塔影子的一

端做好记号，通过测量影子长度，就得出金字塔的高度了。

其实无须等到影子长度与身高相等，利用最简单的相似三角形定理，就能得出：在同一时刻，金字塔高度和影长之比=泰勒斯身高和影长之比。

类似的还有江河宽度的测量问题。

20 世纪，苏联著名科普作家别莱利曼在《趣味几何学》中列举了大量关于测量的生动例子，下面就是一则。

测量一条河流在某处的宽度，这需要一把直角三角尺。如图 1 所示，假定你要测量的宽度两端是 AB，A 是对边的一个地点，B 是你所在的地方。然后为 A 做个标记以记住 A 点的位置（假定 A 点有一棵大树）。

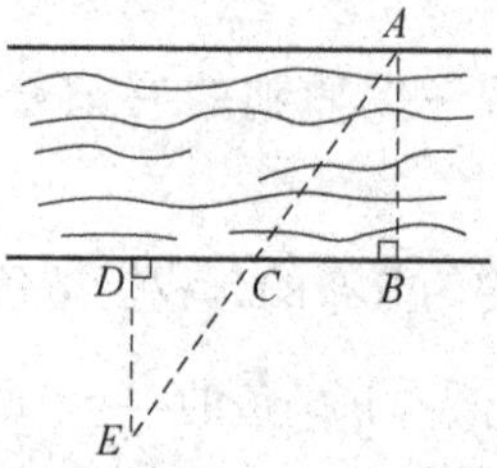

图 1　测量河宽

再让三角尺的一个直角边对准 AB 方向，这样就定出了与这个方向垂直的方向 BC，在 B、C（C 可任取）处各竖一根木桩，然后再在 BC 延长线上找一点 D，用三角尺的一直角边对准 BC 方向，使得另一直角边与 BA 平行（当然是反方向，否则人要到水里去了），于是沿着这一方向走，找到一点 E 正好看不到 A（E、C、A 三点共线）。于是得到两个相似的直角三角形 $\triangle ABC$ 和 $\triangle EDC$，由简单的比例性质，有 $\frac{AB}{DE}=\frac{BC}{CD}$，分别测出 DE、BC、CD，便不难知道河流的宽度 AB。

恼人的问答

一位驼背老年人和一位瘸腿的年轻人路过一个陌生的村庄，对面走来一位中年人。这位好奇的中年人问年轻人：“那位驼背的老年人是不是你父亲？”年轻人肯定地回答："是的。"中年人又到前面去问老年人："后面那位瘸腿的年轻人是不是你儿子？"老年人否定地回答："不是。"中年人被弄糊涂了。

是有人在说假话吗？不！事实上老年人和年轻人说的都是真话。请想一想老年人和年轻人到底是什么关系？

其实，答案很简单，老年人和年轻人是父女关系。如果说父亲的话是真实的，那么不是父子关系，就只能是父女关系了。之所以很多人对此题久思而不得其解，那是自己陷入了逻辑思维陷阱，错误地接受了题目的心理暗示，认为那个年轻人是男性。其实题目中没有任何条件规定年轻人必须是男性。

当然，题目中的中年人之所以会那样问，可能的原因是，老人的女儿穿着打扮上有些像男性。

七巧板游戏

七巧板是一种智力游戏。顾名思义，七巧板是由一个正方形分成的七块板组成的，如图 1 所示。由于是等积变换，所以这七块板可以拼成许多图形。例如，可以是三角形、四边形、不规则多边形、各种人物形象、各种不同的动物等，如果配合两副或两副以上的七巧板，甚至可以作出一幅画。

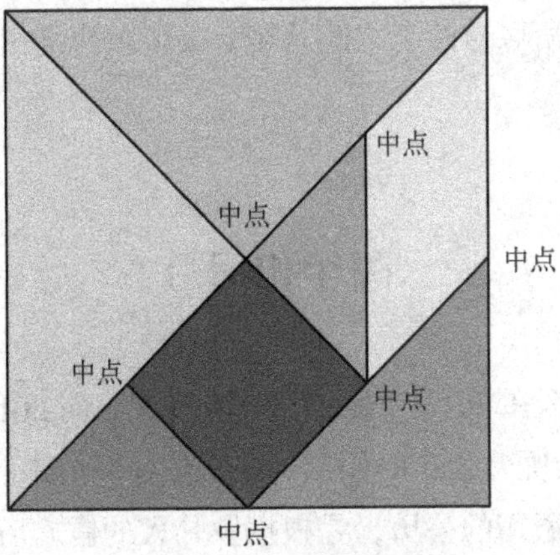

图 1　七巧板原板

通常，用七巧板拼摆出的图形应当由全部的七块板组成，且板与板之间要有连接，如点的连接、线的连接或点与线的连接；可以一个人玩，也可以几个人同时玩。

七巧板简单的结构很容易使人误认为要解决它的问题也很容易，其实这种想法是片面的。用七巧板可以拼出 1600 种以上的图案，其中有些是容易拼成的，有一些却相当诡秘，还有一些则似是而非充满了矛盾。

七巧板的玩法主要有 4 种。

（1）依图成形，即从已知的图形来排出答案。

（2）见影排形，即从已知的图形找出一种或一种以上的排法。

（3）自创图形，即可以自己创造新的玩法、排法。

（4）数学研究，即利用七巧板来求解或证明数学问题。

利用七巧板可以阐明若干重要的几何关系，其原理便是古算术中的“出入相补原理”。七巧板按不同的方法摆拼、组合可以拼排成各种各样的几何图形和形象。操作七巧板是一种发散思维活动，有利于培养人们的观察力、注意力、想象力和创造力，因此，不仅具有娱乐的价值，还具有一定的教育价值，被人们运用到了教学当中。由于七巧板可以持续不断地反复组合，已引起哲学、心理学、美学等多领域的研究者的兴趣，还被作为制作商业广告和印章的辅助手段。

尤其重要的是，七巧板的玩法反映了运筹学的基本思想。运筹学说白了，就是要解决管理要素在一定条件下的组合问题。玩七巧板就是玩七块板在给定要求下的组合问题，所以这两者之间其实有很多东西是相通的。

闰年和闰月

你可知道，为什么在 2016 年，2 月份有 29 天，而 2013 年、2014 年和 2015 年的 2 月份只有 28 天呢？公历的闰年到底是怎样算出来的？

现今世界上各国通用的公历，是根据罗马人的儒略历改编而成的。天文学上把地球绕太阳从春分点回到春分点的时间，称为一个回归年，其长度是 365.242 2 个太阳日（实际上，地球围绕太阳转一周的时间即阳历的一年为 365

天5时48分46秒。这样，4年时间就要多出23时15分4秒，接近一天24小时的时间)。但是儒略历却以 $365\frac{1}{4}$ 日为一个回归年，这样每年差不多要长 11分14秒，于是产生了误差。从公元前46年，积累到16世纪，相差竟达十天之多，结果3月21日的春分日提早到3月11日。教皇格列高利十三世在1582年10月4日命令以第二天(即原来的10月5日)为10月15日。并且为了避免以后积累的误差，将设置闰年的办法也予以规定：以公历纪元年为标准，能被4整除的年是闰年；但逢百之年，只有能被400整除的年才是闰年，如1960年是闰年，1900年不是闰年，而2000年又是闰年。凡是闰年，在2月份增加一天，全年是366天。

那么，闰月又该怎么计算呢？

现在我国和很多亚洲国家都在使用夏历(又叫农历)，它的特点是：既很重视月象的盈亏变化，又要照顾寒暑时令。它规定大月30日，小月29日，因为月象变化一周的时间(天文学上叫做一个朔望月)是29.530 6日，这样，几个月的平均值就很接近于朔望月的长度。因此，平年有12个月，全年只有354日或355日，与回端年平均约差10日21时。为了纠正这个误差，规定每三年置一闰年，五年再闰，十九年七闰，以求年月的结合；这样夏历的闰年共有13个月，全年有384日。通过这种巧妙的安排，使每月所代表的节气相差不致太大。闰月加到哪个月，以农历历法规则推断，主要依照与农历的二十四节气相符来确定；农历的闰月天数与正常月份天数一样，为29或30天。

元旦星期几

元旦是公历新年的第一天，这一天是星期几呢？

当然，如果知道是哪一年的元旦，随便找个日历翻一翻，便不难知道这一年的元旦是星期几。然而，问题是我们并不知道考官问的是哪一年。

题目是，某年1月有四个星期日，却有五个星期六，试问该年元旦是星期几？

1 月有 31 天，既然有四个星期日，却有五个星期六，所以 1 月的最后一天，即 1 月 31 日必为星期六。

因为 31−4 × 7=3，所以 1 月 3 日也是星期六。依此倒推，1 月 2 日是星期五，元旦必是星期四。

星期几是一种周期现象，如果今天是星期一，则再过七天又是星期一。一般地，再过 $7n$（n 为自然数）天还是星期一。许多自然现象，包括生产中的实际问题都具有周而复始的规律，只要抓住这一规律，又善于运用数学语言，就易于获得解题的关键。

如果你想要知道你的出生日是星期几，或者想要知道某个重大纪念日是星期几，比如新中国成立的那天或辛亥革命发生的那天是星期几？那就需要用公式计算了。

需要使用的公式是

$$W=\left[\frac{c}{4}\right]-2c+y+\left[\frac{y}{4}\right]+\left[\frac{26(m+1)}{10}\right]+d-1$$

这个公式叫作“蔡勒公式”。其中，W 是所求日期的星期数，如大于 7，就可减去 7 或 7 的整倍数；c 是世纪数（无须加 1）；y 是所求年份的后两位数；m 是月份数；d 是日数。方括号则表示只取括号内数字的整数部分（不四舍五入）。还有一个特别要注意的地方，所求的月份如果是 1 月或 2 月，则应视为上一年的 13 月或 14 月，所以公式中 $3\leqslant m\leqslant 14$。蔡勒公式只适合于 1582 年（中国明朝万历十年）10 月 15 日之后的情形（原因参见《闰年和闰月》）。

现在，我们就可用此公式来推算一下新中国成立那天和辛亥革命发生的那天是星期几。

1949 年，c=19，y=49，m=10，d=1，因此，w=55，减去 7 × 7，知新中国成立那天是星期六。

1911 年，c=19，y=11，m=10，d=10，因此，w=16，减去 2 × 7，知辛亥革命发生的那天是星期二。

使用万年历进行核对，上述的两个计算结果没有问题。

想知道你的出生日是星期几吗？那就自己算算吧。

取数游戏

这个游戏是把一些火柴棍分为几堆，最常见的是分为三堆，各堆的火柴根数分别为3、5、7。两个人轮流拿取，每次只能在某一堆中拿，但数目不限。拿到最后一根者为输。

我们来分析一下，什么是后手的胜利形势，即把最后一根留给对方的形势。

（1）（1，1）是胜利形势，因为不论对方在哪一堆中拿取一根，你也拿取一根，最后一根就必然是他的了。

（2）（2，2）也是胜利形势，因为对方在一堆中拿掉两根，你可在另一堆中拿掉两根，他拿一根时你也拿掉一根，最后一根还是留给他了。

（3）（3，3）（4，4）（5，5）等也是胜利形势，因为它可以转化为（2，2）。当然也会有“笨人”取走一堆中的全部火柴，这时你可在另一堆中取，把最后一根留下来。

由以上我们不难看出，由于总数是奇数，所以作为后手，只要采用与先手相同的策略，最后一根肯定就是先手的。因为不管是奇数加奇数，还是偶数加偶数，结果都是偶数，所以最后一根肯定是先手的。

采用逐步递归的办法，我们可以进一步证明尚有如下的胜利形势，它们是：（1，2）（1，4）（2，4）（2，5）等。注意，如果这里一个回合的结果是奇数，则一定要确保这一策略能够被执行偶数个回合，即至少要能够执行两个回合。

胜利形势是否有一些内在规律，更便于掌握和记忆呢？肯定有！这与数的奇偶性有关。我们可以介绍一个简单的判别法则。

把各堆的火柴根数化为二进制数字，然后把各位数分别相加，如果相加后得到的是偶数，则这种阵势必然是先手的胜利形势。因为，他可以先在任意一堆里取一根，使总数变为奇数，然后运用上述后手的策略，就一定能够获胜。

如在上述的例子中开局时的三堆火柴根数为3、5、7，把对应的二进制数字按位相加：

$$\begin{array}{r} 011 \\ 101 \\ +111 \\ \hline 223 \end{array}$$

其中有一个数字是奇数，所以它不是先手的胜利形势，此时只要随便从哪一堆中取走一根火柴，使总数变为偶数，就转变为先手的胜利形势：

$$\begin{array}{r} 010 \\ 101 \\ +111 \\ \hline 222 \end{array} \text{或} \begin{array}{r} 011 \\ 100 \\ +111 \\ \hline 222 \end{array} \text{或} \begin{array}{r} 011 \\ 101 \\ +110 \\ \hline 222 \end{array}$$

也就是说，如果三个堆的总数是（2，5，7）（3，4，7）（3，5，6）的话，总局势对后手就是不利的，即如果总数是偶数对先手有利，总数是奇数对后手有利。所以，如果掌握了规律，后手将稳操胜券。这个游戏貌似简单，却蕴含着一些对策论或博弈论的思想，即根据对手的策略选择自己的策略。

猜 硬 币

请你准备一枚 2 分硬币和一枚 5 分硬币，两只手各握一枚硬币，然后把左手中的硬币币值乘 2，把右手中的硬币币值乘 3，再把所得的两个乘积的和告诉我，我就能猜出哪枚硬币在你的哪只手里。

这里面有什么奥妙，你知道吗？

如果两数乘积之和是偶数，那么左手拿的是 5 分硬币；如果两数乘积之和是奇数，那么左手拿的是 2 分硬币。

其中的道理与数字的奇偶性相关。我们知道，偶数个偶数相加是偶数，奇数个偶数相加还是偶数，即奇数与偶数、偶数与偶数相乘都是偶数。而奇数个奇数相加是奇数，偶数个奇数相加是偶数，即除了奇数与奇数相乘还是奇数，其余的，不管是偶数乘偶数，还是奇数乘偶数都是偶数。

也就是说，不管左手拿的是哪枚硬币，乘 2 的结果都是偶数。但右手就不一样了。右手如果是 2 分硬币，乘 3 的结果就是偶数；右手如果是 5 分硬币，乘 3 的结果就是奇数。所以，倘若 2 分硬币（偶数币值）在左手（乘 2），5 分硬币（奇数币值）在右手（乘 3），相乘后的和就是奇数，因为偶数与奇数之和是奇数。相反，倘若 5 分硬币（奇数币值）在左手（乘 2），2 分硬币（偶数币值）在右手（乘 3），相乘后的和就是偶数，因为两偶数之和仍然是偶数。

猜数字学推理

有一位中学数学老师，想考考学生的推理能力，于是带来了写着 1～10 共 10 个数字的 10 张卡片，每张一数，不重不漏。他先像洗牌一样打乱了它们的顺序，然后把赵、钱、孙、李、周五位同学叫到台前，发给每人两张卡片，要他们把自己两张卡片上数字的和写在黑板上，写出的结果是

赵：11；钱：4；孙：7；李：16；周：17

接着，老师让其他同学根据黑板上的信息，猜出他们五个人分别拿了哪两张卡片。乍一听，老师的要求有点苛刻，难以满足。然而，几位脑子转得快的同学已经找到了门道，没过几分钟就说出了答案。其实这个小测验并不难，关键在于能不能灵活熟练地运用逻辑推理。

方法是先找到一个最小的数字，然后依次由小到大进行推理，所以突破口显然在小钱那里。4 只能是 1+3，因为没有两个 2。因此，小钱手里拿的一定是 1 和 3。

再猜小孙的。7=1+6=2+5=3+4，1 和 3 已经在小钱手里了，所以小孙手里就只能是 2 和 5 了。

接下来猜小赵的。11=1+10=2+9=3+8=4+7=5+6，1、2、3 和 5 已经有人拿了，小赵手里就只能是 4 和 7 了。

用同样的办法，就不难猜出小李和小周拿的卡片。小李的是 6 和 10，小周的是 8 和 9。

对 号 入 座

有一个新建的库房，库房门口装有三个开关，分别控制着里面的三盏电灯，开关的启动完全是随机的，谁先谁后，没有规定。现在假定你就是库管，要求你只准进入仓库一次，然后准确断定，三盏灯分别是由哪个开关控制的，你能做到吗？

注意，库房的四周没有任何窗户，库房门紧闭，你看不到里面的任何东西。

一般人碰到这个问题，通常是要考虑电灯与开关之间连接的线路与布局，如果这样，你就掉进了出题者的圈套了。其实，问题是不难解决的，因为电灯会发光发热，此类物理现象必然会暴露在外，无法掩盖。

可以先将三个开关分别编号为 A、B、C，然后将开关 A 打开 10 分钟左右关掉，再打开开关 B，然后立即进入库房，此时亮着的灯就是由开关 B 控制的，然后再用手摸摸另外两盏灯，有点热的就是由开关 A 控制的，一点都不热的就是由开关 C 控制的。

当然，这种方法使用的前提是，之前没有任何人进入过仓库，即三盏电灯都处于冰冷的初始状态。

葫芦里卖什么药

有三只葫芦，其中一只葫芦里面装的是一朵黑木耳和一朵白木耳（简记为黑白），另一只装的是两朵黑木耳（简记为黑黑），还有一只装的是两朵白木耳（简记为白白）。后来不知是谁把葫芦外面的标签全都给贴错了（注意，是全错了）。现在允许你从任何一只葫芦里拿出一种木耳，并判定三只葫芦里所装的是什么颜色木耳。注意，只允许你打开一个葫芦，你应该从何入手呢？

方法是，可以从贴有“黑白”标签的葫芦入手，如果摸出的是黑木耳，这只葫芦一定就是“黑黑”了。道理很简单，如果另一朵是白木耳的话，那么标签不就贴对了吗？因此，贴有“白白”标签的就是“黑白”了，贴有“黑黑”标签的就是“白白”了。道理同样很简单，因为如果贴有“白白”标签的葫芦里全是白木耳的话，标签就没有错误。“黑黑”和“黑白”都确认了，剩下来的“黑黑”肯定就是“白白”了。

解决这个问题，有一点非常重要，即标签全错了。因此，那个“黑白”标签不是贴到了全黑就是贴到了全白，由此我们就不难找到突破口。这个案例也说明了信息的重要性。

谁 是 凶 手

某小区一位富翁被杀了，凶手在逃。经过艰苦的侦查后，警察抓到了 A 和 B 两名疑凶，另外找到了 4 名证人正在录口供。

证人张先生说：“A 是清白的。”

证人李先生说：“B 为人光明磊落，他不可能犯罪。”

证人赵师傅说：“前面两位证人的证词中至少有一位的证词是真实的。”

证人王太太说：“我可以肯定地说，赵师傅的证词是假的。至于他有什么意图，我就不知道了。”

最后警察经过调查，证实王太太说的话是真的。现在的问题是，凶手究竟是谁？

因为王太太说了真话。由此可以推断赵师傅做了伪证。换句话说，他说的事实的相反事件才是真的，即前面的两个证人没有一个说真话。因此，可进一步推断张先生和李先生说的都是假话，从而可以判断 A 和 B 都是凶手。

解决这个问题需要了解离散数学中关于事件和相反事件的一些知识。多个事件中至少有一个是真的，其相反事件就是所有的事件全部是假的。

完美匹配

在推理的过程中，当关键关系是两个集合之间的对应关系时，表格是个很有用的辅助工具。假如需要找的关系是在集合 A 与 B 之间，那么用 A 的元素标记行，并且用 B 的元素标记列。A 的元素 a 和 B 的元素 b 有需要考虑的关系，则在（a，b）格里填入 1；否则，在（a，b）格里填入 0。这样一来，该关系就可以用“0–1”表格来表示了。

举例来说，已知在甲、乙、丙和丁四人之中有所长、外事处长、秘书和会计。有一天，我到研究所里看到外事处长在同乙和丙讨论问题。过一会儿，看到丙和丁正在所长那里汇报工作。可是，再过一会儿后，当我要找丁时，他已不在所长那儿了。问丙，她要我去会计那里看看。结果发现，甲和外事处长正在会计那里报账。根据这些情况，你能知道谁是所长、外事处长、秘书和会计吗？

在这里，我们可以根据题目中的“我”在三个不同时刻看到的现象，来对四个人的身份进行判断。首先可以使用的就是排除法。例如，由“外事处长在同乙和丙讨论事情”可知，乙和丙不是外事处长。依此类推，我们可以得到一个依排除法确定的初始判断表，如表 1 所示。

表 1　完美匹配表（一）

	所长	外事处长	会计	秘书
甲		0	0	
乙		0		
丙	0	0	0	
丁	0			

由表 1 不难看出，第二列和第三行只有一个空格了，那里只能放 1。也就是说，丁是外事处长，丙是秘书。这样一来，第四行和第三列的其余位置就只能

填入 0 了。于是我们就不难得到表 2。

表 2　完美匹配表（二）

	所长	外事处长	会计	秘书
甲		0	0	0
乙		0		0
丙	0	0	0	1
丁	0	1	0	0

依表 2，现在会计只能是乙，甲只能是所长了。这样，如表 3 所示的一张完美匹配表就完成了。

表 3　完美匹配表（三）

	所长	外事处长	会计	秘书
甲	1	0	0	0
乙	0	0	1	0
丙	0	0	0	1
丁	0	1	0	0

如果表达两集合 A 和 B 之间关系的表格的每行每列含至多一个 1，那么这种关系就称作 A 和 B 之间的匹配。如果表达两集合 A 和 B 之间关系的表格的每行每列恰含一个 1，那么这种关系就称作 A 和 B 之间的完美匹配。

作 案 时 间

一天夜里，邻居们听到了一声惨烈的叫声。早上醒来才知道，原来昨晚发生了凶案，惨烈的叫声是遇害者呼叫的最后一声。负责调查的警察向邻居们了解案发的确切时间。一位女士说是 12：08，另一位老太太说是 11：40，对面杂货店的老板说他确切地记得是 12：15，还有一位绅士说是 11：53。到底谁说的是准确时间呢？警察经过跟这 4 个人对表发现，这 4 个人的手表都不准确，一个慢 25 分钟，一个快 10 分钟，还有一个快 3 分钟，最后一个慢 12 分钟。你能帮助警察确定作案的准确时间吗？

这是一个看起来复杂其实很简单的问题。排除这 4 个人作为嫌疑犯的可能，作为合法公众，慢得最多的人说的事件最早，快得最多的人说的时间一定最晚。所以作案的准确时间应该是 12：05。计算方法很容易，从最快的手表（12：15）中减去最快的时间（10 分钟）就行了。或者将最慢的手表（11：40）加上最慢的时间（25 分钟）也可以得出相同的答案。

在分析问题的时候，重要的是找到解决问题的思路，把看似复杂的问题分解成简单的部分来处理。

车轮上的两个圆周

小圆周长等于大圆周长吗？

显然答案是否定的。然而有人却用事实证明，这个问题的答案是肯定的。等价的问题是，车轮的外圈和内圈的周长相等吗？

很明显，车轮外圈的半径比内圈的半径大，它们的圆周长是不相等的。可是居然有人说他可以“证明”它们是相等的。我们来看看他的“证明”。

“在一张纸板上画上两个同心圆，然后沿着两个圆周剪下，得到一个圆轮。让这个纸轮沿着直线滚动一整圈，它便前进了一段距离记为 PP'，如图 1 所示，这个距离等于大圆的周长。同时小圆也滚了一整圈，从 Q 点到了 Q'点。显然 $QQ'=PP'$，所以，大圆转一周和小圆转一周走了同样的距离。所以，小圆的周长和大圆的周长不是相等了吗？”

这是怎回事呢，是哪里发生了错误呢，你能找到问题的症结吗？

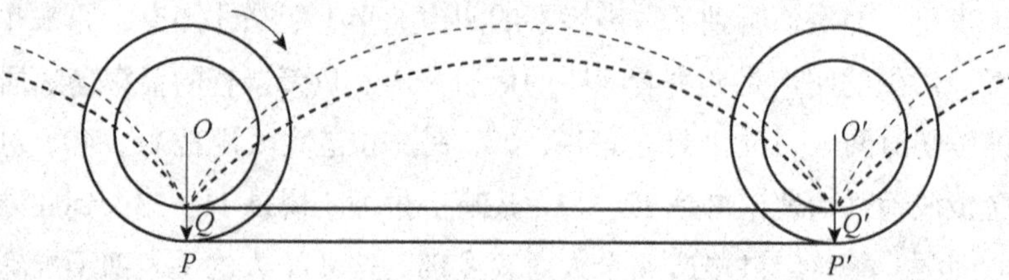

图 1　摆线示图

原来，QQ'并不等于小圆的周长，因为在滚动的时候，小圆周上的 Q 点一面在滚动，一面也被拖着前进。好像一个大人拖着一个小孩赶路一样。虽然两个人都走了同样的路程，但是小孩所走的路程，有一部分是被大人拖着向前移动的，不是自己走完整段路程的。

所以车轮在滚动时，P 点滚了一圈，而 Q 点是转了一圈又同时被拖着前进的。P 点所走的路线叫作摆线（也叫简单摆线或旋轮线），即图 1 中上面的细虚线；Q 点所走的路线是一个“走了样”的扁摆线，即图 1 中下面的粗虚线。

摆线具有如下性质。

（1）它的长度等于旋转圆直径的 4 倍。尤为令人感兴趣的是，它的长度是一个不依赖于 π 的有理数。

（2）摆线下的面积是旋转圆面积的三倍。

（3）圆上描出摆线的那个点，在不同的位置有不同的速度——当这一点触及地面时它的速度为零；车轮滚动，这一点的速度加快，一直到它在轮顶时速度达到最大。然后，它又减速，减到它再次触及地面时，速度又降到零。这也就是当自行车擦身而过时车轮上部的辐条看不清楚的原因。

（4）当弹子从一个摆线形状的容器的不同点放开时，它们会同时到达底部。

多长时间聚齐一次

有 7 个年轻人，他们是好朋友，约定每周都要到同一个餐厅吃饭，但是因各人情况不同，他们每个人一周中去餐厅的次数也不同。A 每天必去；B 每隔一天去一次；C 每隔两天去一次；D 每隔三天去一次；E 每隔四天去一次；F 每隔五天去一次；次数最少的是 G，每隔六天才去一次。

昨天是 2 月 29 日，他们愉快地在餐厅聚齐了，他们有说有笑，憧憬着下一次聚齐时的情景。请问，下一次他们 7 人相聚餐厅会是在什么时候？

很显然，7 个年轻人要隔许多天才能在餐厅里齐聚一次。这个天数加 1 需能被 1～7 的所有自然数整除。1～7 的最小公倍数是 420，也就是说，他们每隔 419 天才能一起齐聚餐厅。因为上一次聚会是在 2 月 29 日，可知这一年是闰年，那么第二年 2 月就只有 28 天一种可能。由此推出，他们下一次 7 人相聚是在第二年的 4 月 24 日（420−306−90=24，306 是上年的剩余天数，90 是下年 1～3 月份的天数）。

按照题目中给出的条件，显然每两天两个人可以相聚一次，每 6 天可以 3 个人相聚一次，那么你能知道 4 个人、5 个人和 6 个人每过多少天可以相聚一次吗？

4 个人相聚一次需过 11 天，即每 12 天可以相聚一次；5 个人和 6 个人相聚一次都需过 59 天，即每 60 天可以相聚一次。5 个人和 6 个人相聚一次的天数为什么会一样呢？因为，60 能被 5 和 6 整除。

生 死 劫

古代有个国王，非常阴险且多疑，一位正直的大臣不慎得罪了国王，被判了死刑。这个国家世代沿袭着一条奇特的法规：凡是死囚，在临刑前都要抽一次“生死签”（写着“生”和“死”的两张签纸），临行前犯人当众抽签，若抽到“死”签，则立即处死；若抽到“生”签，则当场赦免。国王一心想处死这个大臣，于是与几个心腹密谋，想出一条毒计：暗中让执行官在“生死签”上都写上了“死”。看来这个大臣一定是在劫难逃，只有死路一条了。有没有办法死里逃生呢？

办法对于聪明的人来说，总是会有的。这位聪明的大臣知道了国王的毒计，他凛然走向断头台，迅速抽出一张签纸塞进了嘴里，等到执行官反应过来时，签纸早已吞下，大臣故作叹息道：“我听天意，将苦果吞下，大家只要看剩下的签是什么字就清楚了。”剩下的当然写着“死”字，那么按照推理吞进肚子里的就是“生”字了，国王怕犯众怒，只好当众释放了这位大臣。国王“机关算尽”，想让大臣死，反而搬起石头砸了自己的脚，让机智的大臣死里逃生了。

球的重量

题目很简单，是说如果一只球的重量是 10.5 克加上它本身重量的一半，那么它的重量是多少？

在解答这道趣题之前必须正确理解题目的意思。在求解这个题目时，有很多人会这样想，说这个球重 10.5 克，它重量的一半就是 5.25 克。我们把这两个数值相加便得到答案 15.75 克了。这就弄错了！

本题是要求解出球的重量，根据题目，球的重量显然不是 10.5 克。你先假定球重是 10.5 克，而现在倘若你再把你计算的这个数字说成是球的重量，那它就不能是开头所假设的 10.5 克。这里显然就出现了矛盾，一个球怎么可能有两个重量呢？因此，肯定是我们把题目理解错了。

因此，只有一种解释能说得通。球的重量等于两个数值之和，即 10.5 和一个未知的数值的和，后者即球重量的一半。这可以用天平形象地表示出来。天平的一边是 10.5 克和球重的一半，另一侧就是这个球。如果从天平的两侧各取走半只球，秤盘仍将保持平衡。一侧是 10.5 克，另一侧是剩下的半只球，因此半只球重 10.5 克，而整只球的重量必定是这个重量的两倍，即 21 克。

不知不觉中我们就用简单的代数方法解决了这个问题。现在让我们用字母 x 来代表半只球的重量，用代数中的等式来表示天平两侧的平衡。这样，我们可以列出一个简单的代数方程：$10.5+x=x+x$。如果从这个方程的两侧各取走相等的量（各减掉一个 x），它仍将保持“平衡”。所以当我们从两侧各取走一个 x 后，留下的是 $10.5=x$，这就是半只球的重量，那整只球必定重 21 克了。

如果用 x 表示球重也是一样的。这时有 $10.5+x/2=x$，解之，$x=21$。

取 水 问 题

有一个徒弟跟师傅学厨艺，就要学成出师了，师傅想考考徒弟，于是拿来了两个水桶，一个可盛 3 升的水，一个可盛 5 升的水，要徒弟拿这两个桶到店前面的水塘去取 4 升水回来。聪明的徒弟欣然领命，很快取了 4 升水回来。师傅放在秤上一称，4 升水一点不多，一点也不少。你知道这位徒弟是怎么做的吗？

其实不难，分四步做即可实现。

第一步，先用 5 升桶打水，倒进 3 升桶。

第二步，倒掉 3 升桶里的水，将 5 升桶中剩下的 2 升水倒进 3 升桶。

第三步，再用 5 升桶打水，加满 3 升桶，5 升桶中即剩下 4 升水。

第四步，倒掉 3 升桶里的水，拎上 5 升桶回店即可。

此问题推而广之，如果要用两个分别盛 5 升和 6 升的桶取 3 升水，又该如何做呢？同样容易。还是先用 6 升桶打水，装入 5 升桶，6 升桶剩 1 升水，然后倒掉 5 升桶里的水，将 6 升桶中的 1 升水倒入 5 升桶，再用 6 升桶打水，装满 5 升桶后，6 升桶中剩下 2 升水，再次倒掉 5 升桶中的水，将 6 升桶中的 2 升水倒入 5 升桶，再用 6 升桶打水，装满 5 升桶，6 升桶中即剩下 3 升水，然后倒掉 5 升桶的水，拎上 6 升桶回店即可。

巧脱连环铐

在一次战斗中，有两个战士被敌人俘虏，都被带上了镣铐。为了防止两个战士逃跑，敌人将他们两人用如图 1 那样的连环铐铐在一起。

两位战士被关了几天，身体越来越消瘦。一天，他们突然想出了一个办法，可以将两人分开。你知道他们用的是什么办法吗？

图 1 被铐在一起的两个战士

需要说明，他们没有斧子等工具可以将铁链砸开，而且，只是两人分开而已，各人身上的镣铐都不可能被解开。

因为瘦了些，铐圈与手腕间有了一点空隙。虽然这个空隙还不足以让手抽出来，但这点空隙却可以让铁链穿过。战士甲（假定是图中右边的战士）将自己的铁链折成圈，塞进战士乙的拷圈中，并且将铁链绕过乙的手，然后再将铁链由乙的铐圈中塞过去一拉，两人就可以分开了。

这个问题涉及“拓扑学”方面的一些知识。

亲爱的读者，你看明白了吗？下面我们做个实验，看看你究竟是不是看明白了。

请你拿出两根大约 50 厘米长的绳子，一根两头接在一起，做成一个绳环，另一根先穿过这个绳环，然后把一端系在你的手表带上，另一端绑在另一个手腕上，使这根绳子和你的两个手臂与绳环构成链环。如果没带手表也不要紧，可以把绳子的两端分别绑在两个手腕上，只是不要绑太紧就行。

现在的问题是，要你不解开任何一个绳头，把绳环从连接你的两个手腕的绳子上退下来。你能做到吗？如果你做到了，就说明你把上述讲的方法看明白了。

如果你做到了，接下来的问题是，你能把它再套上去吗？如果你能再套上去，就说明你的确已经掌握上述的方法了。否则，就只能说是一知半解。

九 点 问 题

如图 1 所示，有 9 个圆点，问你能用四条直线一笔将这 9 个圆点连接起来吗？

正确答案如图 2 所示。

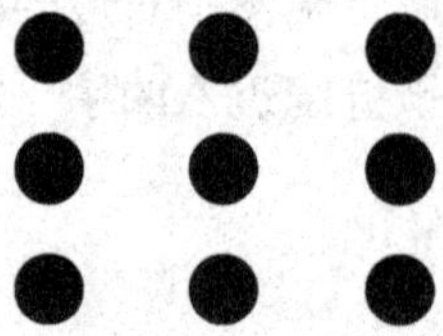

图 1　9 个圆点

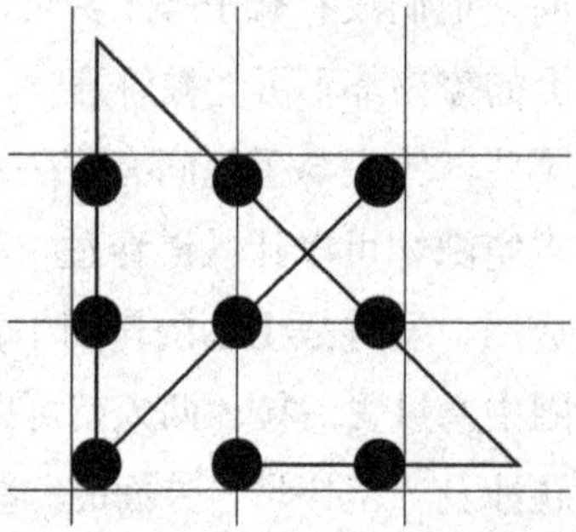

图 2　连线后的 9 个圆点

9 点问题是一个很著名的思维训练题。它之所以著名，就在于它非常形象地表明了常规思维的突破。人的常规思维就是，总在 9 个点组成的正方形中间寻找连接线，因而无论如何连接都不能满足四条直线的条件，所以总是无解。但如果突破这一思维定式，将 9 点之间的连接线伸出正方形之外（注意题目并没有不可以伸出正方形之外的要求），就能很快得出正确答案。

当初司马光砸缸救人，就是突破了“让人离开水”的思维定式的束缚，才有了“让水离开人”的创新想法。“异想天开”是创新思维的一种重要品质和特征，是思维活跃的一个先决条件。因此，“异想天开”只是对“循规蹈矩”的思维定式的反对，是对思维僵化呆板的突破，而不是毫无根据的胡思乱想。

水杯换位

一张桌子上有10只玻璃杯排成一行，其中左边5只杯子里装满了水，右边5只杯子是空的。

现在要求你在只动2只杯子的情况下，把这10只杯子变成有水的杯子与无水的杯子相互交错。你有办法吗？

其实并不难。

只需要将左边第二只杯子与第四只杯子里的水分别倒入第七只杯子与第九只杯子里就可以了。

这个题目其实是一个脑筋急转弯的问题。受经验或习惯的影响，通常都只会想到移动的方法，这是人们最容易想到的方法。但是当这种方法行不通的时候，想一想是否可以不移动杯子，而只是让杯子里的水移动呢？因为条件说的动杯子，不只是移动杯子，也可以是将杯子里的水倒入空杯子，只要你不违反只动两只杯子的条件即可。

无疑这里也有一个思维方式的转换问题。

另辟蹊径

有一列火车以每小时160公里的速度从纽约开往洛杉矶，同时有一列火车以每小时140公里的速度由洛杉矶开往纽约。为了保证这两列载有重要物资的列车的安全，有一架直升机同时由纽约出发，以每小时300公里的速度在两列火车之间巡航，即在洛杉矶与火车同时出发后，遇到另一列火车后返回，然后遇到从洛杉矶出发的火车后再返回，如此不停地往返于两列火车之间，直到两列火车相遇为止。已知纽约到洛杉矶的铁路里程是3300公里，直升机转身的时间忽略不计，问这架直升机共飞行了多少公里？

很多人解这道题目可能会误入歧途。直升机在两列火车之间来回飞行，应试者的思维也很容易随着直升机来回“飞动”起来，即总是试图算出那些越来越短的剩余的路程，这样做其实就上当了。应该怎么办呢？

这就需要改弦更张，另辟蹊径，也就是前面多次讲到的，要转换思维。可以这样想，直升机在两列火车之间来回不停地飞，所以火车相遇的时间也就是飞机飞行的时间。两列火车用每小时 300（160+140）公里的速度跑完了全程，直升机也用它自己的速度飞完了全程。于是，就容易得到飞行的距离为

$$300\times[3300\div(160+140)]=3300\text{（公里）}$$

急 行 军

有一支 1000 人的部队，接到上级的命令，要开赴 100 公里外的前线参加战斗。士兵步行的速度是每小时 5 公里，另外有 5 辆时速 25 公里、能装载 50 名士兵的大卡车。

现在请你制订一个行军方案，使这支部队能在 12 小时内到达目的地，并立即全部投入战斗。

要使这支部队到达目的地后就能全部投入战斗，必须最充分、最恰当地发挥每个士兵和每辆汽车的能力，也就是说，不能让某辆汽车或某个士兵先到达目的地等候后来的士兵。由此得出推理一：所有士兵和汽车必须同时到达目的地，所以每个士兵在行军途中必须都采取步行与乘车这两种方式。由此得出推理二：每个士兵乘车及步行的路程必须相等，否则多乘汽车的士兵必先到达目的地，不符合推理一。

根据以上分析，行军方案应是，汽车载上第一批 250 名士兵从驻地与其他步行的士兵同时出发，到达全程 1/2 处后（用时 2 小时），让这一批士兵下车步行。然后汽车沿原路返回，在半路遇上步行的士兵，又载上第二批 250 名士兵。计算这段时间，需要费点脑筋。因为，这时空载返回的卡车和后面步行的士兵是相向而行，两者的距离是 40 公里，速度是每小时 30（25+5）公里，走完这段

距离后，即用时 4/3 小时后两者相遇。也就是说，卡车满载前进时用时 2 小时，空载返回时用时 4/3 小时。当赶上第一批乘车的士兵时，让第二批乘车的士兵下车一同步行。然后汽车再次返回，让第三批士兵乘车，赶上前面步行的士兵时，第三批士兵下车，再次返回。这样，士兵上下车的时间忽略不计，满载前进 3 趟，用时 6 小时；空载返回 3 趟，用时 4 小时。剩下 2 小时，最后一批乘车的士兵赶上前面三批士兵时，恰好到达终点。

通过计算容易知道，每一批士兵步行 10 小时，行程 50 公里，乘车急行 2 小时，行程也是 50 公里，全体士兵到达终点的时间恰好为 12 小时，符合上述的两个推理。

圆球穿方木

这里有一个边长 10 厘米的木制正方体和一个直径 12 厘米的圆球，现在要你在正方体上挖出一个洞，要圆球从洞中穿出。你能做到吗？

这个问题似乎是“不可思议”的。要在一个“小立方体”（边长 10 厘米）挖出一个洞让“大圆球”（直径 12 厘米）通过，这怎么可能呢？你之所以认为不可能，是因为你是用习惯思维想象的，即从正方体的正前方向正方体的正后方穿孔，这当然是不可能的。这样做如果圆心选在正方体某个面的中心，正方体必然会一分为四。那么，我们可不可以转换思维呢？

我们让圆球对着正方体的一个顶点穿过，让球心通过这个顶点的一条对角线穿出，如图 1 所示。这样小正方体就可以使大圆球安然通过了。

我们可以算一算，看看当正方体的边长为 a，圆球的半径为 r 时，需要满足什么条件，正方体才可以安然通过。如果将圆球与正方体投影到平面上，便可以将其看作一个平面问题，如图 2 所示。这时，问题即转化为边长为 a 的正六边形需满足什么条件，才可以使半径为 r 的圆球通过？

由图 2 可知，这个正六边形的对边间距也就是正方形的对角线长为 $\sqrt{2}a$（依勾股定理），因此只要圆球的直径 $2r<\sqrt{2}a$，即 r 满足 $r<\dfrac{\sqrt{2}a}{2}\approx 0.707a$ 时，

便可以在立方体上挖洞让圆球顺利通过。今 r=6，a=10，0.707a=7.07，故圆球可以穿过正方体。

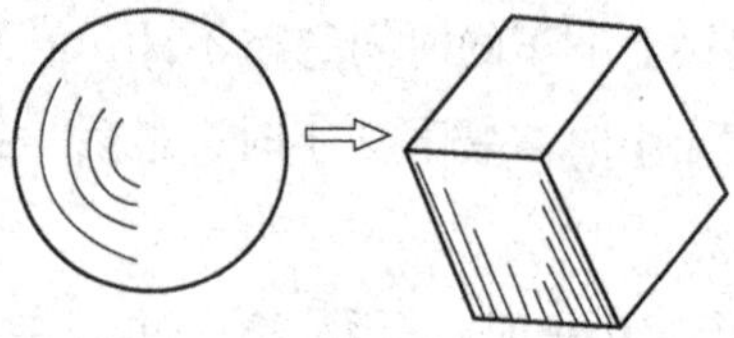

图 1　大圆球与小正方体

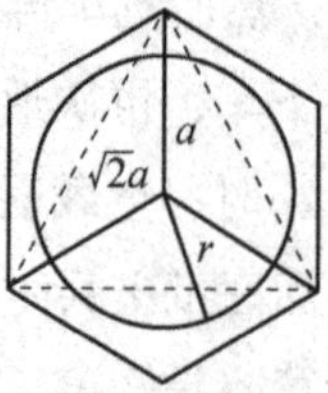

图 2　给正方体穿孔

这个例子又一次说明只要突破惯性思维的束缚，就一定能够产生奇思妙想，使一些通常认为不可能解决的问题得到妥善解决。所以，有人说“数学是锻炼思维的体操”，此话一点不假。

旋转的水桶

桌面上有一个小桶，桶里面盛满了水。现在要你想办法把小桶升到空中，让桶底朝上，但一滴水都不允许流出，你有办法吗？

办法有，那就是找来一段一米左右的绳子，一头系在桶的提手上，另一头握在你的手上，然后提起水桶，让它高速地旋转起来，如图 1 所示。

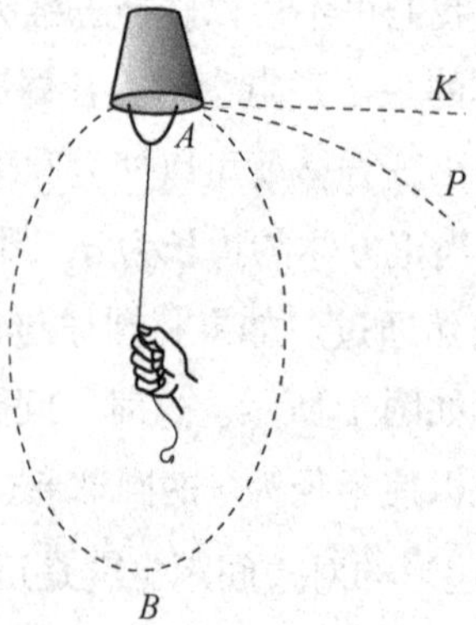

图 1　旋转的水桶

“把盛水的器具抡起旋转，水不会洒出，即使器具底朝上时也是如此，这是由于旋转的作用”，2000 年前亚里士多德曾这样写道。图 1 这种情景想必大家都不会感到陌生，当水桶达到一定的转速时，即使底朝上，水也不会洒出来。

人们通常用“离心力”的作用来解释这种现象，认为离心力是一种施加到物体之上，使物体会挣脱旋转轴心的力。其实这种离心力并不存在，物体脱离旋转轴心，不过是惯性的表现，而一切惯性引起的运动是没有力的参与的。在物理学中，离心力是指旋转的物体对系线的拉力或压在其曲线轨道上的实在的力量。这种力施加的对象并非运动的物体，而是阻止物体做直线运动的障碍物——拉线和转弯处的轨道等。

抛开了关于离心力似是而非的概念，我们来探究一下水桶旋转时为什么会发生这种现象。我们先向自己提出这样一个问题：如果在桶壁上开一个孔，桶中的水会涌向何方？这个问题的答案是，假如没有重力，水会在惯性的作用下沿圆周 AB 的切线 AK 涌出（图 1）。但水本身有重量，于是，在重力的作用下会沿一条曲线（抛物线）AP 跌落。如果圆周运动的速度达到一定数值，这条曲线就会处于圆周 AB 的外围。这股水流显示出，盛在旋转的桶中的水，如果没有桶壁的阻隔会有什么样的运动轨迹。现在已经得知，水不会竖直流下，因而就不会从桶内洒下。水只有在一种情况下会从桶里流出，那就是桶口朝向与旋转方向相同的时候。

现在我们来计算一下，在这种情况下水桶要达到多大的转速水才不至于洒出。这个速度应在旋转木桶的向心加速度不小于重力加速度时获得。因为只有这时才会使涌出来的水流的轨迹落在水桶运动的圆周轨迹的外围，这样，水桶无论转到什么位置，水也不会从桶里洒出。计算向心加速度 W 的公式是

$$W=\frac{v^2}{R}$$

式中，v 为圆周运动速度；R 为圆周轨迹的半径。因为地球表面的重力加速度 g=9.8 米/秒 ^{2}，所以我们就得出下列不等式：

$$\frac{v^2}{R}\geqslant 9.8$$

设 R=70 厘米，则有 $v\geqslant\sqrt{0.7\times 0.98}$ 米/秒=2.6 米/秒。

很容易算出，只要我们牵绳子的手每秒转约 2/3 圈，就可得到这种圆周运动

速度了（$1.4\times3.14\times2/3=2.93$），这对我们来说是轻而易举的事，因而这个游戏可以顺利完成。

拖住海轮

狂风骤起，巨浪滔天。一艘海轮挣断了缆索，顺着船坞的斜坡向大海滑去。假如系海轮的缆索还有长长的一段留在船坞上，你正在船坞上从缆索边经过，你有办法拖住海轮吗？

啊！我可不是可以巨手擎天的大力士，怎么可能拖住海轮呢？

其实，根本不需要什么大力士，任何一个机智的人都能应付这件事。

根据力学原理，缆索只要缠绕在桩上，发生滑动时摩擦力就极大，且缠绕的圈数越多，摩擦力就越大，若缠绕圈数按算术级数增加，摩擦力则会成几何级数增加，这是摩擦力增加的规律。因此，只要把缆索在某个固定的桩子上缠绕 3～4 圈，即使是身单力薄的小孩子也能抓住绳头拉住硕大的重物。

在大河岸边的轮船码头上，古代的一些少年就是这样拖住靠岸的载有上百名乘客的轮船的。他们借助的并非是异常的臂力，而是缆索和系缆桩之间的摩擦力。

18 世纪著名的数学家欧拉测算出了摩擦力与缆索缠绕在桩上的圈数之间的关系。现将欧拉这个颇有价值的公式列在下面，供读者理解时参考：

$$F = f\mathrm{e}^{ka}$$

式中，f 为我们施加的力；F 为与其对抗的力；e 值为 2.718…，即自然对数的底；k 为缆索与桩之间的摩擦系数；a 为缠绕转角，即缆索缠绕形成的弧长与弧半径之比。

我们把这个公式应用于上述的事件中，计算的结果令人大为惊异。力 F 便是海轮沿着船坞斜坡下滑对缆索形成的拉力。假定，船的重量是 50 吨，船坞的斜度为 1/10，那么作用在缆索上的就不是船的全部重量，而是它的 1/10，即 5000 千克。

接下来，我们设定 k 的数值，即缆索和系缆桩之间的摩擦系数为 1/3，再假定缆索在系缆桩上绕了 3 圈，那么 a 的数值就可轻易地计算出来了。

$$a = \frac{3 \times 2\pi r}{r} = 6\pi$$

式中，r 为系缆桩的半径。把所有这些数值代入欧拉公式中，就可得到如下等式；

$$5000 = f \times 2.72^{6\pi \times \frac{1}{3}} = f \times 2.72^{2\pi}$$

未知数 f 即所需的力量，可用对数求出来。

解 $\log 5000 = \log f + 2\pi \log 2.72$，得到 $f = 9.3$ 千克。

如此看来，只需要用不足 10 千克的力就可以把缆索拉住，从而立下这次大功了。

不过你不要认为这个 10 千克数值只是理论上的，而实际上应该比这多得多。恰恰相反，我们算出的这个数值已经有所放大了，那是因为在古代是用木桩和麻绳来系船的，它们之间的摩擦系数 k 要比我们上面采用的数值更大些，所以所需的力量要小得多。当然，那时的木桩也应足够牢固，麻绳也必须经得住拉力。因而，即使身单力薄的小孩把缆索在桩上缠绕 3～4 圈后也能创建大力士才能建立的功劳，甚至更胜一筹呢。

到这里，对于上面的题目你有答案了吧！那就是，拉住缆索，找最近的系缆桩，快速地绕上几圈即可。

水 池 问 题

一个空水池里装有两根水管，上面一根，下面一根，上面的一根可用于注水，下面的一根可用于泄水，如图 1 所示。注水的水管可用 5 小时把水池注满，泄水的水管可用 10 小时把整池水泄完。如果同时打开两根水管，问需多少时间才能使空水池注满？

你能解答这道题目吗？

这道题目通常的解法是这样的：在 1 小时内，第一根管子能注进水池 1/5 的水，第二根管子则把 1/10 水排出，现在两根管子同时打开，每小时实际进入水池的水就是 1/5−1/10=1/10。按这个结果推算，注满水池所需的时间应为 10 小时。

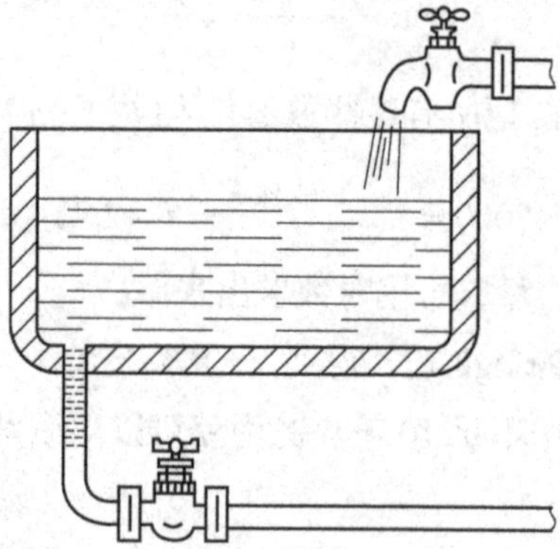

图 1　水池示意图

你觉得这样的解答对吗？

然而，物理学家认为这种推算是不正确的，因为即使水能在压力不变的条件下均匀地流入水池，可是，随着流入水池的水量不断增加，水面会越来越高，在这种条件下水是不可能均匀地流出水池的。所以说，第二根水管可在 10 小时内把水池里的水放完绝不意味着每小时可以放出 1/10 的池水。

物理学原理告诉我们，装在没有盖的容器中的任何液体，从底下的孔洞里流出的速度与孔洞上方的液柱的高度成正比。伽利略的学生、天才物理学家托里拆利首先揭示了这种关系并把它用一个简单的公式表示出来：

$$v=\sqrt{2gh}$$

式中，v 为液体流出的速度；g 为重力加速度；h 为孔洞至液面的高度。

显然，在这个问题中，液面的高度是一个变化的量，因而速度也是一个变化的量，即水流出的速度会随着液面的升高而加快。

不让水沸腾

通常情况下，水被煮到 100℃时，就会沸腾。但是，我们想让水温即使达到了 100℃也不沸腾，你有办法吗？

可以取一个不大的搪瓷碗，在里面装上水，放在煮水的锅里，不要让它沉底。你会认为，当锅里的水加热到沸腾时，碗里的水也会随之沸腾。然而，无论你等多久，也不会看到这个结果。

这个结果似乎出人意料，但稍加思索你就会明白。那是因为，水沸腾的条件不单单是加热到 100℃，它还需要一大部分热量，使水得以从液态变为气态。

水在 100℃时就沸腾。普通的条件下，水在达到这个沸点后，无论再怎么加热，它的温度也不会再上升。这就是说，对碗里水加热的热源温度只能是 100℃，因而碗里水达到的温度也只会是 100℃。锅中水和碗里水一旦都达到这个温度，前者就不会向后者传送更多的热量了。

如此说来，用这种方法对碗里的水加热，我们就不能使它得到变成蒸汽所需要的那种额外的热量。这就是碗里的水无论怎么加热也不能沸腾的原因。

这里可能产生这样一个问题：碗里水和锅中水有什么不同呢？要知道碗里水也是水呀，它不过同锅中水隔着一层搪瓷包着的铁皮而已，为什么锅中水能沸腾，它就不能？

原因就在于隔着它的这层搪瓷包着的铁皮上，由于它，碗里水不能同锅中水发生对流。锅中水的所有分子都能直接接触灼热的锅底，而碗里水只能间接地接触沸水。

所以我们发现，用沸腾的水加热，不能使另一份水沸腾。可是，如果向锅中加一把盐，情况就会发生变化。盐水的沸点不是 100℃，而略高一些，这样就可以把碗里的水煮沸了。

五 像 同 在

一张照片通常只能有一个人的一种形象，这是常识。现在要五像同在，你能做到吗？

有一种摄影术，恰恰可以把一个人的五种不同形象拍摄在同一张照片上。这种照片比普通照片的优越之处就是能把照相人的特点全面地反映出来。我们知道，摄影师追求的就是能摄取照相人最好的姿态，而这种几像同在的方式为这种选择提供了很便利的条件。

五像同在的照片是怎样拍摄出来的呢？

当然，这离不开镜子，如图 1 所示。照相人背朝照相机 A，面向两面直立的镜子 C、C'，两面镜子摆成 72° 角。这样它们就可以呈现出四种人的像，这些像的形态在照相机的镜头中各不相同。这四种像和照相机拍下的实像合在一起，就构成了五像共处的照片。平面镜不要带镜框，免得使人看出它是拍照的道具。另外需在照相机前放置两块幕布 B、B'，把镜头从两块幕布的缝隙中伸出，这样镜子就不会被照进相片中了。

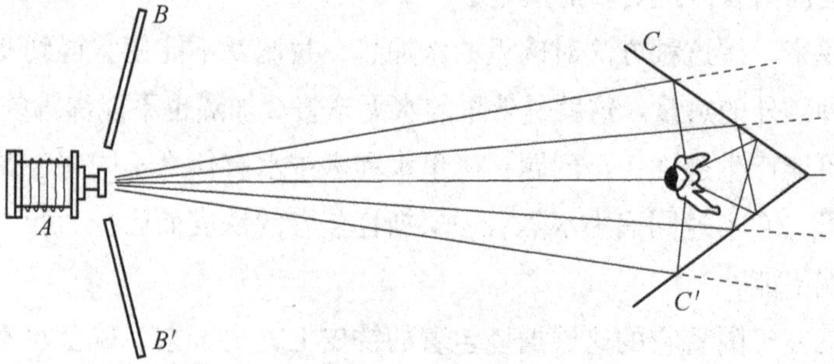

图 1　拍摄五像同在的照片

拍摄出的像的数量取决于两面镜子所成的角度。当角度为 90° 时，可以拍到四个像；当角度为 60° 时，可以拍到六个像；当角度为 45° 时可以拍到八个像……不过像的数量越多，效果就越模糊，所以通常只限于拍摄五个像。

当然，如果能够通过剪接技术，把中间的背面像换成正面像，那就更妙了。

如果有条件找到两面镜子，这种照片完全可以自拍。拍好后，通过裁剪，把拍到的手和相机部分裁掉即可。当然，为了不致影响效果，自拍时，持相机的手应该尽可能地放低一些。

观察力趣题

四王子的领地划分

某皇帝生有四个儿子，他准备把一大块土地分给儿子们作为领地。这块土地呈正方形，中间有一片森林，另有四处是产金的地方，如图 1 所示。皇帝决定这样划分，每人都包含一处产金之地，森林为四人公用，并与各自的领地相连，领地的面积、形状都完全一样。请你想想，皇帝应该怎么划分四个王子的领地？

解决这个问题，需要敏锐的观察能力。

我们可以先看看图 1。全部领地包括森林共 25 块，即除去森林是 24 块，每个王子正好可分六块，要求形状面积相同，故图 2 可以作为一种参考方案，即每个王子的领地均呈大写的字母“L”形状分布。还有别的方案吗？请你再想一想。

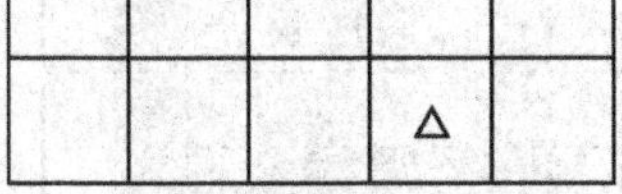

图 1　四王子共有的领地

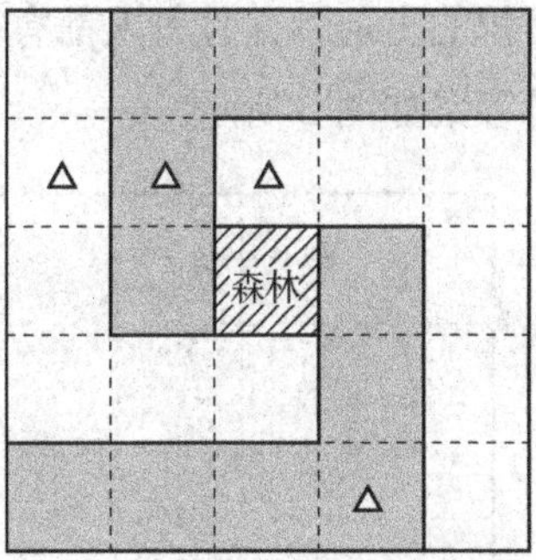

图 2　划分后的四王子领地

老财主的难题

一位老财主生有四个儿子。他临死前，除了一块正方形土地和地上面四棵生长了近百年的金丝楠木树什么都没有留下，树与树之间的距离是相等的，从土地的中心到一边排成一排，如图 3 所示。他留下遗嘱，要求把土地和四棵树均分给四个儿子。怎么分？老财主把这个难题交给了儿子，要求最聪明的儿子把土地和树平均分配，可是没有一个儿子能把这份遗产分好。你知道该怎么分吗？

图 4 可以作为一个参考方案。还有别的方案吗？请你再想一想。

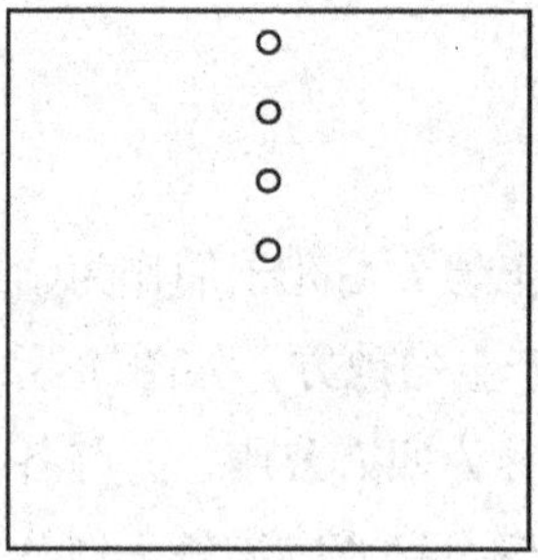

图 3　老财主的遗产

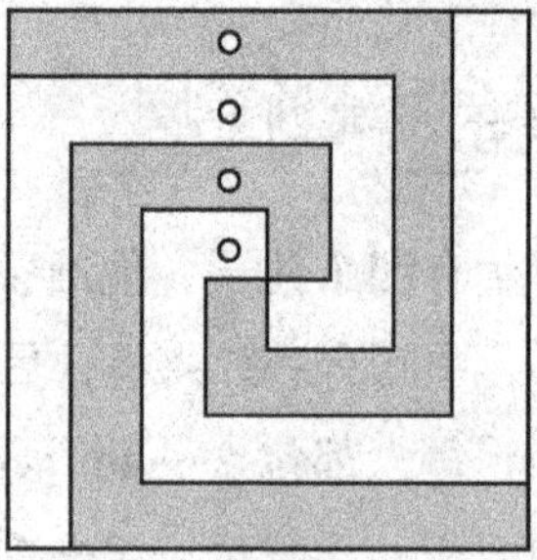

图 4　分割后的遗产

老财主的又一难题

兄弟四人继承了老财主的遗产，遗产共有如图 5 所示的土地、四棵珍贵的树木和四座房子。遗嘱上注明要公平分配。请问怎么分才能让四兄弟每人都分到相同面积的土地，并且每人都有一座房子和一棵树木？

参考答案如图 6 所示。

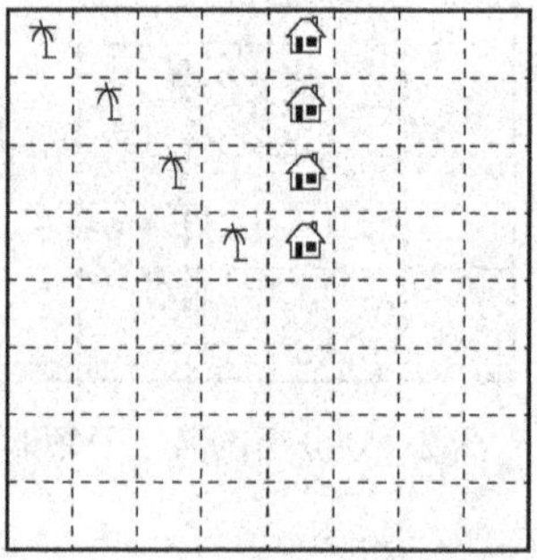

图 5　老财主的遗产

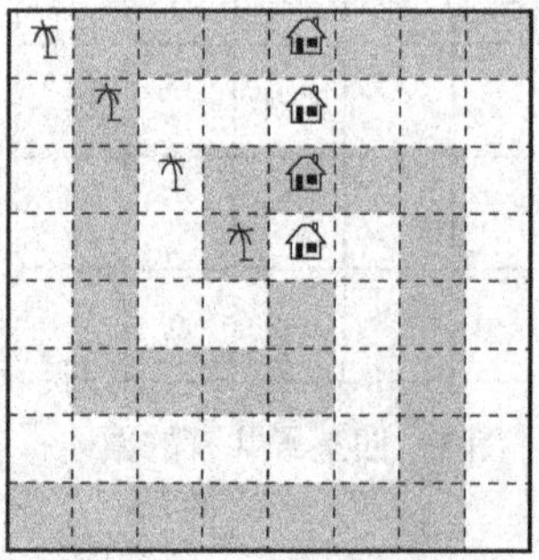

图 6　分割后的遗产

巧走方阵

在如图 7 所示的方阵中有 16 个格子。它们上面已经填上了六个数字，请你把 1～16 中余下的数字填到空格里面。要求全部数字填好后，能找出这样一条路线：从数字 1 出发，可以向左右或上下移动，但不能斜向移动，按数字顺序经过 16 个方格，每个格子只能进入 1 次，路线不能交叉。

请填好数字，并画出路线图。

图 8 可以作为一种参考方案。

8			1
			2
12		4	3

图 7　未完成的数字方阵

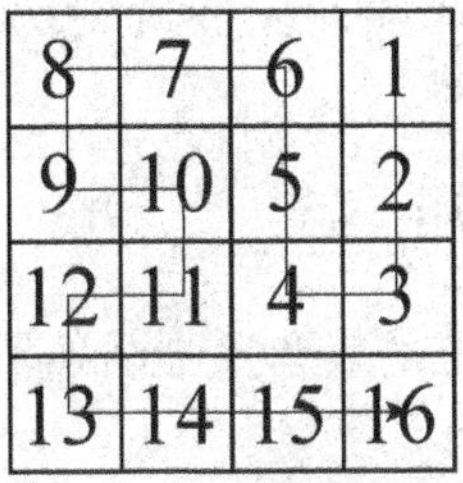

图 8　完成后的数字方阵

比面积大小

要求你不通过计算，仅凭观察，判断图中的两个相似图形的面积比，即图 9 中大正方形面积是小正方形面积的几倍？图 10 中大三角形面积是小三角形面积的几倍？

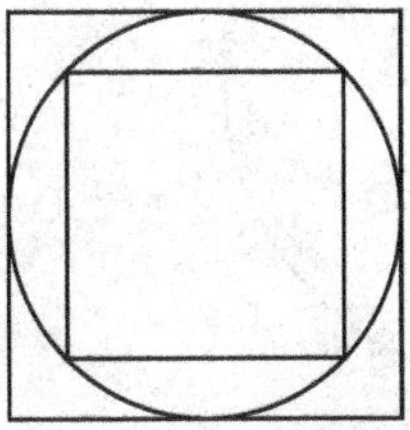

图 9　两个正方形

图 10　两个三角形

直观地看，我们很难判断它们之间量的对比，但是如果做一些技术处理，就不难做出判断。需要怎么做呢？

只需要将图 9 中的小正方形旋转 90°，将图 10 中的小三角形旋转 60°，得到图 11 和图 12，就不难做出正确判断了。

容易看出，大正方形面积是小正方形面积的两倍，大三角形面积是小三角形面积的四倍。

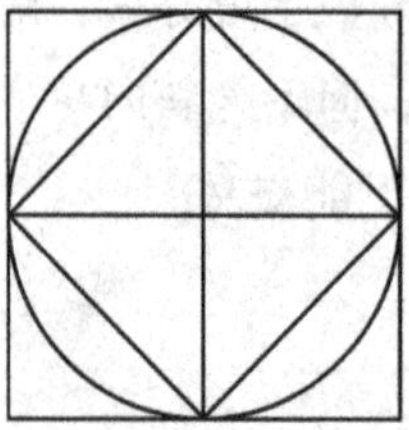

图 11　旋转后的两个正方形

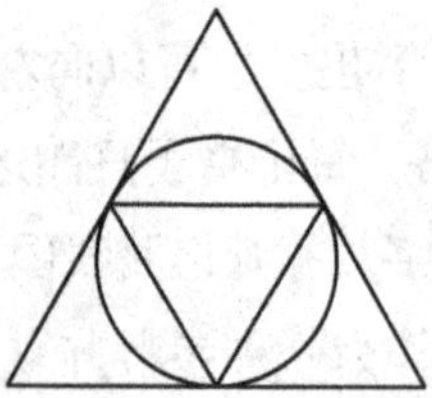

图 12　旋转后的两个三角形

表盘上的平行线

在一只圆形的表盘上画两条平行线，可以将表盘分成三块，且每块上的数字之和都相等。

请问，平行线应该怎么画？

表盘上有 1～12 这 12 个数字，和是 78。如果平分成三部分，那么每部分上的数字之和是 26。所以三个部分的数字分别是（11，12，1，2）（3，4，9，10）（5，6，7，8）。表盘如图 13 所示。

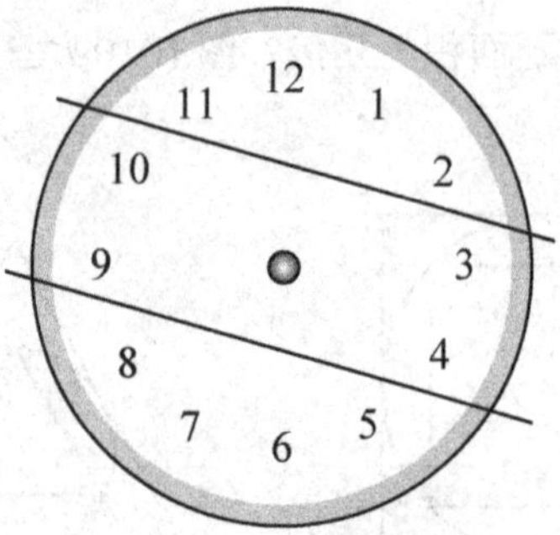

图 13　表盘的平行线划分

木匠的难题

木匠有一块正好 81 分米 ^{2} 的木板，突出的一角是一个小正方形，每边长 1 分米。同它相连的一个中正方形，其面积是 16 分米^2，这个中正方形又同 64 分米^2 的大正方形相连接。大、中、小三个正方形面积正好是 81 分米^2。木匠现在打算把它做成一个 9 分米 × 9 分米的正方形遮窗板。

试问，木匠应怎样去锯木板以便锯出一个正方形？当然要求锯出的块数为最少。

木匠可以把木板锯成三块，如图 14 所示，即第一块为 1 分米 × 9 分米=9 分米^{2}的一个长方形，第二块为 3 分米 × 4 分米+1 分米 × 4 分米=16 分米^{2}的一个刀形，第三块是 4 分米 × 6 分米+4 分米 × 8 分米=56 分米^{2}的一个刀形。总面积为 9+16+56=81 分米^2。

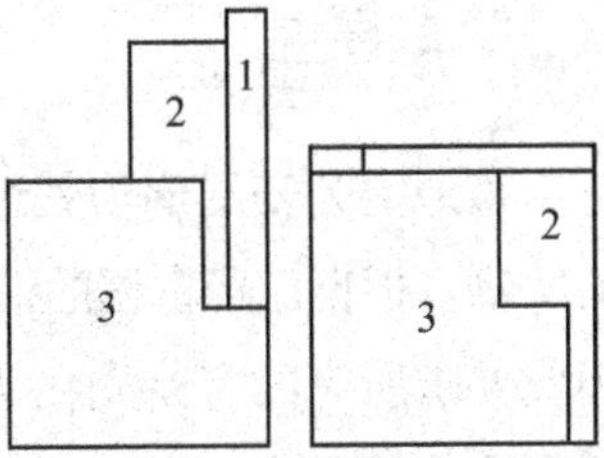

图 14　木匠难题的解

赦罪僧的难题

有一个赦罪僧要去如图 15 所示的 64 个城市推销赦罪券。出发点是图 15 中黑色正方形，他要前往其余每座城市各一次（不可重复），路线只能是由 15 条线段组成的一条折线（要转 14 个弯），每个转弯都是直角。这条路线可以在适当的地方结束。图的下部正中处缺少一条短线（道路）——这里确实没有道路。

这个赦罪僧提出的问题是，沿着哪条路线走，才能符合题目的要求呢？

答案如图 16 所示，赦罪僧正是从那个用黑色正方形标志的城市出发，按黑线所代表的路线，遍历了所有的城市。这条路线由 15 个线段组成，转了 14 个弯，最后回到了左边临近的画有圆点的那个城市（为了看起来清楚，图 16 省略了其他的路线）。

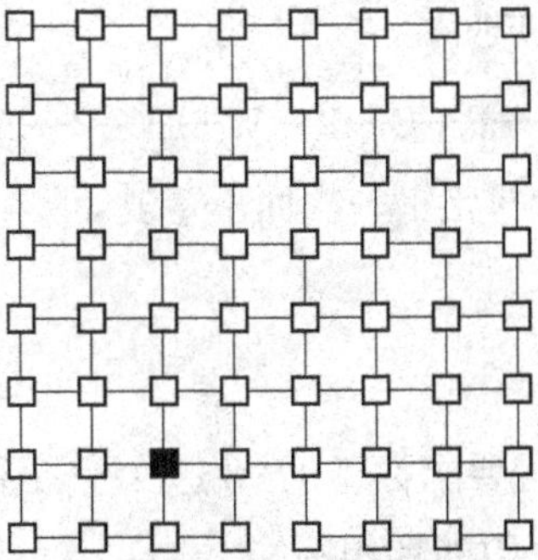
图 15　64 城分布图

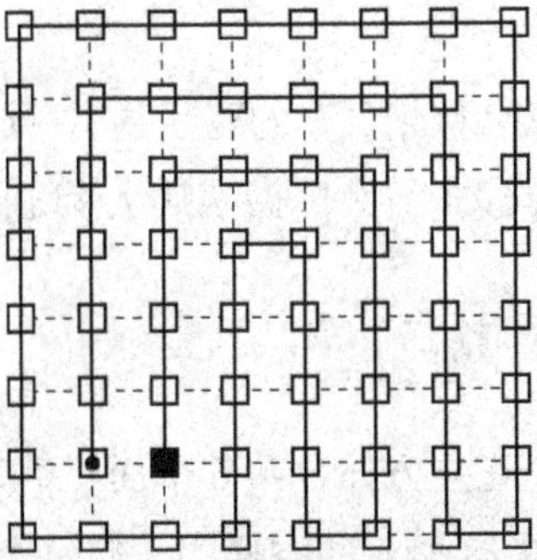
图 16　赦罪僧难题的解

驱车寻宝

某地的公安局刑侦处组织了一次驱车寻宝行动，寻找一箱被藏在 Z 村某地的文物。根据已经掌握的情况，文物与图 17 中的所有村庄多多少少都有些牵连。因此要求所有的警察先在 A 村集合，然后分头去其他 9 个村子调查寻找线索，再把这些线索集中在一起进行研究，之后才能知道文物藏在 Z 村的什么地方。最先回来并宣布找到文物的是一位外号“蓝精灵”的警察。他巧妙地安排了自己的路线，从 A 村到达 Z 村，沿途获得了所有线索，却没有重复走进任何一个村子。而其余的人则一直在走弯路。

图 17 是 11 个村子的分布图，村子与村子之间只有唯一的一条道路。

你知道警察“蓝精灵”是怎么走的吗？在图 17 中你能找到这样的路线吗？

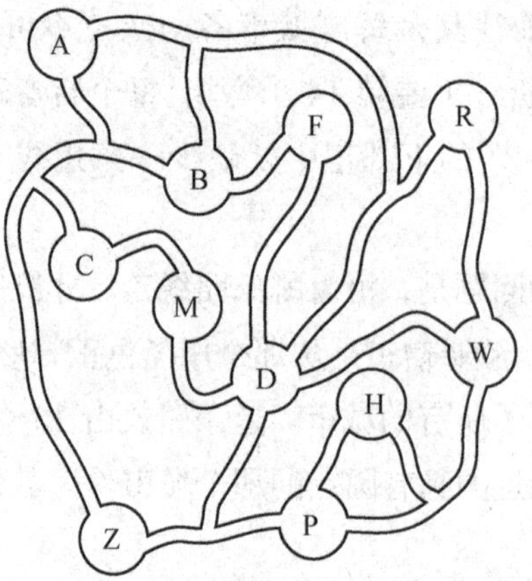

图 17 11 个村庄分布图

警察“蓝精灵”的路线是 A—C—M—D—F—B—R—W—H—P—Z。只有按这条路线走，才能做到从 A 村到 Z 村每个村走上一次而不重复。

立方数阵

一个正立方体，共 6 个面，8 个顶点。现要求你将 1～8 这 8 个数字，分别填入如图 18 所示的空格中，使每个面的 4 个数的和相等。

这个数阵是个正立方体，共有六个面。每个面 4 个顶点上的数都是 3 个面重复使用的。

1～8 这 8 个数的总和是 36，因为每个顶点的数都被重复使用了 3 次，所以 6 个面的数字总和是 36×3=108，每个面的数字和便是 108/6=18。知道了这一点，就得到了解题的钥匙。

图 19 所示结果可作为参考答案。

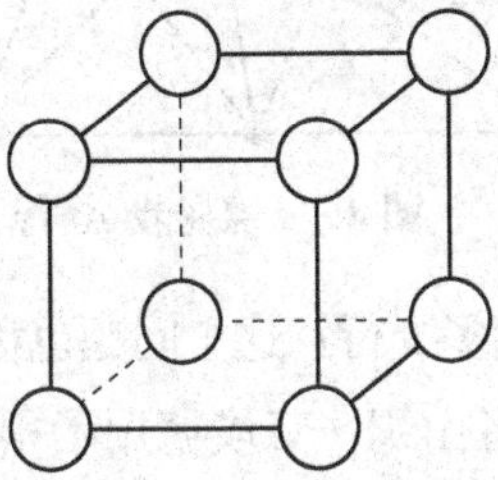

图 18　未完成的立方数阵

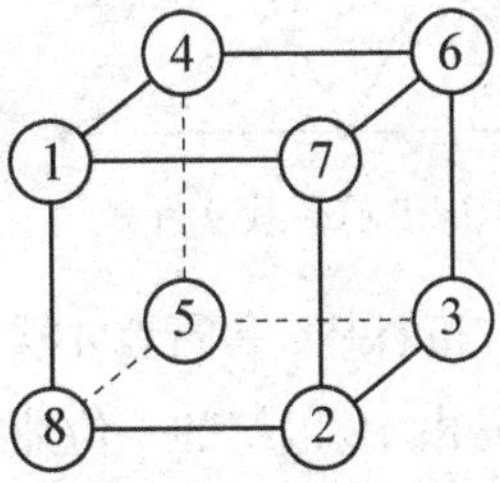

图 19　完成后的立方数阵

植 树 问 题

植树问题其实也是一个与观察力有关的问题。

问题一，栽 10 棵树，每行栽 4 棵，最多可以栽几行？答案是 5 行，栽法如图 1 所示。

问题二，10 棵树，栽 10 行，每行 3 棵该如何栽？答案如图 2 所示。

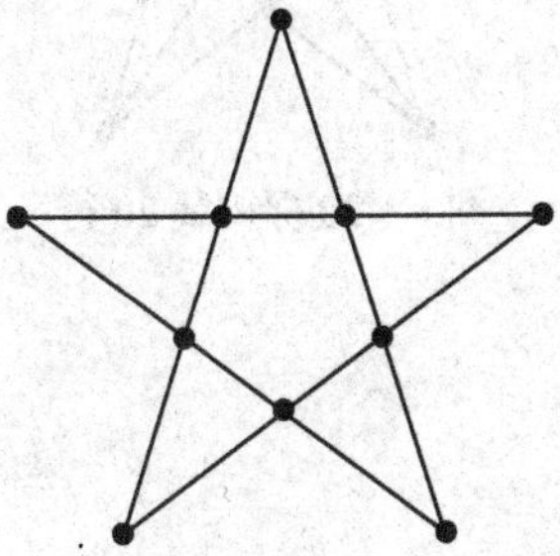

图 1　10 棵树栽 5 行

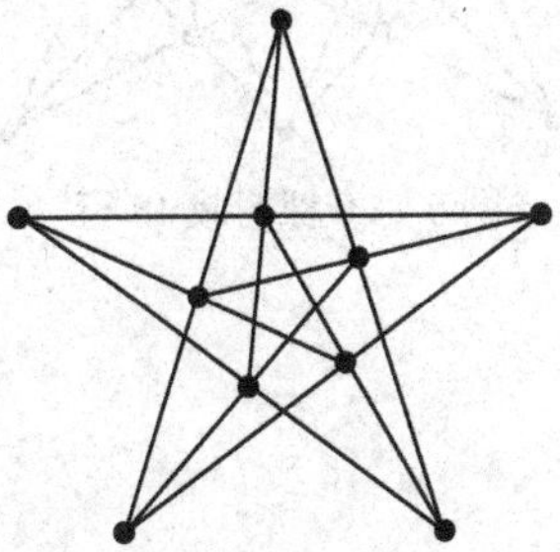

图 2　10 棵树栽 10 行

问题三，9 棵树，栽 9 行，每行 3 棵，该如何栽？如果栽 10 行，每行 3 棵，又该如何栽呢？答案分别如图 3 和图 4 所示。

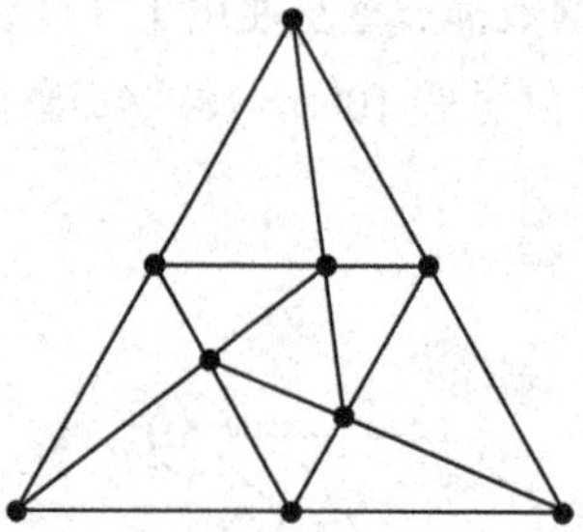

图 3　9 棵树栽 9 行

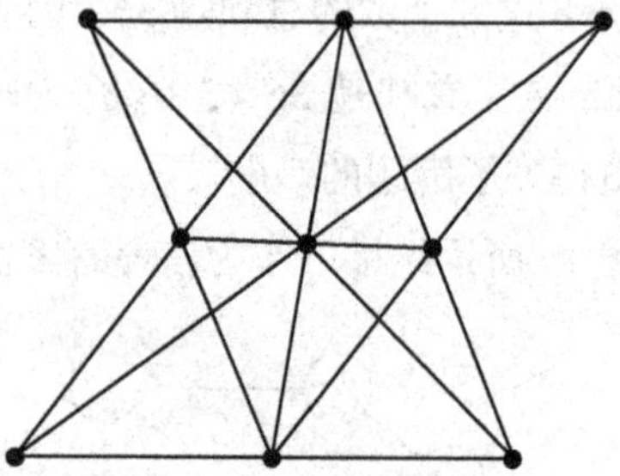

图 4　9 棵树栽 10 行

问题四，20 棵树，每行栽 4 棵，最多可以栽多少行？这个问题也称作山姆 · 劳埃德问题，是由 18 世纪的一位业余数学爱好者山姆 · 劳埃德用了很长时间研究后提出的。他给出的最好答案是 18 行，如图 5 所示。

在计算机出现后，有两位学者用计算机对这个问题给出了新的答案，如图 6 所示，你能数出其中的行数吗？答案是 20 行（注意，另外 5 棵树在最里面的五星的内角上未画出，五星的中心点上不是一棵树，它是因交点密集形成的）。

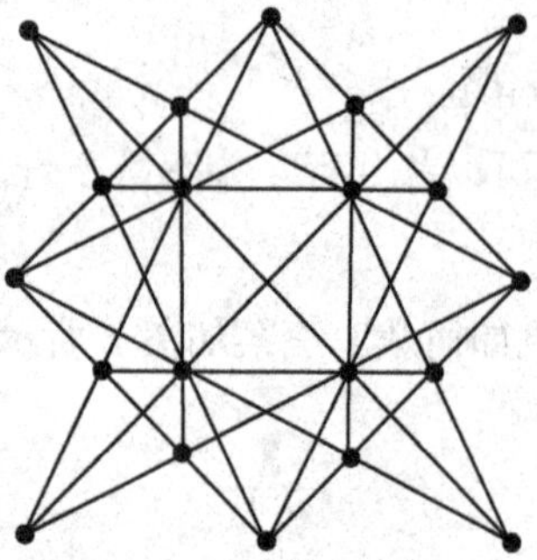

图 5　20 棵树栽 18 行

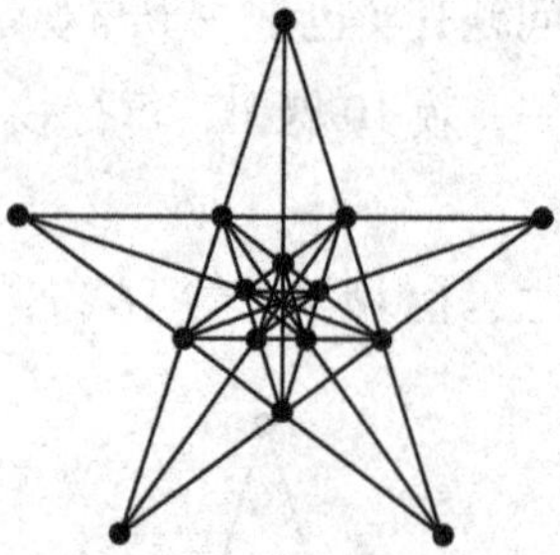

图 6　20 棵树栽 20 行

选　工　作

假定现在有两份工作可供你选择。每份工作的底薪都是年薪 18 000 元。第一份工作每年加薪 2000 元，而第二份工作每半年加薪 500 元。你该选哪一份工作？

凭直觉，人们会认为答案是明显的。每年加薪 2000 元看起来比每年总共加薪 1000 元要好。因此，当然是选第一份工作合适了。真是这样吗？

这里有三种不同的分析方法。

方法一，以半年即六个月为周期计算每份工作的薪金。

每年加薪 2000 元的第一份工作的薪金分别是 9000 元、9000 元、10 000 元、10 000 元、11 000 元、11 000 元、12 000 元、12 000 元……

每半年加薪 500 元的第二份工作的薪金分别是 9000 元、9500 元、10 000 元、10 500 元、11 000 元、11 500 元、12 000 元、12 500 元……

从两列薪金的对比中清楚可见，第二份工作在每年的后半年有更好的收入，而在前半年与第一份工作收入相同。很显然，是第二份工作更好。

方法二，以一年为周期计算每份工作的薪金。

第一份工作的薪金分别是 20 000 元，22 000 元，24 000 元，26 000 元，28 000 元，30 000 元……

第二份工作的薪金分别是 19 000 元，20 000 元，21 000 元，22 000 元，23 000 元，24 000 元……

容易看出，第二份工作比第一份工作差多了。

为什么会是这样呢？两种不同的方法为什么会有如此大的差别？你能找到原因吗？究竟哪一份工作更好呢？

问题就出在方法上。第一种方法把第一份工作中的 1000 元推后了半年，而第二种方法把第二份工作的 500 元推后了半年。凡学过经济学的人都知道，资金是有时间价值的。因此，上述两种方法肯定有问题。那么究竟应该怎么算才合理呢？

底薪两份工作相同，无须考虑。然后，可以把时间稍微拉长一点，比如说放在 10 年内进行分析，只考虑加薪。在 10 年内，第一份工作的加薪会形成一个初值和等差均为 2000，n=10 的等差数列，而第二份工作的加薪则会形成一个初值和等差均为 500，n=20 的等差数列。现在我们来计算这两个等差数列的前 n 项和。依公式：

$$S_n = \frac{n\left[2a_1 + (n-1)d\right]}{2}$$

$$S_{10}=\frac{10(4000+9\times2000)}{2}=110\,000\text{（元）}$$

$$S_{20}=\frac{20(1000+19\times500)}{2}=105\,000\text{（元）}$$

容易看出，第二个方案还是少了 5000 元。

如果要考虑资金的时间价值（钱存入银行可获得利息），使用净现值方法（即把每一期的等额收益都折算成现在值）分析，假如资金成本率即年利率为 10%，那么半年就是 5%，于是容易知道 n=10 时的年金现值系数是 6.145，n=20 时的年金现值系数是 12.462。显然 $2000\times6.145>500\times12.462$，即把每期的等额薪水（即年金，前者是 2000 元，后者是 500 元）都折合成现值，还是第一份工作要好。

有些书上根据第一种算法，认为第二份工作好，并且把这看作直觉失败的一个例证，显然是欠考虑的。

往返平均速度

某人驾车以每小时 90 公里的速度从甲地到乙地，然后又以每小时 60 公里的速度返回。那么，这个人来回的平均速度是多少？

许多人会凭直觉得出答案，平均速度是每小时 75 公里。其做法很简单，两个速度相加除以 2，即由（90+60）/2 得出平均速度。但这是错误的。我们来看一下正确解答。

设甲地到乙地路程为 s 公里。于是，这个人去时所用时间为 s/90 小时，返回所用时间为 s/60 小时，因此，其来回的平均速度是

$$\frac{2s}{\frac{s}{90}+\frac{s}{60}}=\frac{2}{\frac{1}{90}+\frac{1}{60}}=72$$

显然，速度不能用求算术平均即两数相加后除以 2 的方法计算。举个极端的例子来说明。

例一，假定某人以每小时 30 公里的速度去某地，他来回的平均速度是每小时 15 公里，问他返回的速度是多少？

如果用算术平均法求则 $\frac{30+0}{2}=15$，可得到其返回速度是 0。这样他将永远离不开某地。

正确的求法：设返回速度为 x，由 $\frac{2}{1/30+1/x}=\frac{2\times30x}{30+x}=15$，解之，$x$=10，即只有他以每小时 10 公里的速度返回，他往返的平均速度才是每小时 15 公里。

例二，假定某人以每小时 5 公里的速度去某地，而他希望把往返全程的平均速度提高到每小时 10 公里。问他返回的速度应该是多少？是每小时 15 公里吗？不是。

在这种情形下，设返回速度为 x，则 $\frac{2}{1/5+1/x}=10$，解之，$\frac{1}{x}$=0。

这个式子表明，为了把平均速度提高到每小时 10 公里，他返回的速度必须是无穷大，换句话说，他返回所用的时间必须是 0。这意味着，他根本不可能做到把平均速度由每小时 5 公里提高到每小时 10 公里。事实上，容易论证，无论去某地的速度是多少，人们都无法使往返全程的平均速度提高一倍。

一般地，称 $A=\frac{a+b}{2}$ 为 a、b 两数的算术平均数，称 $H=\frac{2}{1/a+1/b}$ 为 a、b 两数的调和平均数，它可以看作 $\frac{1}{a}$ 和 $\frac{1}{b}$ 的算术平均数取倒数。因此，上面的错误出在：应该用调和平均数时，使用了算术平均数。事实上，可以证明，$H\leqslant A$，等号只有在两数相等时才成立。所以，这种误用一般都会得到错误的答案。

这也是直觉失败的一个例证。

混　合　比

混合比是初等数学里面很重要的概念和解题方法。下面以两种茶叶的混合为例来说明。

有两种茶叶，售价分别为每公斤 51 元和 89 元。要求混合后的平均售价为每公斤 54 元，应该如何搭配？你能解决这个问题吗？

我们可以这样分析。

51 元变到 54 元，需提高 3 元；

89 元变到 54 元，需降低 35 元。

很显然，只有提高的总值与降低的总值相等时，混合后才能得到平均价。因此，必须有 35 个 3 元与 3 个 35 元相互冲抵，也就是说，单价 51 元的茶叶必须有 35 份，单价 89 元的茶叶必须有 3 份，即混合比为 35∶3。

用数学式表示，即

$$\frac{51x+89y}{x+y}=54$$

也就是

$$\frac{y}{x}=\frac{3}{35}$$

用混合比方法解题往往非常奇妙，可以再看一个例子。

鸡兔同笼，有头 50 个，脚 160 只，问鸡兔各有多少只？

运用混合比方法求解如下。

160÷50=3.2

（1）鸡：由 2 到 3.2，增加 1.2。

（2）兔：由 4 到 3.2，降低 0.8。

0.8∶1.2，也就是 2∶3。

于是，不难知道，鸡的数量=50×2/5=20 只，兔的数量=50×3/5=30 只。

初等数学里面的很多问题，如时钟问题、工程问题、行程问题，浓度问题、币值问题等，都可以使用混合比方法得到解答。

酒水混合

第一个玻璃杯里盛着半杯酒，第二个玻璃杯里盛着等量的半杯水。从第一个杯子里舀一茶匙酒倒进盛水的杯子里。搅匀后，再从第二个杯里舀等量的一茶匙水酒混合液送回第一个杯里。这么一来一往之后，问原来盛水杯子里的酒多，还是原来盛酒杯子里的水多?

凭直觉，多数人会回答盛水的杯子里的酒比盛酒杯子里的水多。因为表面上看，最初取出的是一茶匙 100%的纯酒，而反过来从水中取回的却是一茶匙混合液体，是不纯的水，所以倒入水中的酒比倒入酒中的水多。但正确的答案却是，两者同样多。我们的直觉又一次错了。

虽然这个答案可能会引起争论，但要证明为什么这是真的，只需要简单的推理即可。

在酒水混合问题中，最初两个杯子中酒水是等量的，只要一个杯子失去多少酒（或水)，那么它的位置一定被水（或酒）所填入，而填入的这部分水（或酒）又是另一个杯子中所失去的。因此，一杯子填入的水（或酒）恰好与另一杯子中失去的酒（或水）的量相等。

事实上，即使两个杯子中的液体量不相等，混合液也不一定搅匀，答案仍然不变，甚至我们还可以把两杯液体滴来滴去，不一定来回的滴数要一样。唯一的条件就是，必须使最后杯中所盛液体的量与它开始时一样多。此时，盛酒杯中失去一定量的酒，但失去酒的位置会被严格等量的水充满。

如仍然心存疑虑，我们可以用更严格但也更复杂的方式论证一下这一结论。

设最初盛水的甲杯中有纯水 a 升，盛酒的乙杯中有纯酒 b 升。

第一步，先从盛酒的乙杯中取出 r 升酒倒入甲杯中，则甲杯中含水 a 升，酒 r 升。混合均匀后，水的浓度变为 $\frac{a}{a+r}$，酒的浓度变为 $\frac{r}{a+r}$。

第二步，再从甲杯中取出 r 升混合液体倒入乙杯中。根据上面已提到的酒、水的浓度，可知这 r 升混合液体中含水 $\frac{a}{a+r}r$ 升，含酒 $\frac{r}{a+r}r$ 升。

于是，在经过第二步后，乙杯中含水 $\frac{a}{a+r}r$ 升。

而此时，甲杯中含酒 $r-\frac{r}{a+r}r=\frac{a}{a+r}r$ 升。

显然，两者相等。

你能看出这个酒水混合问题与前面说的混合比问题有什么不同吗？虽然，两者同属于混合问题，然而两者的确是两个不同性质的问题。

枪弹的飞行速度

你会测定枪弹的飞行速度吗？这里向你介绍一种根据转盘的精确转数测定枪弹飞行速度的方法。

用硬纸做一个直径 50 厘米的圆盘，如图 1 所示，壁沿需要贴上或留下一个把手，然后装上轴（用钉子钉在一个长一点的板条上也可以），使其快速转动起来，先把圆盘的转速测清楚。可以摇动圆盘的把手 5 分钟，记下它转动的圈数，就不难算出它转动的速度了。

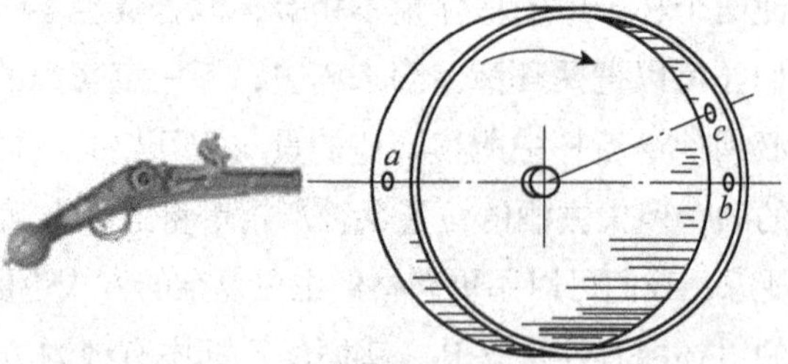

图 1　测枪弹的飞行速度

做好了这些准备后，射击的人就可以对准转动的圆盘的壁沿开枪，被击穿的壁沿会留下两个弹孔。如果圆盘没有转动，那么这两个弹孔就会处于一条直径的两端。如果圆盘在转动，那么在枪弹从壁沿一边飞到另一边的时间内，转盘壁就会转动一小段距离，因而枪弹飞出壁沿的地方就不会是点 b，而是点 c，转盘的转速和它的直径是已知数，因此就可以依据弧 bc 的长度算出枪弹的速度。

求解的方法很简单。只要量出 bc 的距离，知道转盘的速度和距离，就不难知道时间，有了时间，用圆盘的直径除以时间，就不难得到枪弹的速度。

河 马 比 税

很多年以前，在某个古老的部落里，人们对河马非常崇拜，因此部落首领对该部落的一头河马照料得十分周到，将其视为神圣。

每逢生日，首领总是和他的收税官带着这头神圣的河马一起乘上华丽的彩船，沿河游览并到收税营房收取部落臣民的税赋。

当地的习惯是，税赋只能是金币，每年交给首领的金币的重量必须同这头河马的体重相等。在收税营房的边上有一台大天平，它的一边可以载上河马，而另一边则以金币来平衡。

首领把河马喂养得非常好，因此河马越长越壮，以至于有一年天平的杠杆竟然断了。

税赋没有办法计量了，首领顿时就变了脸色。他对收税官说："我今天一定要把金币收上来，而且一定要如数收齐，如果在太阳落山之前还想不出办法，我就立即杀你的头。"

可怜的收税官被吓坏了。不过，他还是集中精力，苦苦思索了好几个小时。突然，他喜出望外，说道："有了，有好主意了！"

你能猜出他的好主意是什么吗？

其实，如果你知道曹冲称象的故事，答案就不难猜到。

收税官的办法很简单。他先单独把河马放在华丽的彩船上，然后在船的外侧标上水位记号。然后他将河马驱离彩船，再往彩船里装金币，直至金币装到水位达到刚才做了标记的地方。这样一来，船上装的金币重量肯定就等于河马的体重了。

立马分油

韩信是西汉初年的大将，小时候便爱动脑筋，聪明过人。

有一次，韩信在巡营途中偶遇两个合伙卖油的商人，两个人不知为何争论不休，急得满脸通红。韩信驱马上前一问，原来是为了一件小事。这两个商人做生意剩下 10 斤油，打算平分了，可没有带秤，只有一个能盛 10 斤油的竹篓（外面涂了沥青可盛液体）、一个能盛 7 斤油的油罐和一个能盛 3 斤油的葫芦。两个人折腾了好半天也没能把这 10 斤油分好，便互相埋怨起来。

韩信问明原因后，低头一看，竹篓是满的，油罐和葫芦是空的。于是他在马背上略加思索，便想出了分油的办法。他笑着对这两个商人说："好办，好办。葫芦归罐罐归篓，分好油来回家走。"说完他便扬鞭策马而去。两个商人听后一头雾水，抓耳挠腮地想了好一阵子，才恍然大悟。

人们在对韩信的智慧钦佩之余，不禁要问：这"葫芦归罐罐归篓"到底是怎么一回事呢？

"葫芦归罐罐归篓"就是把竹篓中的油通过葫芦倒进油罐中，当油罐被灌满时，再将油罐中的油全部倒进竹篓中。具体倒法是：从竹篓中往葫芦里倒三次，前两次葫芦中的油全部倒进油罐中，第三次葫芦中的油只能往油罐中倒 1 斤，油罐就满了；将油罐中的油全部倒回竹篓，再将葫芦中剩下的 2 斤油倒进油罐中。这时，竹篓中是 8 斤油，油罐中是 2 斤油。再从竹篓中往油罐中倒 3 斤葫芦中的油，这时，竹篓和油罐中各有 5 斤油，问题得以解决。

其中使用的算式是：$10-3\times3+7-3=2+3$，$3\times3-7+3=5$。

这个问题的一个扩展问题是如何均分 8 斤油。有一个装满 8 斤油的坛子，另外有两个瓶子，一个装满是 5 斤，另一个装满是 3 斤。现在我们要将这两个瓶子作为量具，把坛子里的 8 斤油平分，问你应该怎么分。

在这里，你不妨先自己设计一下怎样分更好，然后再看看你的想法跟下面的做法是不是一致。

分配的步骤如下。

（1）先从坛子里倒 3 斤油装满小瓶，然后把小瓶里的 3 斤油倒入大瓶。

（2）再一次从坛子里倒 3 斤油装满小瓶，再把小瓶里的油倒进大瓶，因为大瓶装满是 5 斤油，所以小瓶里剩下 1 斤油。

（3）把大瓶里的 5 斤油倒进坛子里，这时坛子里共有 7 斤油；同时，把小瓶里的 1 斤油倒进大瓶里。

（4）第三次从坛子里倒 3 斤油装满小瓶，这时坛子里剩下 4 斤油，把小瓶里的 3 斤油倒入大瓶，于是坛子里和大瓶中各剩下 4 斤油，均分成功。

集 合 对 应

10 元钱去了哪里

一天晚上，有三个人去住旅馆，三个人的标准间是 300 元一晚。三个人刚好每人掏了 100 元凑够 300 元交给了老板。后来老板说今天搞活动，优惠到 250 元，于是拿出 50 元要服务生退还给三位旅客。服务生偷偷藏起了 20 元，把剩下的 30 元钱分给了他们三个人，每人分到 10 元。这样，刚才每人掏了 100 元，现在又退回 10 元，也就是 90 元。因此实际上，每人只花了 90 元钱，3 个人每人 90 元就是 270 元。再加上服务生藏起的 20 元就是 290 元。现在的问题是，还有 10 元钱去了哪里？

谁能告诉我们，这 10 元钱到底去哪了？

这个问题的正确答案是，这是一个不存在的问题。严格地说，这其实不是一个运筹学问题，运筹学研究的是如何寻找解决问题的最优方案，这里的问题实际上是一个会计核算问题，也是一个集合对应问题。但是，由于这里也有一个“找”的问题，即需要找出一个实际上不存在的东西，所以也可以看作一个运筹学问题。

会计核算的基本原则是，“收支两条线，收付必相等”。在这里，作为支出方的是三位旅客，优惠之前的支出是 300 元，这 300 元的最终的收入集合是（老板，旅客，服务生），对应的收入额是（250，30，20），即原来的 300 元有 250

元在老板手里，30 元还给了旅客，20 元在服务生手里。优惠之后的实际支出是 270 元，对应得收入集合是（250，20），即老板 250 元，服务生 20 元。因此，集合（270，20）实际上是一个拼凑的集合，或者说是一个不存在的集合。因为按照会计学原理，这两个数是属于两条线的，270 元属于支出方，20 元属于收入方，是不能相加的。按照离散数学关于集合的性质，同一集合中的元素，必须具有相同的性质。也就是说，290 元实际上是一个不存在的数（作为收入，实际上等于把服务生的 20 元计算了两次），再拿 290 元和一个本来不存在的 300 元去比较（优惠后的实际支出是 270 元），显然是错误的。因为最终的总支出是 3×90=270 元，最终的总收入是 300−30=250+20=270 元，即三个旅客花了 270 元住店，250 元归老板所有，20 元为服务生所得。

小明买鞋

小明为了买鞋向爸爸妈妈各借了 500 元，总共是 1000 元，小明花了 970 元买了一双皮鞋，剩下 30 元钱还爸爸妈妈各 10 元，自己还剩 10 元，也就是欠爸爸妈妈各 490 元，一共欠爸爸妈妈 980，加上自己手里的 10 元共 990 元，问还有 10 块钱去哪了？

这里的收入方是小明，支出方是爸爸妈妈。小明向爸爸妈妈还钱之后的收入集合应该是（970，10），即小明得到了价值 970 元的皮鞋和剩余的 10 元钱。而（980，10）实际上是个不存在的集合。因为，980 元实际上是总支出，而 10 元实际上属于收入的一部分，是不能相加的。980 元作为总收入归小明所有，即 980=1000−20=970+10。

一笔糊涂账

有一个男子到一家手杖店去买了一根价值 30 元的手杖，付出一张 50 元的钞票。店主找不出零钱，就到隔壁小店去兑零票。零票兑来，付给顾客 20 元的找头，顾客就走了。隔了一会，隔壁店主慌慌张张地过来说，那张 50 元的钞票是伪钞，手杖店的店主不得不赔了他 50 元。

事后，手杖店主觉得很伤心。他算了一下账，找给顾客 20 元，又赔给隔壁的店主 50 元，一共损失了 70 元。但又一想，顾客只占了 50 元的便宜，隔壁的店主没有损失，也没有占便宜。这相差的 20 元去了哪里呢？

其实，当手杖店主向隔壁小店兑付零票时，手杖店主给隔壁店主 50 元伪钞，隔壁店主付给手杖店主的零票价值为 50 元，然后隔壁店主向手杖店主退回 50 元伪钞，手杖店主还给隔壁店主 50 元，所以，手杖店主与隔壁店主实际上等于没有发生经济往来。手杖店主与顾客的经济往来是，顾客给手杖店主 50 元伪钞，而手杖店主给顾客一根手杖（价值 30 元）和 20 元找头，计 50 元。所以，手杖店主损失是 50 元，而不是 70 元。

支票诈骗

一位衣着华丽的女顾客看中了珠宝商店里一枚售价 8000 元的钻石戒指。女顾客拿出一张 10 000 元的定额支票，珠宝店老板为了找钱，拿了这张支票到隔壁的杂货店兑换成现金，然后找给顾客 2000 元。过了一会儿，杂货店老板发现那是一张空头支票，而顾客又早已拿走了钻石戒指。无奈之下，珠宝店老板只得自认倒霉，拿出 10 000 元赔给了杂货店老板。

请问，珠宝店老板在这笔生意中一共损失了多少钱？

很多人都会这样算，珠宝店老板损失了一枚 8000 元的钻石戒指、找给顾客 2000 元、赔给杂货店老板 10 000 元，合计 20 000 元。

这是一般人的思路。其实珠宝店老板一共只损失了 10 000 元，就是那张空头支票的面额。

账应该是这样算的，珠宝店老板首先收入一张一文不值的支票，然后拿它向杂货店老板换了 10 000 元现金，这就产生了 10 000 元的收益；接下来，他付出了价值 8000 元的戒指和 2000 元现金，收益变为 0；最后，他付出了 10 000 元赔款，收益变成−10 000 元。

实际上，珠宝店老板和杂货店老板做的是完全等价交换，可以忽略不计。他只是被骗子用假支票骗走了 10 000 元的物品和现金。

究竟赚了多少

古罗马有一个贩马的商人，一天下来他的生意情况是这样的：先用 60 个金币买了一匹马，又用 70 个金币卖出了这匹马；转了一圈后，又花 80 个金币买了这匹马，又用 90 个金币卖了这匹马。回到家里后，他的妻子不满地说："折腾了一整天，就只赚 10 个金币啊？"商人笑着摇了摇头。

请你算一算，商人在这匹马的交易中究竟赚了多少个金币？

正确答案是赚了 20 个金币。这个问题对于学经济学的人来说，实际是很清楚的，不算什么问题。但是，如果你混淆了不同的集合，问题就来了。我们可以先换个形式，看看这笔账该怎么算。商人先用 60 个金币买进一匹马，又以 70 个金币卖掉这匹马，赚了 10 个金币，这是第一笔生意。后来，他又用 80 个金币买进一匹马，又用 90 个金币卖掉这匹马，又赚了 10 个金币，这是第二笔生意。这样问题就清楚了，商人在这两笔交易中一共赚了 20 个金币。

他的妻子为什么说只赚了 10 个金币呢？她的理由是，第一笔虽然赚了 10 个金币，可是在第二笔买进的时候又多支了 10 个金币，扯平了。这里就又混淆了两个不同的集合。

这个题目的另一个版本是说，有一个古董商用 5 万元买了一只花瓶，又以 6 万元的价钱卖了出去。后来，他又用 7 万元把它买回来，最后以 8 万元的价钱卖出。请问，他总共赚了多少钱？

据说，美国密歇根大学心理学教授梅尔和他同事就这道题目进行了测试。在测试中，只有不到 40%的人能够做出正确的回答，多数人认为只赚了 1 万元。其实，问题给出的条件十分明确，这是两次交易，每次都赚 1 万元，一共赚了 2 万元。而很多人与商人的妻子一样，都错误地认为当他再用 7 万元买回来时已经把第一次赚的 1 万元扯平了。

要记住，在商业活动中，"一买一卖"就构成一次完整的交易，就构成了两个对应的收支集合，应该与其他买卖行为严格地区分开来。

壶算问题

有一天，梦露在一个珠宝店里用现金购买了一枚 1 万美元的戒指。第二天，她回到那家珠宝店说："昨天我买的戒指不称心，想换一个。"于是，她又重新挑选了一枚 2 万美元的戒指，换完后，她拿着戒指就走。

店员叫住她，要求她支付 1 万美元的差额，梦露很吃惊，说："昨天的 1 万美元已经支付了，对吧？今天又把 1 万美元的戒指交给你了。所以，加起来一共是 2 万美元，不对吗？"无论店员怎么说梦露都不理解。梦露并不是打算玩弄诡辩骗钱，而是认定这样是对的。所以，她不明白为什么必须再支付 1 万美元。如果你是店员，你该怎样解释才能得到她的理解呢?

店员可以针对梦露的想法来加以说明。他可以这样说:“昨天的戒指是 1 万美元，今天的戒指是 2 万美元，加在一起要支付 3 万美元。”

梦露:“可是，昨天的戒指刚才不是已经还给你了吗? ”

店员:“昨天支付的 1 万美元及今天还回的戒指的 1 万美元，加在一起相当于支付了 2 万美元。但是你的戒指加在一起是 3 万美元。所以，你支付的钱还差 1 万美元。”

我们也可以这样解释:梦露在第一次购物后，得到了戒指(价值 1 万美元)，而她付出的 1 万美元已经不属于她了。为了让问题更明白，最好的解决方式应该是这样:第一步，梦露把戒指还给店员时，店员随即把 1 万美元退给她;第二步，梦露再掏钱买价格为 2 万美元的戒指时，她马上会明白自己需要再加 1 万美元才能买到新的戒指。

这也就是为什么在商界通行“一手钱一手货”和“钱货两清”原则的道理。

三 岔 路 口

有一个 Y 字形的三岔路口分别通向诚实国和说谎国。路口站了两个人，已知一个是诚实国的，另一个是说谎国的。诚实国的人永远说实话，说谎国的人永远说谎话。现在你要去说谎国，但不知道应该走哪条路，需要问这两个人。请问你应该怎么问?

这是一个逻辑推理题。答案是，只要问两个人一个同样的问题即可，同时问或分别问都行。

问题一，可以问“去你的国家怎么走? ”如果两个人指的方向相同，一定就是去诚实国的路。道理很简单，因为诚实国的人永远说实话，说谎国的人永远说谎话。

问题二，可以指着某一条路问他们“这是去你的国家的路吗? ”如果两人都回答“是”，一定就是去诚实国的路，如果两个人都回答“不是”，那一定就是去说谎国的路了。

这个问题的合理解答还有一种方法，就是先对这两个人的身份进行判断，即先确定谁是诚实国的，谁是说谎国的，然后再问其中的一个即可。

确定两人身份的方法很多。第一种方法，你已经知道前面有两个国家了，因此你可以问“前面有几个国家？”诚实的人肯定会如实回答两个，谎话的人肯定会撒谎。于是可以很容易判断他们谁是说真话的，然后再去问说真话的人该走哪条路即可。

第二种方法，有人说可以在路边捡一块石头，实际上随便拿出一件随身携带的任何东西比如手机什么的，然后分别问两个人这是什么，回答是石头或手机的肯定是诚实国的。然后再问他如何走。

第三种方法，可以问他们 1+1 等于多少。诚实国的人会说是等于 2，说谎国的人会说不是 2，这样就分辨出谁是诚实国的人谁是说谎国的人，然后随便问其中一个就可以了，或按照诚实国的人指的路走，或者按照说谎国的人没指的那一条路走就对了。

谁在说谎

N 夫人晚上出门，邀请了 W 小姐来照看她的 4 个小孩。N 夫人离家以前，向 W 小姐交代了许多注意事项，其中包括每个孩子的具体情况。N 夫人说，4 个孩子中只有一个孩子总是说真话，另外 3 个则总是说谎。N 夫人告诉了 W 小姐说真话的孩子的名字，但由于注意事项太多，W 小姐把名字忘记了。

当她在为孩子们准备晚饭时，一个孩子在邻室打碎了一个花瓶。在追问谁打碎了花瓶时，得到孩子们的回答如下。

B 说是 S 干的。

S 说是 J 干的。

L 说反正不是我打碎的。

J 说 S 在说谎。

由于 W 小姐知道只有一个孩子说真话，她很快就找出了打碎花瓶的孩子，你知道是谁干的吗？

正确答案是 L。

B 不可能说真话，因为如果 B 说的是真话，那么 L 说的也是真话，那就有两个孩子说真话了。同样，S 也不可能说真话，否则 S 和 L 都说真话。L 也不可能说真话，因为如果 L 说真话，J 必定说谎话，如果 J 说谎话，那么 S 就在说真话，于是 L 和 S 都在说真话。以上都和只有一个孩子说真话矛盾，所以都被排除了。唯一的可能是 J 说真话，因此 B、L、S 都说谎。有了这些，自然就知道是 L 打碎了花瓶。

健忘的森林

有一片“健忘的森林”，不管谁进入那里，都会忘记日期。聪明的小姑娘丹丽娜误入了这片森林，也记不起今天是星期几了。她去问老黄牛，老黄牛回答道：“我一天到晚耕地，从来不问星期几。你倒是可以到前面去问问狮子和狐狸。但是，你要记住，狮子在星期一、星期二、星期三这三天说谎话，狐狸在星期四、星期五、星期六这三天说谎话。其余的日子里，他们倒还都说真话。”因为老黄牛是从来不说假话的，所以丹丽娜就去找狮子和狐狸问今天到底是星期几。狮子告诉她说：“昨天是我说谎话的日子。”狐狸也说：“昨天是我说谎话的日子。”于是，聪明的小姑娘从它们的回答中知道了这一天是星期几。你知道为什么吗？

其中的道理不难理解。由于狮子在星期一、星期二、星期三说谎话，所以它的回答必然与前一天的实际情况相反；而星期四、星期五、星期六、星期日说真话，它的回答必然与前一天的实际情况一样。同样，狐狸在星期四、星期五、星期六说谎话，它的回答与前一天实际情况相反；而在星期日、星期一、星期二、星期三说真话，它的回答必然与前一天实际情况一样。

概括上述两种情况于表 1 中，其中，“×”表示不可能，“√”表示可能。狮子只有在星期一、星期四两天才说：“昨天是我说谎话的日子。”狐狸只有在星期四、星期日两天才说：“昨天是我说谎话的日子。”因此只有在星期四它们俩才会都这样说。丹丽娜就是通过这样的分析，断定这天一定是星期四。

表 1　狮子与狐狸可能的语言与行为

星期		日	一	二	三	四	五	六
狮子	行为	T	F	F	F	T	T	T
	语言	×	√	×	×	√	×	×
狐狸	行为	T	T	T	T	F	F	F
	语言	√	×	×	×	√	×	×

现在换一种情况。假如它们俩都说“昨天是我说真话的日子”。那今天又是星期几呢？实际上这种情况下就很难断定了，因为它们俩都这样说的可能性实际上就是表 1 中画“×”的地方，即至少有四天两人都会这样说，这就很难断定今天究竟是星期几了。

谁忘了关灯

对于一些问题，使用数学分析的方法非常有效，我们还可以再看一个例子。

读大学的时候，张、王、李、赵四个同学住在一间宿舍，宿舍门口有一盏照明灯，大家商议好，晚上谁最后一个回来谁关楼道的灯。有一天晚上，灯亮了一个通宵，肯定是谁忘记关灯了。第二天，宿舍管理员来查问，到底是谁最后一个回来的？

张说：“我回来的时候，小李还没有睡。”

王说：“我回来以后，见小赵已经睡了，我也就睡了。”

李说：“我进门的时候，小王正要上床睡觉。”

赵说：“我上床就睡着了，什么也不知道。”

根据四位同学的说法，你能由他们说的话来判断谁最后回来的吗？

不难判断。我们用“>”表示“早于”或“先于”。

张在李后面，即李>张。

王在赵后面，即赵>王。

李在王后面，即王>李。

把三个不等式连起来，即赵>王>李>张。

结论是，张回来最晚，是他忘记了关灯。

谜 案 神 断

不设防的财务室

一天，某家企业的出纳报案，说财务室的保险柜被窃，丢失了大量现金。

警察来到现场，只见保险柜的门被打开，有明显的铁器撬砸的痕迹，但是房屋的门窗都锁着，门锁是把全新的铁制挂锁，且完好无损。

警察问出纳："门是你打开的吗？"

"是的。每天早上我总是第一个来，打开锁，然后把钥匙拔下来带在身边，再把打开的锁挂在门环上，这样下班以后，我最后一个走的时候，就可以直接锁上，不用再开一次了。"

"这把锁就一把钥匙吗？"

"对，我怕钥匙多了不安全，所以就把备用钥匙都熔化掉了。"

"这么说来，其他人不会搞到钥匙了。"

请问，如果不是出纳监守自盗（假定这一点已经确认），那么罪犯的作案手段是什么呢？根据上述了解到的情况，警察通过推理很快找到了作案的罪犯。

罪犯一定是公司里的一个人，或者至少能够经常进出公司，比如清洁工。作案者可以买来一把相同的锁，乘人不备用这把锁和原锁调换。出纳下班后上锁的时候不需要用钥匙（因为锁原本是开的），当然不会发现。

晚上，罪犯潜入公司开锁进屋，作案后又将原锁换回锁好。这样，第二天早上出纳开门时，还是不会发现门锁出过问题。

调查的最终结果证实了上述的推理。

哪里露了马脚

菲利普打电话给他的好友——警察斯蒂芬，说自己的叔叔可能出事了："我们约好今晚一同吃晚饭，但他没来。你能不能陪我去他家里找找他？"

路上，菲利普对斯蒂芬说："我叔叔认为最近几天他被贼盯上了，他有一大笔现金，是藏在密室的保险柜中的，不过这件事让一个保姆透露了出去。"

两个人来到了菲利普叔叔的屋子，门没锁，只有门口的一盏廊灯亮着。斯蒂芬建议说："最好去看一下密室。"

菲利普在前面带路，来到黑漆漆的密室门口，停了一下后他说："最里面的角落有盏落地灯。"然后便走进黑森森的屋子，看不见人影了。一会落地灯打开了，房间里顿时明亮如昼。菲利普的叔叔横卧在地板上，脑袋上有条很大的伤口。

菲利普跨过他叔叔的身体回到门口，说："他——他死了？"斯蒂芬察看了一下伤势，说："他没事。不过你要倒霉了，最好把整个事情讲清楚，我可以请求法庭对你宽大处理。"

菲利普在哪里露出了马脚呢？

亲爱的读者，你注意到了没？回到门口时，菲利普是"跨过他叔叔的身体"的。那么，在他去开灯时，他肯定也要跨过他叔叔的身体才行。但是，只有当他事先知道他叔叔已经横卧在地板上时，才有可能在伸手不见五指的黑暗中去开灯而不被绊倒。

作为警察，敏锐的观察能力无疑非常重要。

谁是绑架者

董事长的儿子被绑架了，凶犯索要 10 万美元的赎金。他在电话里说："要旧的百元纸币 1000 张，用普通报纸包装，明天上午邮寄。收件人是查尔顿市白星街 2 号西尔·卡塞。如果你要调查地址或报警的话，就当心孩子的性命！"

董事长非常惊慌，为了顾全孩子的生命，他只得委托私家侦探调查这件事。因为事关小孩的生命，侦探也不敢轻举妄动。于是，侦探乔装成推销员，到凶犯所说的地址调查，发现城市是真的，而地址和人名却都是假的。

难道凶犯不要赎金码？绝对不可能。侦探忽然灵机一动，终于发现了凶犯的真面目。你知道凶犯是什么人吗？

凶犯是赎金寄达地邮局的邮差，因为除了他，没有人能够收到地址错误的邮包，而且也不易引起怀疑。办理邮包业务的负责人也可能拿到赎金，但问题是无法确定董事长在哪一个邮局投寄赎金，所以能够收到的人只有收件地当地的邮差。

伪钞嫌犯

旅馆值班员在核对现金时发现了 1 张 100 美元的假钞。假钞与真钞非常相似，只是颜色略微暗淡。闻讯而来的警长问旅馆值班员："你记不记得是谁给你这张百元大钞的？哪怕一点点印象也好。"

值班员说："我没留心。我值班时，只有 3 个旅客付过钱，他们还都没有离开旅馆。"

"你确定吗？"

"绝不会错。我今晚收到 731 美元现金，其中 14 美元是卖晚报、明信片等物品收进的，其余的现金都收自 3 位旅客。约翰先生给我 1 张 100 美元和 24 美元的零票，鲍克斯先生给我两张 100 美元和 19 美元零票，怀特先生给我 3 张 100 美元和 74 美元零票。"

警长的手指在桌面上轻轻敲着，若有所思："你能肯定他们付给你的都是 100 美元的钞票？"

"不会有问题，只要涉及钱，我的记性就特别好。"

警长说："那好吧，我想我们已经找到他了。"

你知道是谁使用了伪钞吗？

是约翰。因为值班员收款时，约翰给他了 1 张 100 美元的钞票，没有其他钞票对比，所以值班员没有识别出来。其他两位旅客付 2 张或 3 张 100 美元，如果真假混在一起，由于票面颜色深浅不同，值班员就很容易发现。警长由此推理，约翰是嫌犯的可能性最大。最终的调查结果证实了这种推断。

瞬间的推断

一天上午，杰克和约翰去看望住在郊区别墅里的金姆森太太。平常门都是关着的，他们进去都要按门铃，今天的门却是虚掩着的。杰克和约翰推开门进去，在一楼餐厅里发现了金姆森太太的尸体，看上去，她已经遇害十多天了。

她是在用餐的时候遭到突然袭击的，一柄尖刀贯穿胸口，瞬间夺去了她的生命，凶手随后洗劫了整幢别墅。

杰克和约翰伤感地坐在别墅前面的台阶上，送来的报纸堆满了台阶，而订阅它的人已永远不会再读了。别墅的台阶下，还放着两瓶早已过期的牛奶，也是金姆森太太订的。聪明的杰克看到这些以后，没有超过 5 秒钟的时间，经过推断就知道了凶手是谁。你知道吗？

凶手就是送牛奶的人。因为只有知道金姆森太太已经遇害，他才不再到这里来送牛奶。如果不是他，他应该是第一个报案人，因为牛奶正常情况下是必须当天及时喝掉的。而送报纸的人显然不知道这一点，每天仍然准时把报纸送来。

因此，送报纸的虽然每天都来，却被排除了嫌疑。送牛奶的人作案后，显然没有想到这桩凶案在十多天以后才被人发现，他停止送奶的行为恰恰暴露了自己的罪行。

音乐会上的阴谋

直到音乐会开幕的当晚，格雷先生对他的两个得意门生巴蒂和埃利由谁首次登台独奏小提琴，仍然犹豫不决。开幕前 15 分钟，他告知巴蒂准备演出，然后把这个决定告知埃利，埃利感到很遗憾。

10 分钟之后，格雷去叫巴蒂准备出场，却发现巴蒂已经倒在小小的化妆间，头部中弹，血流满地，格雷慌忙敲开舞台侧门，将这一惨案报告尼克探长。

探长见开场时间已到，就极力劝格雷先别声张，继续演出。然后，他走进埃利的化妆室，埃利听到最后决定让他登台时，没有询问情由，便拉拉领带，拿起琴和弓，随格雷登台了。

当听众如痴如醉地沉浸在优美的乐曲中时，尼克探长却拿起电话通知警察前来逮捕这位初露头角的小提琴手。你知道探长为什么要逮捕埃利吗？

道理不难明白，埃利事先已经做好演出的准备，说明他对巴蒂的死和自己将上场演出早有准备，这就证明他涉嫌谋杀。如果他事前不知，他上场前就应做一些常规性的准备，比如用松香先擦擦弓，并调好琴弦等。

最后的调查结果表明，尼克探长的推断是准确的。

白纸遗嘱

作曲家约翰和音乐家库尔是一对盲友。约翰病危时曾请库尔来做公证人立下了一份遗嘱，决定把他一生积蓄里的一半财产捐给残疾人福利机构。随即让他的妻子拿来笔和纸，以及个人签章。他在床头摸索着写好遗嘱，装进信封里亲手密封好，郑重地交给库尔。库尔接过遗嘱，立即专程送到银行保险箱里保存起来。一星期后，约翰死于癌症。在约翰的葬礼上，库尔拿出这份遗嘱交给残疾人福利机构的代表手中。但当代表人从信封里拿出遗嘱时，却发现里面竟然是一张白纸。这是怎么回事呢？

库尔根本无法相信，约翰亲手密封、自己亲手接过并且由银行保管的遗嘱怎么会是一张白纸呢？这时来参加葬礼的尼克探长却坚持认定，遗嘱有效。众人都疑惑不解地看着尼克探长，等待着他的解释。你认为探长会怎么解释？

尼克探长的判断是，约翰的妻子为了保住遗产，不致使本应属于自己的遗产得到分割，故意把没有墨水的钢笔递给了约翰。由于库尔和约翰都是盲人，自然也就没有发现，因而没有字的白纸最终被当成遗嘱保存了下来。可是，虽然没有字迹，但钢笔划过白纸留下的痕迹仍然存在，如果仔细鉴定是可以分辨出来的。所以遗嘱仍然有效。

鉴定的结果表明，探长的分析是正确的。

天平与方程式

某中学数学老师在讲“方程式”一课时，搬来了一个天平，学生们都觉得奇怪。其实，天平和方程式是一个道理。因为方程式的左边和右边是相等的，而天平也只有左盘和右盘内的重量相等时，它才会平衡。

那么，方程式可以解未知数，天平也能解未知数吗？数学老师看着同学们不解的表情，给同学们讲了下面这个实例。

小旭有一个天平，但只有 5 千克重的一个砝码。他想称一瓶漆，可是这瓶漆又太轻，没法称。同学们能想出一种办法帮帮小旭吗？

其实，小旭自有办法。小旭请来了他的小伙伴：狗、猫和鼠来帮忙。它们三个都乐意帮忙，可是大家知道猫同狗、鼠之间都有矛盾。为了照顾大家的情绪，小旭只好不让狗和猫在一起，也不让猫和鼠在一起。这样小旭就开始称重了。

第一次，他把猫和这瓶漆放在天平的左盘里，把狗和鼠放在天平的右盘里，这时天平正好平衡。

第二次，他把狗、鼠和这瓶漆放在天平的左盘里，把猫和 5 千克的砝码放在右盘里，天平正好又平衡了。

这样两次称重，小旭高兴地知道了这瓶漆的重量应该是 2.5 千克。

为什么呢？原来天平的两次平衡告诉了我们两个等式

$$\text{猫}+\text{漆}=\text{狗}+\text{鼠} \tag{1}$$

$$\text{狗}+\text{鼠}+\text{漆}=\text{猫}+5\text{ 千克} \tag{2}$$

把（1）式、（2）式两等式相加，两边都有个“猫+狗+鼠”，从等式两端减去，得到：

$$2\text{ 瓶漆}=5\text{ 千克}$$

所以，2 瓶漆为 5 千克，一瓶漆必然是 2.5 千克。

你看，这个小小的题目，不仅仅是解一个简单的方程，而且还要解一个联立方程组。

跷跷板与不等式

在游乐场里玩跷跷板，大个头的总是沉沉地压下一端，而小个头的一端总是被抬到高处，这与数学里的不等式非常相似。

某个幼儿园大班的 8 个孩子，这时正在院子里的游乐场上玩跷跷板。他们之中，有 5 个女孩子和 3 个男孩子。女孩子的体重都是 25 公斤，男孩子的体重都是 30 公斤。

他们一定要在跷跷板上比个高低。 女孩子占左边，男孩子占右边。这边女孩子上去一个，那边男孩子也上去一个，跷跷板给压了下来（30>25）。连续 3 个女孩子坐在左边板上，3 个男孩子那边又沉沉地压下来（90>75）。这时第 4 个女孩子再坐上去，左边胜利了（100>90），还有一个女孩子没有机会再上去了。

正在这时，从教室里跑出来一个比这几个男孩更高大的男孩子，他向着那 3 个男孩子说："我来帮你们。"于是，第 5 个女孩子也上了左边，新来的男孩子上了右边，果然，男孩子这边反败为胜。

女孩子们不高兴了，说："你太偏向了。"于是，他们之间达成了一个协议：女孩子下去 3 个，然后，这个男孩子坐在左边，与 2 个女孩子一道。这样一变换阵式，却并没有改变女孩子们的境遇，那 3 个男孩子还是赢了。试问：这个新来的男孩子的体重大概是多少？

现在我们来进行分析。

设女孩子用 G 表示（体重为 25 公斤）；

男孩子用 B 表示（体重为 30 公斤）；

新来的男孩用 W 表示（体重为 W 公斤）。

于是，男孩子 W 来了以后，两次竞赛的结果可用两个不等式表示：

$$5G<W+3B \tag{1}$$

$$W+2G<3B \tag{2}$$

由（1）式得到：$W>5G-3B$　　（3）

由（2）式得到：$W<3B-2G$　　（4）

由（3）式和（4）式得到：$5G-3B<W<3B-2G$

因为，$B=30$，$G=25$，

所以：$35<W<40$

即新来的男孩子的体重为 35～40 公斤。

拔河比赛

甲、乙、丙、丁四个组进行拔河比赛。比赛结果如下：

甲、乙两组为一方，丙、丁两组为一方，双方势均力敌；

然后甲与丙对调，甲、丁一方为胜，乙、丙一方为败；

乙组很不服气，单独与甲、丙两组联队比赛，乙组反而赢了。

到底是哪个组力气最大？你能根据这三轮比赛的结果排出四个组的次序吗？

根据题意，可以列出下列三个数学式子：

$$甲+乙=丙+丁 \quad (1)$$

$$甲+丁>丙+乙 \quad (2)$$

$$乙>甲+丙 \quad (3)$$

由（1）式+（2）式，得到：

$$2甲+乙+丁>2丙+乙+丁$$

2甲>2丙，所以有

$$甲>丙 \quad (4)$$

由（3）式和（4）式，可得到：

$$乙>甲>丙 \quad (5)$$

再由（2）式-（1）式

丁-乙>乙-丁，即2丁>2乙，亦即

$$丁>乙 \quad (6)$$

由（5）式和（6）式得到：

$$丁>乙>甲>丙$$

结论是，丁组力气最大，乙组其次，甲组再次，丙组最差。

上面说的是四个队的拔河比赛，下面再来看看亨利一家八口人举行的拔河比赛。

第一场：父亲为一方、五个孩子（两男三女）为另一方，比赛结果，父亲输了。

第二场：母亲为一方、五个孩子（一男四女）为另一方，比赛结果，母亲赢了。

第三场：父亲加一个儿子为一方、母亲加三个孩子（三女）为另一方进行比赛，结果父亲一方赢了。

现在的问题是，母亲加两个男孩与父亲加三个女孩进行拔河比赛，结果将会怎样？

结果是母亲加两个男孩的一方战胜了父亲加三个女孩的一方。

我们仍然借助于数学手段进行分析，本题的解答过程还可以简洁地作如下表述：令 F 代表父亲，M 代表母亲，B 代表男孩，G 代表女孩，不等式中较大的一端代表获胜方。对于上述结果，只要证明 $M+2B>F+3G$ 即可。

已知
$$2B+3G>F \tag{1}$$
$$M>B+4G \tag{2}$$

（1）式+（2）式，得
$$M+2B+3G>B+F+4G \tag{3}$$

从（3）式两端同时减去 $B+3G$，得
$$M+B>F+G \tag{4}$$

又已知
$$F+B>M+3G \tag{5}$$

（4）式+（5）式，得
$$F+M+2B>F+M+4G \tag{6}$$

从（6）式两端同时减去 $F+M$，得到
$$2B>4G，即\ B>2G \tag{7}$$

（4）式+（7）式，得
$$M+2B>F+3G。$$

结论，母亲加两男孩一方必战胜父亲加三女孩一方。

有剩余分配

传说古印度有一位老农，临终前留下遗嘱，要把 19 头牛分给三个儿子。要求老大分得总数的$\frac{1}{2}$，老二分得总数的$\frac{1}{4}$，老三分得总数的$\frac{1}{5}$，但一头牛也不许宰杀。老农死后，三个儿子根据遗嘱，算了一下： 老大可分得 $19\times\frac{1}{2}=9\frac{1}{2}$头，老二可分得 $19\times\frac{1}{4}=4\frac{3}{4}$头，老三可分得 $19\times\frac{1}{5}=3\frac{4}{5}$头。

可是老人的遗嘱中交代，一头牛也不许宰杀的呀！按照上面的分法，要杀掉三头牛，况且还没有把牛分完。因为$9\frac{1}{2}+4\frac{3}{4}+3\frac{4}{5}=18\frac{1}{20}$，还剩下$\frac{19}{20}$。为

此，三兄弟绞尽脑汁，还是无计可施；最后决定诉诸官府，官府对此也是一筹莫展，便以“清官难断家务事”为由，一推了之。

此事被村子里的一位老人知道后，他想出了一个极妙的办法，解决了三兄弟的难题。那就是这位老人把自己家中的一头牛借给了三兄弟，这样共有20头牛，于是

老大分得（19+1）× $\frac{1}{2}$=10头；

老二分得（19+1）× $\frac{1}{4}$ = 5头；

老三分得（19+1）× $\frac{1}{5}$= 4头。

三兄弟共分去19头牛，剩下的一头牛老人牵了回去。

真是妙极了，一是分完了牛，二是没有宰杀一头牛，三是老人的一头牛也还了。

这个案例属于有剩余分配问题，解决的办法是补余法，即补一还一。

人们在佩服这位老人的高明之余，也有些怀疑。老大应得$9\frac{1}{2}$头牛，最后他怎么竟得了10头呢？老二应得$4\frac{3}{4}$头，最后他怎么竟得了5头呢？老三应得$3\frac{4}{5}$头，最后他怎么竟得了 4 头呢？这件事也惊动了数学家，他们决定将此事弄个水落石出。数学家们提出了三种不同的解决方法。

一、列方程

设老大得x头牛，于是有$x+\frac{x}{2}+\frac{2}{5}x=19$，解之，得到，$x$=10。于是各得10头，5头，4头。

二、列比例

$\frac{1}{2}:\frac{1}{4}:\frac{1}{5}=10:5:4$

比例的总和恰好等于分配的总数，故按比例分配即可。

三、无穷级数法

19头牛按老大$\frac{1}{2}$、老二$\frac{1}{4}$、老三$\frac{1}{5}$的份额去分，各人分别得$9\frac{1}{2}$头、$4\frac{3}{4}$头、$3\frac{4}{5}$头。这样显然分不完，还剩下 $19-9\frac{1}{2}-4\frac{3}{4}-3\frac{4}{5}=\frac{19}{20}$头。剩下的$\frac{19}{20}$头又要

分第二次；于是各人又分得$\frac{19}{20}\times\frac{1}{2}=\frac{19}{40}$头，$\frac{19}{20}\times\frac{1}{4}=\frac{19}{80}$头，$\frac{19}{20}\times\frac{1}{5}=\frac{19}{100}$头。计算一下，还没有分完，剩下$\frac{19}{400}$头；于是，又进行第三次， 如此下去，这个过程可以一直延续到无穷，只是每次所剩越来越少了。累计上述过程：

老大分得：$9\frac{1}{2}+\frac{19}{20}\times\frac{1}{2}+\frac{19}{400}\times\frac{1}{2}+\cdots$

$$=19\times\frac{1}{2}\left(1+\frac{1}{20}+\frac{1}{20^2}+\cdots+\frac{1}{20^n}\right)=\frac{\frac{19}{2}}{1-\frac{1}{20}}=10\text{头，}$$

老二分得：$4\frac{3}{4}+\frac{19}{20}\times\frac{1}{4}+\frac{19}{400}\times\frac{1}{4}+\cdots=\frac{\frac{19}{4}}{1-\frac{1}{20}}=5$头，

老三分得：$3\frac{4}{5}+\frac{19}{20}\times\frac{1}{5}+\frac{19}{400}\times\frac{1}{5}+\cdots=\frac{\frac{19}{5}}{1-\frac{1}{20}}=4$头。

上述算法中第一个式子里括号中是一个无穷递减的等比级数，公比是 1/20，其前 n 项和在 $n\to\infty$ 时为 20/19。这种用无限递缩等比数列求和的方法是无可辩驳的。可以说数学家们用了比较审慎的态度对待有剩余分配风波，验证了印度老人的分法是正确的。

但是，数学家们还有不满意的地方。因为数学这门学科很讲究严谨性，一点不能含糊，不能模棱两可。如果把“分牛问题”看做一道应用题，它的条件根本就不能相容，因为 1/2+1/4+1/5＜1。印度老人的分法虽然有趣，但严格说来不科学，在“分牛问题”中 19 头牛变成了 20 头牛，它们三兄弟所得牛的 1/2、1/4、1/5，不再是 19 头牛的 1/2、1/4、1/5，而是 20 头牛的 1/2、1/4、1/5；很明显这道题的条件就变了，这是说不过去的。

但是无论如何，按比例分配是最简单也是最容易理解的。

超 额 分 配

这个问题也叫作法国钻石问题。一天一位法国富翁拿给 3 个女儿 13 颗钻石，要求大女儿得总数的$\frac{1}{2}$，二女儿得总数的$\frac{1}{3}$，三女儿得总数的$\frac{1}{4}$。三个女儿费了很多心思怎么也分不好。后来找到了一位智者，智者说“我来仲裁，不过要拿出一颗作为报酬”。三人同意，于是拿掉 1 颗剩余 12 颗，大女儿分$\frac{1}{2}$，得 6 颗，二女儿分$\frac{1}{3}$，得 4 颗，三女儿分$\frac{1}{4}$，应得 3 颗，可现在只剩下了 2 颗。于是智者放弃报酬，三女儿得到 3 颗。

这是一个超额分配问题，超额分配问题解决的办法是拿超法，即拿一补一。

对这种超额分配问题，处理的方法与有剩余分配问题相类似，也可以有三种方法。

一是列方程的方法。设大女儿得 x 颗钻石，于是有$x+\frac{2}{3}x+\frac{x}{2}=13$，解之，得到，$x$=6。于是各得 6 颗，4 颗，3 颗。

二是按比例分配。$\frac{1}{2}:\frac{1}{3}:\frac{1}{4}$=6：4：3。

三是无穷级数法。这是一个超额分配问题，每次分配后会多出一个分数 1/12，因此每人最终分配到的数量应为

大女儿分得：$13\times\frac{1}{2}\times[1-\frac{1}{12}+(-\frac{1}{12})^2+\cdots+(-\frac{1}{20})^n\cdots]=\frac{\frac{13}{2}}{1+\frac{1}{12}}$=6 个；

二女儿分得：$13\times\frac{1}{3}\times[1-\frac{1}{12}+(-\frac{1}{12})^2+\cdots+(-\frac{1}{20})^n\cdots]=\frac{\frac{13}{3}}{1+\frac{1}{12}}$=4 个；

三女儿分得：$13\times\frac{1}{4}\times[1-\frac{1}{12}+(-\frac{1}{12})^2+\cdots+(-\frac{1}{20})^n\cdots]=\frac{\frac{13}{4}}{1+\frac{1}{12}}$=3 个。

超额分配问题与有剩余分配问题都是非常古老也非常流行的问题。

遗 产 分 配

从前有个很有钱的人家，老爷的妻子眼看就要临盆了。正当全家为新生命即将降临而欢喜之际，老爷突然得了不治之症。临终前老爷留下遗嘱：“如果生的是男孩，妻子和儿子各分家产的一半。如果是女孩，女孩分得家产的三分之一，其余归妻子。”老爷死后不久，妻子就生了。出乎意料的是，妻子生下了一

男一女！这下妻子为难了，这笔财产该怎样分呢？

这里重要的是，需要弄清楚妻子、儿子及女儿所分财产的对比关系。妻子与儿子是 1 比 1，妻子与女儿是 2 比 1，把这个比例关系连起来，即 2/2/1，所以合理的分配方式应该是 2/5、2/5、1/5。

还有另一个类似的例子，是古罗马律师特别喜爱的一个古老的问题。有一位寡妇有一笔 3500 塞斯特（古罗马钱币）的遗产要同她的两个孩子进行分配。根据罗马法律，如果是男孩，母亲应得儿子所得遗产的一半；如果是女孩，母亲应得女儿所得遗产的 2 倍。但是，孩子是龙凤胎，那么，这笔遗产又应该怎样分配才完全符合法律要求呢？

答案是，寡妇得遗产 1000 塞斯特，儿子得 2000 塞斯特，女儿得 500 塞斯特。这就履行了古罗马法律，因为寡妇得的遗产是儿子的一半，是女儿的 2 倍。

分 苹 果

9 个苹果必须全部分给 12 个孩子，要求没有一个苹果切成的块数多于 4 块。表面上看这个问题不好解决，但对于懂得分数的人来说就很容易。

把其中的 6 个苹果都一分为二，可得 12 块半个苹果，另外 3 个苹果每个切成相等的 4 块，得到 12 块 1/4 个苹果。这时每个孩子都可得半个苹果加 1/4 个苹果。因此，每个孩子按要求可得 3/4 个苹果，因为$\frac{1}{2}+\frac{1}{4}=\frac{3}{4}$。

一旦你解决了这个问题，类似的问题就容易处理了。现要求把 7 个苹果分给 12 个孩子，没有一个苹果切成的块数多于 4 块。

采用与上述同样的方法，可把 7 个苹果分给 12 个孩子，每个孩子都可得相同的一份，而无须把一个苹果切成 4 块以上的块数。这时每个孩子可得一只苹果的 7/12。不过要注意，$\frac{7}{12}=\frac{3}{12}+\frac{4}{12}=\frac{1}{4}+\frac{1}{3}$。

因此要有 3 个苹果，每个分成 4 块，另外 4 个苹果每个分成 3 块。这样，我们才可得到 12 个 1/4 和 12 个 1/3。

其结果是，每个孩子分得$\frac{1}{4}+\frac{1}{3}=\frac{7}{12}$个苹果。

车 费 分 摊

有一天，住在城郊的 A 先生乘出租车进城去办事，走到一半的时候，遇到了同事 B 先生，于是两人一起乘车进城，办完事两人又一起乘车返回。

租车的费用一共 140 元，两人决定一起分摊。怎么分摊呢？A 说："将全部路程的一半作为 1 个单位，我用车的路程是 4 个单位，你用车的路程是 3 个单位。所以我应该负担的费用是全部费用的 4/7，也就是 80 元。而你应该付剩下的 60 元。"

B 先生感觉有些问题，他倒不是不愿意负担车费，只是他觉得 A 先生的算法有些欠妥，可是自己又说不出来问题在哪。

请问，A 先生的计算合理码？如果不合理，那么合理的分摊方式应该是什么？

A 先生的计算是不合理的。因为这一路上一部分是两人分摊，而另一部分是 A 先生自己单独负担，对于每个乘客来说，这两个价钱是不一样的，可是 A 先生把它们混淆了。全部路程有 4 个半程没错，但第一个半程也就是全程的 1/4，实际上是应该由 A 先生自己单独负担的，但是在他的计算方法里，这一段只有全程的 1/7。

正确的计算方法应该是，把全程的 1/4 作为一个行程单位，应分摊到的租金是 35 元，即第 1 个行程单位的租金由 A 先生单独承担，后面的行程则由两人平摊。因此，A 先生应摊的费用是 35+105/2=87.5 元，B 先生应摊的费用是 52.5 元。

经 济 包 装

这里有两个例子。

一个例子是说，有一张边长为 4 分米的正方形硬纸片，请你将它剪成某种形状，折起来可以成为一个立方体纸盒（有盖）。不计拼接的余量，但用来折成立方体纸箱的某种形状的纸片必须连成一片，并且使这个纸箱容积最大。你会吗？

如图 1 裁剪所得的纸片，沿图中虚线折弯 90°，所成的立方体体积将达到 $(\sqrt{2})^3 \approx 2.83$分米^3，是各种剪法中最大的。不信的话，你可自己动手试试。

另一个例子是说，现有一张划成 4×4 个格子的正方形硬纸片，要求将它沿小方格的边线，剪成某种形状，然后折起来可以成为一个正方体纸箱（有盖）。不计拼接的余量，但用来折成立方体纸箱的某种形状的纸片必须连成一片，并且使这个纸箱容积最大。该怎么剪呢？

一般人都只会想到图 2 那种剪法，折出的纸箱容积为 1 分米^3，而按图 3 那种剪法，沿虚线折叠后则可以得到边长为 $\sqrt{2}$ 分米的正方体纸箱，容积为 $2\sqrt{2}\approx2.83$ 分米^3，它是符合这一要求的最佳剪法。

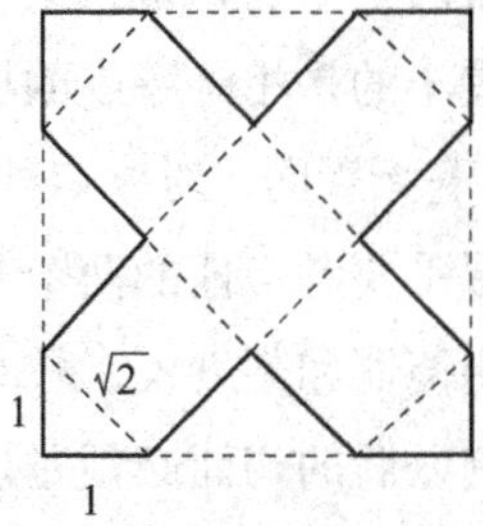

图 1　经济包装（一）

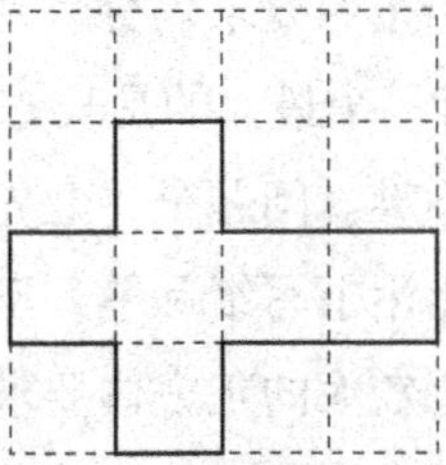

图 2　非经济包装

图 3　经济包装（二）

糖果包装

糖果店出售一种非常畅销的糖果。因为很多人用这种糖果作为礼物，所以商店特意为这种糖果设计了漂亮的包装。这种糖果连同包装售价 25 元/包，当然顾客也可以不要包装，只买散装的糖果。如果糖果的价钱比包装贵 20 元，那么包装的价钱是多少？

正确答案是包装 2.5 元。

一般人都会不假思索地回答说，包装的价钱是 5 元。可是这样的话，糖果就只比包装贵 15 元了，而题目是说糖果比包装贵 20 元。只有包装费 2.5 元，糖果本身值 22.5 元时，糖果才恰好比包装贵 20 元。

如果你能够根据题目列一个方程式的话，你就能明白自己错在哪里了。

正确的方程式应该是，设包装价为 x，则有 $2x+20=25$，解之，$x=2.5$。

现在，你知道一个商品比另一个商品贵多少是什么意思了吧。

等 分 金 砖

金砖通常都是长方形的，这种金砖通常也叫作金条。这里所说的金砖，多是奇形的。这个案例说的是，有一位老先生临终将自己一生的积蓄铸成了一些奇形的金砖，要他的两个儿子按照要求均分。其中较小的是相等厚度的梯形，较大的一个是正立方体，还有一个最大的是长方体。毫无疑问，对这三种形状，如果没有特定要求，要等分不难。问题是，老先生似乎要考考他的两个儿子，他立下遗嘱，切分的时候只能用书写纸和笔，不能用衡器和刻度尺。较小的梯形要求分割以后仍然是梯形，较大的正方体要求切割以后的切面必须是边长相等的六边形，最大的长方体要求先一分为三成菱形，再把每个菱形一分为二。老先生死后，两儿子先去请教了他们的数学老师，三个人一起开动脑筋，运用他们掌握的数学知识，最终找到了正确的答案。

方法是，先把书写纸对折若干次，做成软直尺。

首先，分小梯形。

第一步，先用软直尺量出梯形的上底和下底的长度，然后将直尺对折找到上底和下底的中点，连接两底中点，画出中线，沿中线切割即可。这种方式最简单。也可以先在纸上拓出梯形金砖的平面图，然后将梯形的两个对角对折，找到一个交点 F，再沿梯形的两腰折叠，找到两腰延长线的交点 E，连接 E 和 F 两点并延长至梯形的底边，这条线也就是金砖的中线，如图 1 所示。显然，等分后上下底相等，高相等，所以面积一定相等。

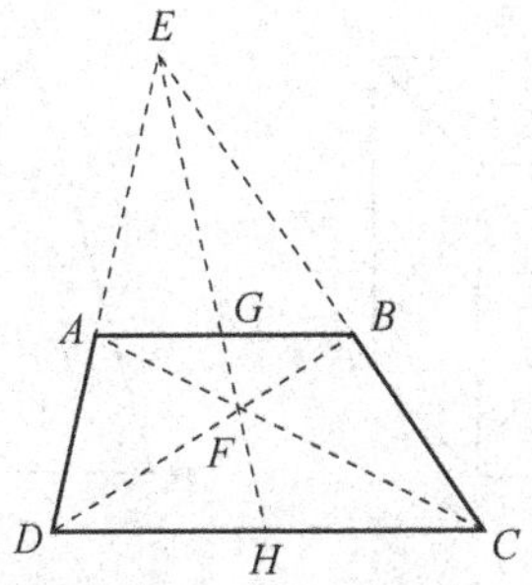

图 1　等分梯形

其次，等分正方体。

正方体一刀切通常其切面大多都是正方形，或者削去某个角切出一个三角形。要切出一个六边形，且要等分正方体，的确有点难。但是只要懂得数学定理，其实也不难。

根据数学定理，即三角形中两边中点的连线等于第三边的一半，并与第三边平行（立方体的每个面的对角线均构成三角形）。这样，只要我们把立方体上六条棱上的中点（可用上述对折软直尺的方法找到）连成线，就成了一个六边形且边长都相等，而且对边都平行。然后沿着正方体六个面画出的线切下去即可，如图 2 所示。

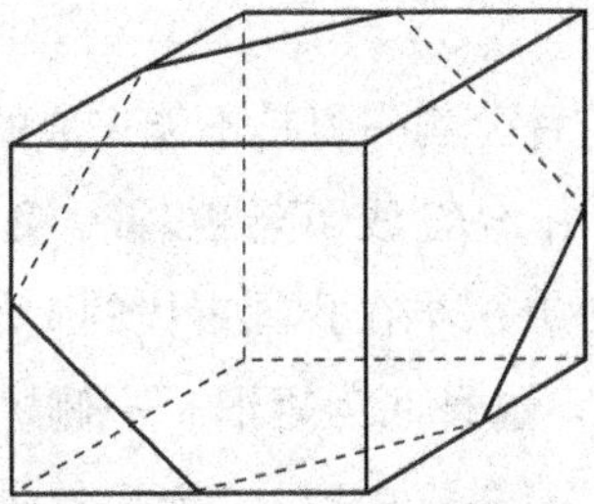

图 2　等分正方体使切面成六边形

但是，这里需要注意，这个六边形并不是正六边形，因为它的对角线不相等。

最后，再等分长方体，这需要分两步做。

第一步，先将长方体三等分。

如图 3 所示，让长方体直立。连接 AF，AC，AG，AH，得到的 3 个部分是：$AEHGF$，$ABFGC$，$ADCGH$，它们的共同特点有三：①底为矩形；②一侧棱与底垂直；③本身是一个棱锥。

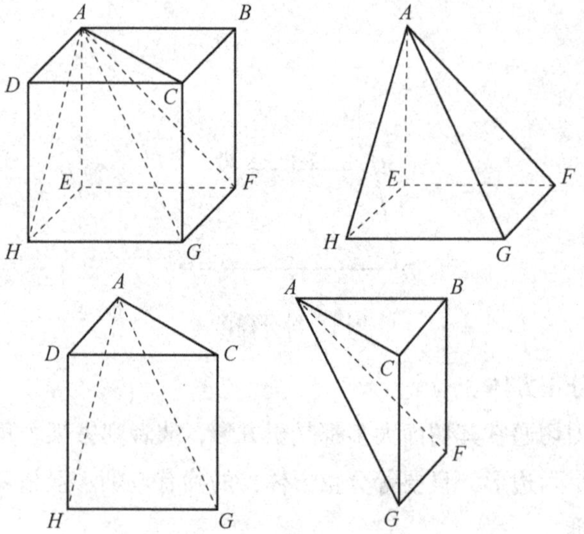

图 3　等分长方体成三棱锥

根据棱锥求体积的公式，应该等于底面积乘高的 1/3。所以 3 个棱锥体积相等，都等于$\frac{1}{3}abh$，其中 a 和 b 是矩形底面的长和宽，h 为棱锥体的高。

假如这是一个边长为 a 的正立方体的话，这 3 个棱锥不但体积相等而且形状也完全一样，体积为$\frac{1}{3}a^3$。

应如何分割呢？显然这种分割一刀是不能完成的，需三刀才行。第一刀由 ACG 线切至 AG 线，第二刀由 AHG 线切至 AG 线，第三刀由 AFG 线切至 AG 线。

这种三分立方体的巧妙办法早在我国古代的《九章算术》中就已经介绍过了。这种底为矩形、一侧棱与底垂直的棱锥称作“阳马”。古书中曰：“合三阳马成一立方，故三而一。”

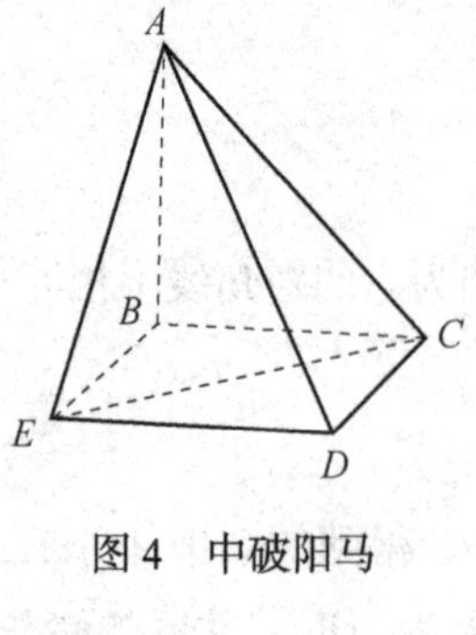

图 4　中破阳马

第二步，再等分棱锥。

等分棱锥也叫作“中破阳马”。这只需要由锥顶向矩形底部的对角线处破去即可（两个对角线哪个都一样），这样形成的两部分底面积相等、高相等，自然体积相等了。结果如图 4 所示。

百 钱 百 鸡

中国古代算书《张丘建算经》（成书于公元 500 年左右）中有一道著名的百钱百鸡问题，原文是这样说的："鸡翁一，值钱五；鸡母一，值钱三；鸡雏三，值钱一；百钱买百鸡，翁，母，雏各几何？"用现代白话表述，即公鸡每只值 5 文钱，母鸡每只值 3 文钱，而 3 只小鸡值 1 文钱。用 100 文钱买 100 只鸡，问这 100 只鸡中，公鸡、母鸡和小鸡各有多少只？

这个问题流传很广，解法很多，但从现代数学的观点来看，实际上是一个求不定方程整数解的问题。解法如下：

设公鸡、母鸡、小鸡分别为 x 只、y 只、z 只，由题意得

$5x+3y+\frac{1}{3}z=100$ （1）即百钱

$x+y+z=100$ （2）即百鸡

有两个方程，三个未知量，称为不定方程组，有多种解。

令式（1）×3−式（2）得，$7x+4y=100$，所以 $y=(100-7x)/4=25-2x+x/4$。

令 $x/4=t$（t 为整数），所以 $x=4t$，把 $x=4t$ 代入 $7x+4y=100$ 得到 $y=25-7t$。

因为 $Z=100-X-Y$，所以易得 $Z=75+3t$。所以，$x=4t$；$y=25-7t$；$z=75+3t$。

因为 x，y，z 为正整数，即这些变量均大于等于 0，解 $4t\geqslant 0$、$25-7t\geqslant 0$ 和 $75+3t\geqslant 0$

得到 $0<t\leqslant 25/7$ 又因为 t 为整数，所以 $t=0$，1，2，3。

当 $t=0$ 时，$x=0$；$y=25$；$z=75$。

当 $t=1$ 时，$x=4$；$y=18$；$z=78$。

当 $t=2$ 时，$x=8$；$y=11$；$z=81$。

当 $t=3$ 时，$x=12$；$y=4$；$z=84$。

面 包 付 酬

三个旅游者在一个山顶上相遇，便结伴徒步旅行。到了午餐的时候，丙说：“两位朋友，马上到吃饭的时间了，我没有带干粮，我原本以为带了钱就可随时随地买到吃的，而在这个山顶上，钱再多也买不到东西，所以，可否请两位朋友帮个忙。”甲、乙两人一听，说“四海之内皆兄弟”，甲一共带了 5 个面包，乙带了 3 个面包，两人随即全拿出来大家一起分享。

吃完午餐，丙掏出 8 元钱给甲、乙两人作为餐费，由甲、乙两人自行分配。甲理所当然地拿走了 5 元，余下 3 元，乙也没有客气就收下了。聪明的读者，你认为这样分配餐费合理吗？

这样分配显然是不合理的。因为三人共吃了 8 个面包，平均每人吃到 $2\frac{2}{3}$ 个。

甲有 5 个面包，自已吃了 $2\frac{2}{3}$ 个面包，贡献丙了 $2\frac{1}{3}$，只收了 5 块钱。乙有 3 个面包，自已吃掉了 $2\frac{2}{3}$ 个，贡献丙 $\frac{1}{3}$ 个面包，就收到了 3 元钱，这显然是不合理的。正确的做法是先算出丙吃的面包数，这在前面已经算出，是 $2\frac{2}{3}$ 个。再算出这 $2\frac{2}{3}$ 个面包由甲、乙提供的数量，前面也已算出，甲提供 $2\frac{1}{3}$ 个，乙提供了 $\frac{1}{3}$ 个，两者的比是 $2\frac{1}{3}:\frac{1}{3}$，即 7∶1。

所以，最公平的分配办法应该是，将丙的餐费按 7∶1 分配，即甲应收 7 元，而乙只应收 1 元。

类似的一个案例叫作粥钱分配问题。说的是在一次篝火晚会上，两个人借助于篝火煮麦片粥。一个人拿出 200 克麦片，另一个人拿出 300 克麦片。麦片粥做好后，一位过路客人加入他们一起进餐，用完餐客人付了 50 便士。提供麦片的两个人应该怎样分配这笔钱呢？

大多数人都会回答，捐出 200 克麦片的人应得 20 便士，捐出 300 克麦片的人应得 30 便士。然而，与上述的例子类似，这种分配是不公平的。

下面我们来证明 50 便士应该怎样分才合理。

因为有三位进餐者，我们假定 500 克麦片粥的粥钱应该是 1 镑 50 便士（1 镑=100 便士）。200 克麦片折合粥钱是 60 便士，因为 100 克麦片的粥钱是 150/5=30 便士。捐出 200 克麦片的人，自己喝掉了价值 50 便士的麦片粥，因此，他应得 60−50=10 便士。

捐 300 克麦片的人，因 300 克麦片可折合粥钱 90 便士，故他应得 90−50=40 便士。

这样，客人付的 50 便士饭钱中，捐 200 克麦片的人应得 10 便士，另一个捐 300 克麦片的人应得 40 便士。这才是公平合理的分配办法。

这个结果是按照粥的价值各三分之一计算的。当然也可以像上面计算面包付酬的方法一样，按照粥的数量各三分之一计算。容易算出：

$$\frac{300-500/3}{200-500/3}=4$$

英文字母与 π

英文的 26 个字母的大小写想必读者一定都熟悉吧！题目的要求是这样的，要求你用 26 个英文字母的大写字母，通过一种可行的组合方式，能够反映出圆周率 π 的数值≈3.1416。

解决这个问题需要超凡脱俗的想象力和观察能力。

题目的答案如图 1 所示，即可以先画一个圆，然后把 26 个英文字母依次排在圆周上，再划去左右对称的大写字母，然后从 J 开始，你数一数剩下的不对称的大写字母，看看每一段的字母个数是多少，是不是分别为 3、1、4、1、6 个呢？

惊奇吧！震撼吧！

J 可以看作英文词 Jupiter 的缩写，Jupiter 的中文意思是木星，音译为朱庇特，也是希腊神话中的主神宙斯（Zeus）的名号，是掌管天界的第三代众神之王。

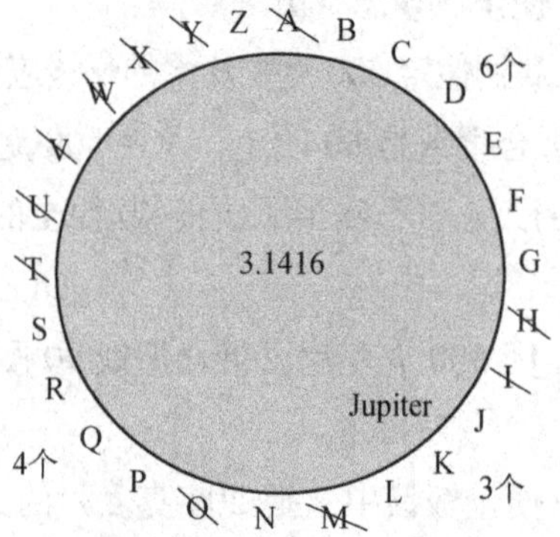

图 1　圆周上的 26 个字母

图 1 所描述的事实是著名的数学科普作家谈祥柏在他的科普著作《乐在其中的数学》里面讲到的一个现象，题目是“你绝对不会想到 π 会出现”。

记住圆周率

圆周率就是圆的周长与直径的比率。1706 年，英国数学家琼斯提出用希腊字母 π 表示圆周率，得到学界认可。大家都知道，$\pi \approx 3.141\ 592\ 6$。近似计算中，通常取 3.14 就可以。现在人们使用计算机已经把 π 计算到了小数点后几亿位。

在我国南北朝时，祖冲之于公元 460 年求得，$3.141\ 592\ 6 < \pi < 3.141\ 592\ 7$，并提出了圆周率的粗率为 22/7（可精确到 2 位）和密率为 355/113（可精确到 6 位），后人通常把 3.141 592 称作祖率。1989 年 9 月，日本人金田康正用计算机花了 67 小时 13 分，把 π 值计算到了 5. 368 7 亿位。

我国著名桥梁专家茅以升在少年时代就被圆周率迷住了。一次，在学校举行的新年晚会上，他表演了一个独特的精彩节目——背诵圆周率到小数点后 100 位。直到他 90 岁高龄时，他仍然敢于与上海的一个少年叫板，结果还是清清楚楚地背到了小数点后 100 位。

现在世界上背诵圆周率的“吉尼斯世界纪录”的创立人是日本人寄英哲。

已是 50 多岁的寄英哲为了能把自己的名字写进吉尼斯世界纪录，起早贪黑地背诵，竟能在 3 小时内背诵圆周率到小数点后 15 151 位数字。

关于背诵圆周率，有一件趣事很有意思。说的是新中国成立前，浙江某地的一所小学校，学校里有一位算学老师，他经常和山上的一位和尚喝酒下棋。有一次，他给学生布置作业要求背诵圆周率，直到小数点后 22 位，即

$$\pi=3.141\,592\,653\,589\,793\,238\,462\,6\cdots\cdots$$

学生背不出来就要被打手板。谁知道，等他喝酒下棋回来后，学生都会背了。老师很奇怪，经查问才知道，有一位聪明的同学把老师跟和尚喝酒下棋的事用谐音编了一首诗。诗是这样写的：

山巅一寺一壶酒，尔乐苦煞吾；把酒吃，酒杀尔，杀不死，乐尔乐。

记住了诗，也就记住了圆周率的小数点后 22 位数字。

有人对上述的方法做了补充，可以背到小数点后 60 位。

$$\pi=3.141\,592\,653\,589\,793\,238\,462\,643\,383\,279\,502\,884\,197\,169\,399\,375\,105\,820\,974\,944\cdots\cdots$$

补充后的前 30 位是：山巅一寺一壶酒，尔乐苦煞吾；把酒吃，酒杀尔，杀不死，乐尔乐死。杀杀吧，杀尔吃酒。

第 31～40 位可记为：武林儿爬巴士（502 884），要救骑妖（1971）（人）。

第 41～50 位可记为：遛狗杀狗（6939），酒杀骑虎吆麟（937 510）（人）。

第 51～60 位可记为：虎把二麟酒吃（582 097），是酒试试（4944）？

后面的 30 句可以理解为这样一个故事。有一天，一位非常讲究义气的武林人，得知他的朋友正在与妖怪搏斗，于是急急忙忙地去赶巴士，要去救他的朋友。他的朋友得救了，他要设宴以好酒好肉款待朋友，要杀掉他心爱的狗，他很不忍心，只好牵出去遛遛。他的朋友能够战胜妖怪是因为他有缚虎降麟之力。他在与妖怪搏斗的时候，就是骑着一只猛虎赶着两匹麒麟上去的。因此，武林人在和朋友一起喝酒的时候，给两匹尊贵的麒麟也上了一坛酒。可是麒麟没有喝到酒，酒让老虎喝光了。因为老虎闻到酒香，不知是酒，想要试试，于是便一饮而尽了。

怎么样，是不是很轻松（第 23～60 位，根据原作笔者有较大改动）。

魔 术 结

魔术结实际就是用绳子来变戏法。这是一种让你的朋友既感到惊奇而又难以理解的戏法。

拿一根大约 50 厘米长的细绳（如图 1），先打一个如左图所示的松散结，再像中间的图那样打一个圈。你肯定会认为，拉紧绳子后可以得到一个可靠的双重结。为了保险起见，我们再把松着的两个绳头中的一个按右图所示的那样穿过两个圈。

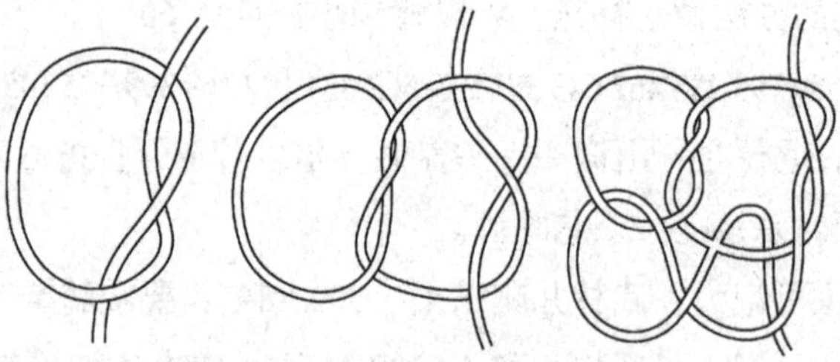

图 1　魔术结

这些准备工作做完后，就可以表演戏法的精彩部分了。你抓住绳子一头，另一头给你的朋友拉着。然后“一，二，三，拉!”你将发现，得到的不是缠紧的结，而是光溜溜的绳子！所有的结都不见了。

如果你完全按图所示的那样正好打了三个结，这个戏法准会成功。现在，你可以仔细地察看一下图 1 中的这三个结是怎么打的吧。

这个结也叫作切法洛结，也有人把它叫作假结。

结绳问题与拓扑学里面的纽结理论有关。

渡 轮 问 题

两艘渡轮在同一时刻驶离了某条大江的 *AB* 两岸，一艘从 *A* 岸开往 *B* 岸，另一艘从 *B* 岸开往 *A* 岸，其中一艘开得比另一艘快些，因此它们在距较近的岸 720 米处相遇（肯定由近岸处开出的渡轮慢）。

各自到达预定的渡口后，每艘渡轮要停留 20 分钟，以便让乘客上下船，然后它们又返航。返航后这两艘渡轮在距另一岸 400 米处重新相遇（即开得慢的渡轮行驶的距离）。试问这条大江有多宽?

这个问题似乎是一个数学问题，其实这里更多的是需要推理。

这样一个如此简单、只需一点点初等算术的小问题总是让那些只会照数学成规办事的人碰壁。这道题目尽管连一些小学生都能理解，可是我敢打赌，有 99%的最精明的生意人，用一个星期都解不出来。那么究竟原因何在？全在于有些人不是根据常识，而是按照刻板的数学规则来思考问题！

假定两艘渡轮第一次相遇是在 *X* 点，这时它们距最近的岸 720 米。此时它们走过的距离总和等于大江的宽度。当它们双方都抵达对岸时，走过的总长度等于大江宽的两倍。在返航中它们第二次在 *Y* 点相遇，这时两艘渡轮走的距离之和等于大江宽的三倍，所以每一艘渡轮现在所走的距离应该等于它们第一次相遇时所走距离的三倍。在两艘渡轮第一次相遇时有一艘渡轮走了 720 米（走得慢的），所以当它到达 *Y* 点时，这个距离它已经走过了三遍即三倍，也就是 2160 米（实际上也就是假定这三趟都是慢一点的渡轮所走的行程，它每一趟走 720 米，三趟就是 2160 米）。正如问题所述，这个距离比大江的宽度多 400 米。如此说来，我们要做的数学工作只是将 2160 减去 400，所得的答数就是大江的宽度 1760 米。

每艘渡轮乘客的上下船时间与答案没有任何关系。

赛 车 问 题

有一场赛车比赛，规定的路线如图 1 所示，S 为起点，F 为终点。赛车路程可分四段，走什么路线可以由选手自己决定，只要最后到达终点 F 即可。由 P_3 或 Q_3 到达 F 时，途中无分支点，所以第四阶段不存在决策问题，但在第一、第二、第三阶段都有如何选择一个最好路线的决策问题。由于参加比赛的选手都是驾车能手，所以可假定他们的行车速度基本相同。于是取胜的关键就取决于选择一条最近的路线。如果每段道路的行车距离都以千米为单位予以标明（图 1），那么问题就容易解决。

先考虑一种一般的办法，S 到 F 的所有可能路线总共是 8 条，因而只要将此 8 条路线的距离全部相加，一比较，就立即知道孰优孰劣了。这种方法叫作穷举方法。但是，这样做太麻烦。

解决这类序贯决策问题，最有效的方法是美国数学家贝尔曼所创立的动态规划法。可以从最后一段开始，逐段研究，逐点标明“最优值”（到达终点的最小“代价”）。由图 1 可看出，从 P_3 和 Q_3 到 F 点的最优值分别为 4 和 3，在 P_2 点时，经 P_2—P_3—F 的最优值为 5，经 P_2—Q_3—F 的最优值为 4，两者比较，取其优者 4。用这种方法可求得所有分支点的最小代价，都用圆括号记入图 2 的每个点上。通过逐步逆推，最优路线即 S—Q_1—P_2—Q_3—F，全程的最小代价是 13。

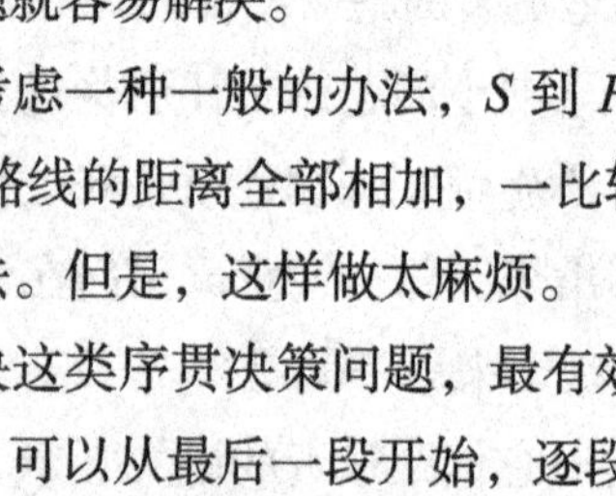

图 1　赛车路线

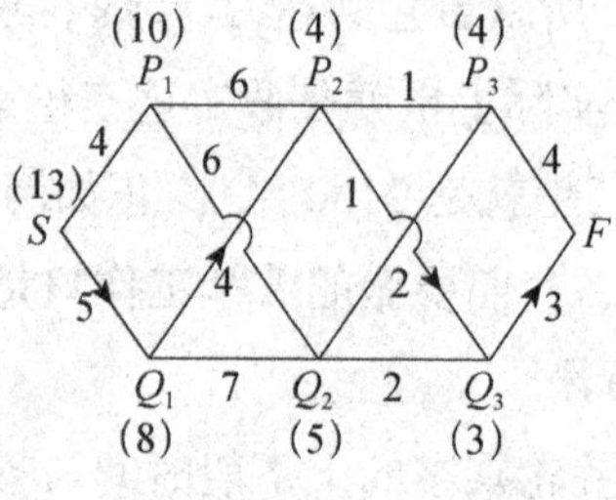

图 2　路线选优

如果每一分支点只有两条分支，分段数为 n，使用穷举方法，共需$(n-1)2^{n-1}$次加法运算；对于上述例子，n=4，即需做 24 次加法运算。而使用动态规划法，则只需 $4(n-2)+2$ 次加法运算。对于本例，$n=4$，仅需 10 次加法运算。如果 $n=10$，前者需作 4608 次加法运算，而后者只需 34 次。优劣对比是极其明显的。

最 短 路

最短路问题是运筹学中的一个典型问题，如上述的赛车问题，实际就是一个寻求最短路的问题。这里要讨论的“最短路”与普通运筹学中所说的“最短路”略有不同。

这是一个古老的题目。说的是，牧马人要从图 1 中的 A 点回到帐篷 B，但必须先到河边饮马后才能回到帐篷，应该怎样走最近？

这个问题是很现实的，天色已晚，人疲马乏，需要尽早到家。但是，要解这个问题，还必须有个前提：小河是笔直的。如果小河弯弯，那么就会增加很多的麻烦。

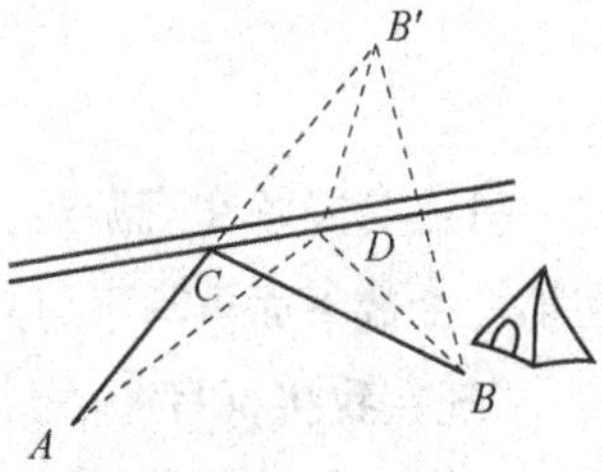

图 1　河边饮马路

解的办法是：以小河为对称轴，找到 B 的对称点 B'，连接 AB'，与小河交于河边的 C 处，那么，连接 AC 和 CB 就是最近的路线。

要证明这条路线最近并不难。假定饮马不是在 C 点，而是在 D 点，容易证明，$AD+DB>AC+CB$。

这个古老的问题虽然很简单，但是它给予了人们很重要的启示：光的行程往往是走捷径的，这也叫作光的折射原理。按照这一原理，如果找到了 C 点，可以先在 C 点做一法线（垂直线），然后做射线 CB 与小河的夹角等于 AC 与小河的夹角，其距离一定是最短的。这就是入射角等于反射角的原理。

回到这个古老的问题上，我们把小河当成一块平面镜，从 A 点在镜子里看到 B 点，沿着你目光的方向所走的路程，必然是刚才得到的 $AC+CB$，必然是最短的距离。

光折射原理在现实中有很多用处。

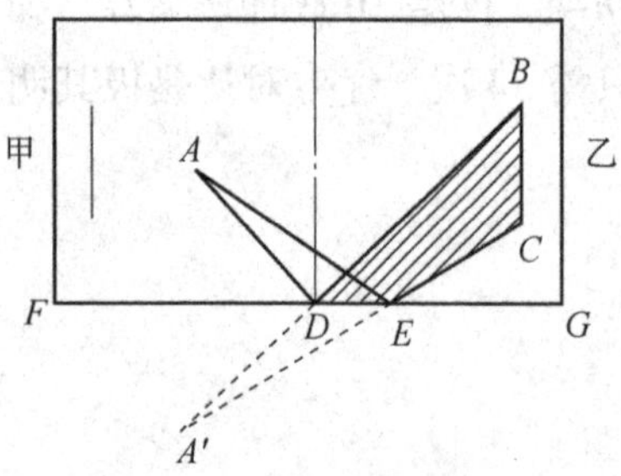

图 2　足球场上位置

比如，在足球场上，甲、乙双方正在进行着紧张的足球比赛。假定甲方 3 号队员持球在图 2 中的 A 位置，甲方 5 号队员在边沿线上等着传球过来。如果乙方的球门为 BC，问 3 号队员应传球在哪个范围，才能使 5 号队员射门最近？

设 5 号队员所在的边沿线为 FG，以 FG 为对称轴，取 A'为 A 点的对称点。连接 $A'B$ 和 $A'C$，与边沿线 FG 分别相交于 D 和 E，那么，DE 这段范围就是甲方 3 号队员应向 5 号队员传球的最佳位置。

加法速算游戏

科比与安娜在玩游戏，科比对安娜说："请你写下一个任意的七位数，然后在第一个数下面再写下另外一个七位数。"安娜照着做了。

"现在我将再写一个七位数，然后由你写你的第三个七位数，然后我写我的第二个七位数。"科比继续说。假如五次写下的结果是：

安娜的第一个数字是 7 258 391。

安娜的第二个数字是 1 866 934。

科比的第一个数字是 2 741 608。

安娜的第三个数字是 5 964 372。

科比的第二个数字是 8 133 065。

"好了，"科比说，"我敢打赌我能在 5 秒钟内算出这 5 个数字的和。"

"胡说，即使你使用计算器也不可能做得这么快。"安娜根本不相信。

然而仅仅用了 3 秒钟，科比已经写出了这 5 个数字的和——25 964 370。如此神速，你能做到吗？知道这里面有什么奥妙吗？

不知道读者是否已经发现，科比写的数不是任意的，当他写数时，他要确保自己写的第一个数的每位数字加上安娜写的第一个数的每位数字的和要等于

9，同样，科比写第二个数时要和安娜的第二个数的每一位的和等于9。

安娜的第一个数是7 258 391，所以科比的第一个数是2 741 608，两者的和为9 999 999。这就意味着前四个数加起来总和一定等于9 999 999+9 999 999=19 999 998。那么将这五个数加起来所要做的就是将安娜写的第三个数加上20 000 000，然后再减去2，结果就成为25 964 370了。

了解了原理，不论是5位、6位或者8位、9位甚至10位、十几位数都可以快速地写出它们的和。

抢“30”游戏

聪明的弗雷德发明了一种叫“抢30”的游戏。游戏规则很简单，两个人轮流报数，第一个人从1开始，按顺序报数，他可以只报1，也可以报1、2，第二个人接着第一个人报的数再报下去。但一个人最多只能报两个数，而且不能一个数都不报。例如，第一个人报的是1，第二个人可报2，也可报2、3，若第一个人报了1、2，则第二个人可报3，也可报3、4。接下来仍由第一个人接着报，如此轮流下去，谁先报到30谁胜。

弗雷德很大度，每一次都让伙伴先报，但每一次都是他赢。伙伴觉得其中肯定有猫腻，于是坚持要弗雷德先报，结果还是弗雷德赢。

其实，弗雷德每次都胜利是因为他发现了其中的规律，你知道其中的规律是什么吗？

弗雷德的策略其实很简单，他总是报到3的倍数为止。如果伙伴先报，根据游戏规定，他或报1，或报1、2。若伙伴们报1，则弗雷德就报2、3。若伙伴们报1、2，弗雷德就报3。接下来，伙伴们从4开始报，而弗雷德视伙伴们的情况，总是报到3的倍数为止。依此类推，弗雷德每次都能使自己报到3的倍数。由于30是3的倍数，所以弗雷德总能报到30。

取硬币游戏

取任意数目的硬币，把它们摆成一个圆圈。两位游戏者轮流从中取走一枚或相邻的两枚硬币。谁取走最后一枚硬币，谁就是胜利者。

如果双方都采取最佳的策略，能否有人必胜无疑呢？

无论用多少硬币摆成圆圈，后拿的人总能立于不败之地。

他只要采取以下策略，就一定能赢得这个游戏。

首先，无论先拿的人取走一枚或相邻两枚硬币，圆圈的某一个位置必然会出现一个空当。于是，后拿的人从圆圈上与这个空当相对的地方，取走一枚或两枚硬币，使得余下的硬币被两个空当分成数目相等的两部分。当然，为了做到这一点，你首先需要知道圆圈是由多少枚硬币摆成的。

从这往后，无论先拿者从哪一部分中取走多少硬币，后拿者总是相应地从另一部分中取走相同数量的硬币。最后一枚硬币一定是后拿的人取走。

这是对几何上“对称”原理的应用。

“九角星”游戏

这个游戏的棋盘是个如图 1 所示的“九角星”，在“九角星”的每个角上放着一枚一模一样的棋子。

两人轮流从棋盘上取下棋子，可以一次拿掉一枚或两枚棋子，但必须注意，凡是拿掉两枚棋子的，这两枚棋子之间必须有线相连才行，例如：①与⑥可以同时拿掉，①与⑦则不行。没有棋子可拿的人就输了。

请问：这个游戏有必胜的方法吗？

在这个游戏中，后取棋子的人可以保证必胜。

图 1 所示的原棋盘比较复杂，可以先通过“拓扑变换”把它改造成如图 2

所示的形式，就可以看得一清二楚了。这样，问题就变成从某个地方取走一枚或相邻的两枚棋子了。因此，与前面刚刚讲过的取硬币游戏就很类似了。

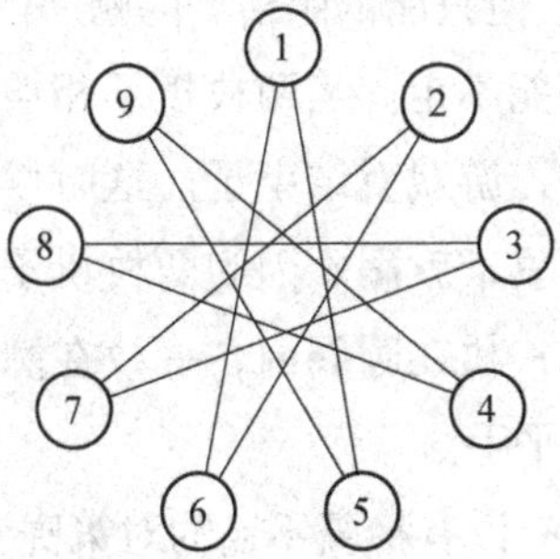

图 1 “九角星”游戏

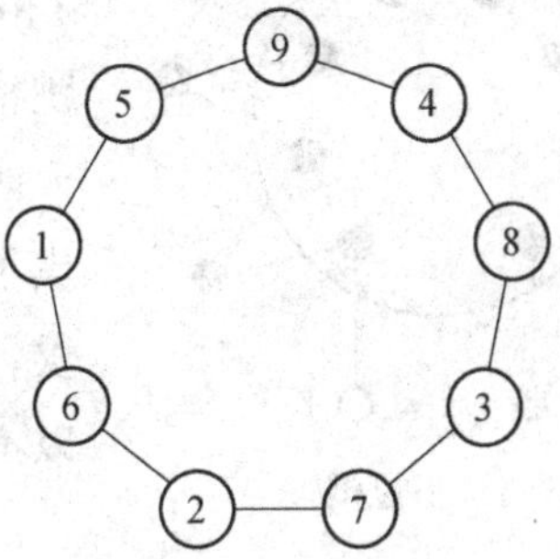

图 2 “九角星”的展开

后手的策略如下。

如果先手拿走一枚棋子，你就拿走对面的两枚棋子；如果先手拿走两枚棋子，你就拿走对面的一枚棋子。总之，要让棋盘上剩下左边三枚棋子和右边三枚棋子成两个孤立的集合。这时无论先手怎样取棋子，只要你在对称的位置拿走同样的棋子就可以了。所以，后手必定稳操胜券。

当然，玩游戏还是依图 1 所示的棋盘进行的。因此，作为后手，如果一定要取胜，你就必须按照图 2 确定好你该取走的对应位置。比如，如果先手取走的是 1 号，按照取胜策略，你该取 8 号和 3 号；如果先手取走的是 2 号和 6 号，按照取胜策略，你该取走 4 号。你是否已经发现了规律：在原棋盘上，不管先手取走的是一个还是两个，你该取走的位置，应该与对手取走的位置间隔一个位置。

“拓扑变换”对解决这个问题起了关键的作用，可以说，它简直使问题变得“透明”了。

王 冠 棋

这个游戏的棋盘像一个王冠，如图 1 所示。

游戏由放在 X 点上的黑棋子开始，另外一枚白棋子放在 Y 点上。玩家选好

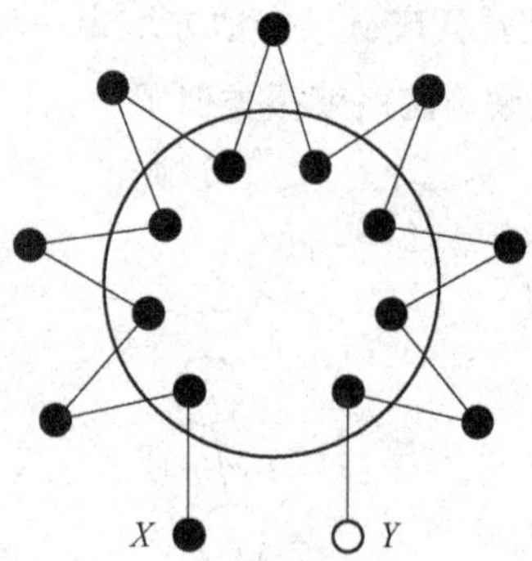

图 1　王冠棋

棋子的颜色之后（依随机原则确定），依序沿着锯齿形的路线前进。每一次，玩家可以走 1 格、2 格或 3 格，但只能依照格子的顺序前进，不能跳格，也不能不走。当两枚棋子相遇时，没有人能再前进，游戏就结束了。这时候，看谁的棋子在圆圈里谁就赢。因为两枚棋子相遇的时候，一定有一枚在圆圈内，一枚在圆圈外，所以不会打成平手。

那么，有没有稳赢不输的对策呢？

我们可以先观察一下图 1 这个棋盘。这个棋盘除了开始摆放棋子的 2 个格子，一共有 15 个格子。其实这个游戏的棋盘可以在相同的形状下有更多的角，也就有更多的格子，但是格子总数一定是奇数。现在我们给每个格子编号，不管从哪边开始都一样，编号后发现，偶数格子都在里面，奇数格子都在外面。

现在，我们需要回顾一下前面讲过的《取数游戏》，熟悉了取数游戏，作为本游戏后手的获胜策略就容易理解了，这就是（1，1）（2，2）（3，3）（1，3）（3，1），括号中的数字表示步数。按照这些策略，每个回合所走的步数的和均为偶数，使剩下的格子数为奇数，这样最后的一个格子一定是奇数格子，肯定就是先手的了。其中的道理很容易理解。因为奇数加奇数等于偶数，偶数加偶数还等于偶数，而奇数减偶数（加负偶数）肯定等于奇数。

上述的 5 种策略中，前 3 种称作跟踪策略，后两种称作变招策略。使用变招策略需特别注意，因为先手是奇数，他可以先手变后手，采用跟踪策略反败为胜。尤其是作为后手，在最后的 5 步或 7 步的时候需要特别谨慎，务必看清楚最后一步的位置。

封　锁　棋

封锁棋，顾名思义就是封锁对方。我国根据棋的特点将其命名为“封锁棋”，而在韩国，人们称它为“酷乐棋”。封锁棋对逻辑思维能力有一定的要求，要想下好封锁棋，需要人们仔细地思考，要有一定的策略。

图 1 所示是封锁棋的棋盘，棋盘成凹形，也可以看成是正方形的四个顶点及其中心相互连接，少了一条边。而棋子采用黑白两色棋各两颗。一方的两颗棋子放在 *A*、*B* 处，另一方的两颗棋子放 *C*、*D* 处。双方轮流走棋，每次只能移动一步，必须根据棋盘中的线段来走棋。走棋过程中，一个位置只能有一颗棋子，不能叠棋，也不能跳跃。当一方旗手的两颗棋子不能移动时，那他就已经被对手封锁住了。

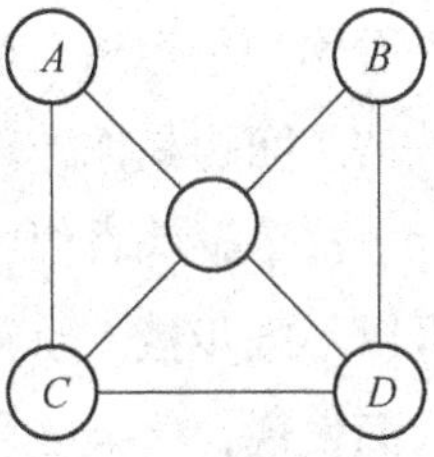

图 1　封锁棋

要想封锁住对方，也就是说对手的出路只有两个圈，而这两个圈又刚好被对方的棋子占领。整个棋盘上这个最不利的局势要数棋盘两侧的位置了。当一方的两颗棋子都在同一侧时，如分别在 *A*、*C*（或 *B*、*D*）位置上时，如果另一方的棋子刚好卡住中央的空地及 *D*（或 *C*）处，那他就真的是骑虎难下了。

这种棋在陕西关中地区也叫作“坑鬼”，*A*、*B* 之间他们叫“鬼窟”，或者画上连线加个圈就叫作“鬼头”，不管叫鬼窟还是鬼头，反正是不能通过的。如果谁被封锁住，他们就说谁被坑死了。笔者少年时也曾玩过这种游戏。

华 容 道

我国民间艺人根据《三国演义》创作了一种名叫“华容道”的智力游戏。中国人发明的“华容道”，法国人发明的“独立钻石棋”和匈牙利人发明的“魔方”在智力游戏界并称为三大不可思议的游戏。

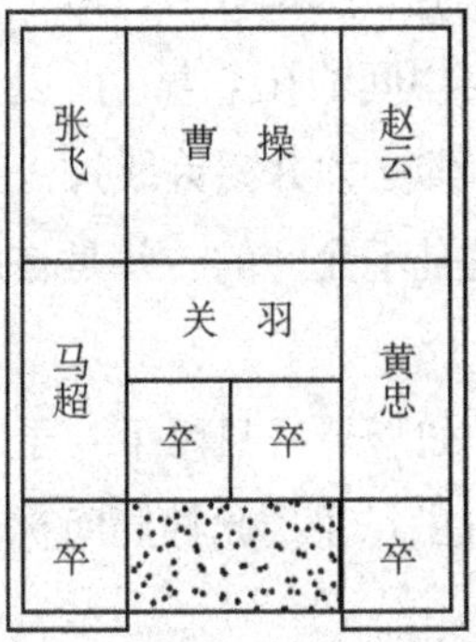

图 1　华容道滑块游戏

华容道游戏由一个人玩。

玩法是在一个长方形的棋盘里放上十颗大大小小的棋子，如图 1 所示。其中曹操是最大的一颗棋子，五颗中型棋子分别为刘备手下的“五虎大将”——关羽、张飞、赵云、马超、黄忠，再加上四颗小棋子——四个卒。

棋子通常如图 1 所示放置，曹操已被团团围住，但盘中还有两小格的空隙，可看作“华容道”的出口，因此，曹操仍有一线生机，他可以见缝插针，有空就钻。问题是你作为玩家，怎样才能使曹操尽快逃出来呢？

这个游戏看似容易，实际却不简单。对于初学者来说，只要求让曹操逃出，可以不限步数。玩得熟练了，就要研究怎样走动才能使步数最少。有趣的是，人们发现，曹操之所以能够逃出来，完全是关羽有意让路之故。这个游戏之所以取名为“华容道”，也许就是出于这一原因。

由于这一游戏简单易操作，且生动有趣，很快流传到世界各国。目前的世界纪录是 81 步。许多人为此费尽心思，甚至动用了电子计算机，但也未能发现更好的结果。

“华容道”仅是“滑块游戏”大类中的一个代表，此类游戏是运筹学中博弈论探讨的重要课题。

独立钻石棋（孔明棋）

据说独立钻石棋是 200 多年前由法国巴士底狱单人牢房里的一个囚犯发明的。很快，它就成了与世隔绝的巴士底狱里许多囚犯与看管他们的士兵所共享的“娱乐品”。法国大革命时期，监狱被攻破，这一智力玩具随之“破门而出”，传遍了全世界。

该棋的棋盘呈对称十字形，如图 1 所示，共有 33 个孔，都编好号，每个孔上都有一枚棋子，但正中心的第 17 号孔空着。正是因为中间的孔空着，所以我国也把这种棋叫作孔明棋。走棋规则同跳棋基本一样，即必须并只许跳过一个子，可以连跳，到停止时才算走完一步；转弯跳和斜跳是不允许的；凡是被跳过的子就算被吃掉，随即被拿出棋盘。

走棋目的是要使棋盘上最终留下来的子越少越好，如果最后只留下一子，并且它正好位于棋盘正中心的第 17 号孔上，那就是最好的结果。此种局面称为“独立钻石”。

独立钻石棋具有相当深刻的数学内涵，200 多年来吸引了成千上万的爱好

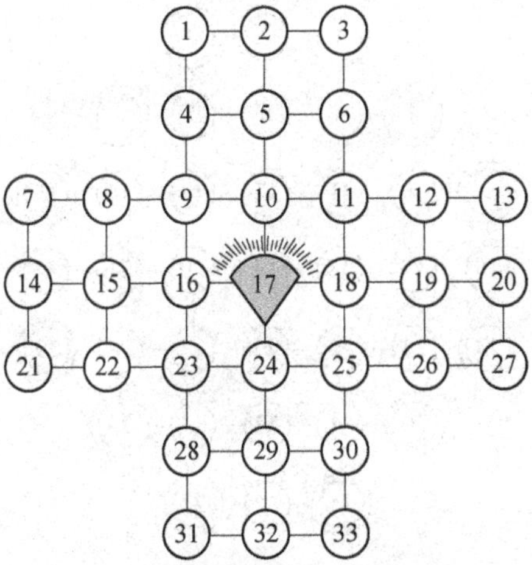

图 1　孔明棋

者，出版过各种小册子，纪录也不断被刷新。

现有的世界纪录是由布荷特所创立的，共需要 18 步，走法如下：

①29—17；②26—24；③33—25；④18—30；⑤6—18；⑥13—11；⑦10—12；⑧27—13—11；⑨23—25；⑩21—23；⑪8—10—12—26—24—22；⑫31—33—25—11；⑬1—9；⑭16—4；⑮3—1—9；⑯7—21—23；⑰28—16—4—6—18—16；⑱15—17。

“独立钻石棋”传到英国后，棋盘的形状发生了改变，从十字形变成八边形，角上多出了四个点。当然，棋子也相应地多出四枚。

英国人觉得结局只剩下一枚棋子太单调了，于是他们根据《圣经》里的故事，改作“耶稣的十二门徒”，也叫“最后的晚餐”。开局是 36 个棋子摆在棋盘上，空位在中，要求结局剩下 12 个棋子，分别位于东北、东南、西北、西南四边（图 2 加双圈的位置），走棋法则与独立钻石棋完全一样。

1985 年，这个英国版的游戏传到中国时，据说需要 21 步。后来《科学画报》对这个问题进行公开征解，引起了读者们的极大兴趣，来信竟达数千封之多。迄今为止，最优解法是由上海的朱方付得出的，他的解法只要 15 步，比原来的 21 步削减了将近 1/3。他的解法如下：

①32—19；②12—26；③10—12；④6—19—32；⑤14—12；⑥24—26；⑦32—19；⑧28—26；⑨1—11—25—27—13—11；⑩3—1；⑪22—20；⑫37—

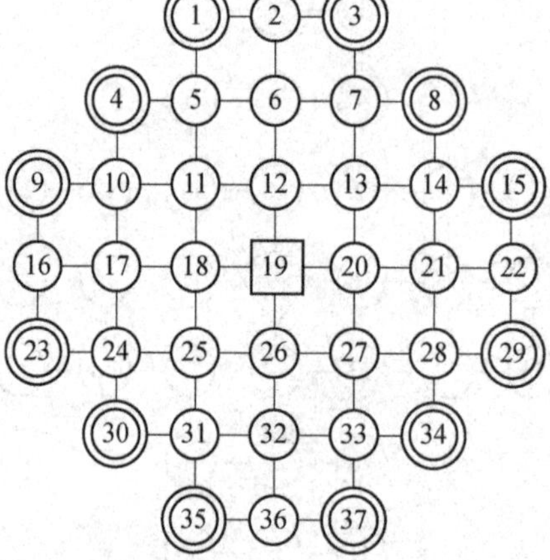

图 2　英式孔明棋

27—13—3；⑬35—37；⑭16—18；⑮11—25—35。

现在还不知道是否有更长的连跳步法，也不能证明 15 步就是最优解，突破纪录的希望寄予后来者。

鲁比克魔方

1973 年，匈牙利建筑师埃尔诺·鲁比克发明了一种奇妙的智力玩具——魔术立方体，简称魔方。短短几年间，魔方就风靡全球，为此，1980 年 9 月 18 日，在德国埃森市，鲁比克被授予“1980 年最佳游戏发明奖”。

估计很多读者都玩过魔方。所谓魔方，就是一块像小孩玩的积木一样大小的立方体，它的六个表面分别涂着六种不同颜色，每一面又分成九块，开始时是同一种颜色。立方体内部有一个结构很巧妙的十字轴，组成大立方体的 26 个小组件并不完全一样，而是可以分成三类，无论组装或拆卸都很方便。魔方的旋转中心是一个六向接头，每一头分别连接着六个中心块、八个角块和十二个边块，依次镶嵌在六向接头上，以组成一个完整的魔方体。这时它就可以按横行或纵列绕中心块任意旋转，变化出无穷的图案。根据精确计算，魔方能变幻出各种不同颜色的全部组合数，高达$\frac{8!\times 3^8\times 12!\times 12^{12}}{12}$，即大约是$9.415\times 10^{28}$。

魔方的玩法简单之至，每次动作都是以某一个面为单位，按顺时针或逆时针方向旋转 90°，任何人只要瞥上一眼就能学会这个“单元操作”，所以即使两三岁的小孩也能够自由摆弄。虽然如此，然而要想把一个弄乱了的魔方恢复原状却是极其困难的。有人已用群论与计算机证明，只需 22 步就可以把一个任意打乱的状态“六面还原”，但这只是个“存在定理”并没有具体步法。

魔方是一种极有意义的线性代数与群论教具，它与夸克理论、分数电荷等理论物理问题也存在着深刻的内在联系。近年来，还出现了每面被分成十六块的四阶魔方和各面分别分成正方形、矩形、等腰三角形等不同形状的不规则魔方，其复原的步骤更加繁杂，游戏更加引人入胜。

了解了魔方，下面就可以试着回答一个问题。有一种魔方，所有的面都是绿色。请问这个魔方有几个小立方体一面是绿色？有几个小立方体两面是绿色？有几个小立方体三面是绿色？有几个小立方体四面是绿色？有几个小立方体所有的面都没有绿色？你能指出它们的具体位置吗？

答案是，6 个小立方体一面是绿色，这 6 个小立方体就是每个面中间的那一块；12 个小立方体两面是绿色，也就是魔方的每个棱中间的那一块，一个魔方共 12 条棱，所以有 12 个小立方体两面是绿色。或者也可以说，这 12 个小立方体就是每个面上与中间那一块成十字线的 4 块，因为每一块都关联着两个面，所以两个面为绿色，总数是（4×6）/2=12 块；8 个小立方体三面是绿色，即魔方 8 个顶点上的 8 个小立方体，因为每个小立方体都关联着 3 个面，所以 3 个面为绿色；没有小立方体四面是绿色；也没有小立方体所有的面都没有绿色，因为魔方中心是一个六向接头。

请 君 入 角

有一种特别的角逐棋，不知开始于什么朝代，在我国某些地区的农村颇为流行。这种角逐棋，棋盘上的空位很多，而棋子却只有两颗，初看起来，极其简单。可是，对于不懂得秘诀的人，却不是那么容易的。

先请你照图 1 画一个大的棋盘，要用大一些的厚纸，大约 40 厘米见方，否则不好施展。

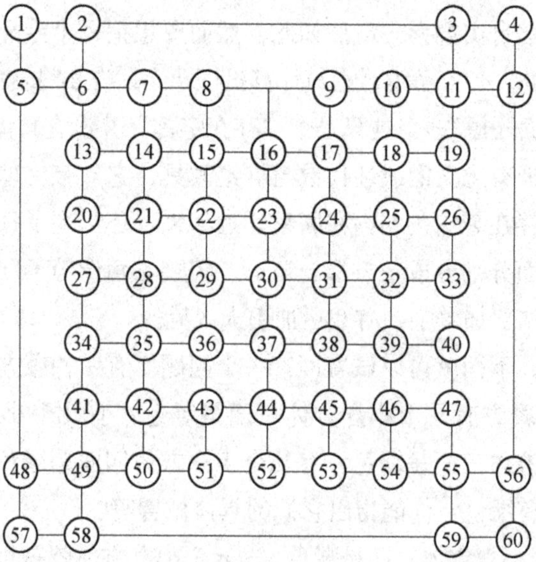

图 1　请君入角游戏

图上有 61 个位置，其中 60 个圆圈都已经分别编了号码，只有一个位置（就是 8 和 9 之间的一个位置）是空的，棋子不能放在这个位置上。

棋子只有两颗，一白一黑。玩法是一人取白棋子一颗，放在 6 的位置上，另一人取黑棋子一颗，放在 55 的位置上。随后双方轮流走子，每一次可以在一条横线或一条纵线上任意走一步或几步，远近不拘。但是走子的时候必须满足下列规定。

第一，不允许和对方的棋子同在一直线上，不管是横线还是纵线。

第二，不能越过对方棋子所在的直线，同样不论是横线还是直线。

第三，棋盘上那个唯一的空格只准通过，不能放棋子。

胜负规则是，双方按照上面的“约法三章”行事，走来走去，谁无路可走，就算失败。说得更明确一些，如果一方的棋子被逼退到 1、4、57 或 60 的四个角上，而对方的棋子却对应地占据了 6、11、49 或 55 的位置，那么前者已经无路可走，就输了。因此，这种棋戏的名字就叫作“请君入角”。

初看起来，棋子只有两颗，在这许多线和格子上行走，正所谓“海阔凭鱼跃、天高任鸟飞”，怎么会无路可走而失败呢？可是你若仔细加以分析的话，就会发现，实际情况并非如此。

为了帮助大家领会，我们试举一种可能走法来做实例。

开始的时候，黑子放在 55 处，白子放在 6 处。黑子由 55 走到 52，白子循直线由 6 走到 13。黑子由 52 直走到 23，白子由 13 横行到 15。黑子由 23 横行到 26，白子由 15 退回 13。黑子由 26 到 21，白子由 13 到 2。黑子由 21 到 7，白子这时只有两步可走，一是由 2 到 1，二是由 2 到 3，到 1 就入角了，只能由 2 到 3。黑子由 7 到 6，这时白子不能越过黑子的纵横线到 2 或 11，只好走到 4，进了角。于是黑子赶紧从 6 走到 11，抢占有利位置，这一来，白子便因无路可走而宣告失败。

玩这种游戏的时候，要想百战百胜，有没有什么秘诀呢？大家不妨暂且合上书本，先自己试验一下。

现在我们来公布解法。事实会使你相当吃惊。原来不论黑、白双方哪一方先走，如果知道正确对策的话，结果总是最初放在 55 处的一方获胜。假如 55 位置上是黑方，黑方先走，白子最晚在第十次移动的时候就将被逼进死角；白方先走，那么白方至多在第十三次移动的时候也将被逼入死角。

秘诀如下：黑子（后手）的每一次移动，必须要和白子（先手）正好处于正方形的对角位置上。譬如说，白子如果走到 7，黑子就必须走到 47；白子如果走到 27，黑子就必须走到 52。这样，当黑白双方最终处于一个最小的对角位置时，即某个方格的对角位置时，先走的一方就只有往回退的路了。

还有一个极其重要的注意点，那就是，如果黑方先动的话，第一步必须走到位置 33，目的是要阻止白子抢占它的正方形对角位置。如果不明此理，导致主客易势，黑方便要失败了。为什么呢？

大家会发现，对于棋盘上 33 这个位置来说，跟它成正方形对角的两个位置，一个是 52，另一个是棋盘上的空格，现在白方既然一下子走不到 52，而空格又是不允许放棋子的，它当然是必败无疑的了。

抓住美人鱼

做这项博弈游戏需要我们先制作一个简单的道具。取一张白纸，画出图 1。棋盘的样子滑稽可笑，形状是对称的，像一个妖怪的面孔，有眼睛、鼻子和大嘴巴。棋盘上画着 15 个可以放棋子的位置，在某些位置之间画着“通道”。比如说，一枚棋子可以一步从 13 走到 11，或者一步从 13 走到 15 等。

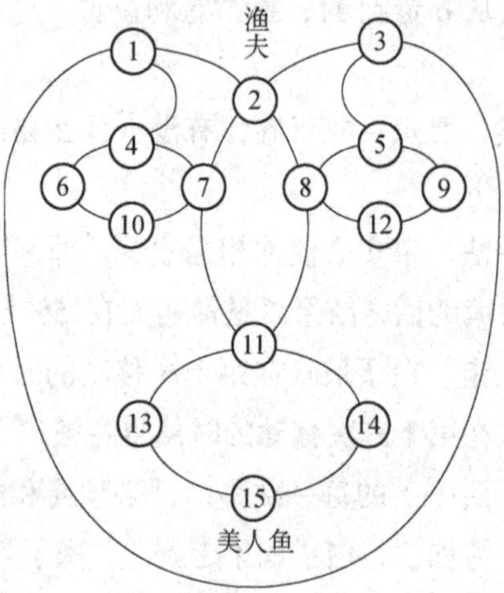

图 1　抓住美人鱼游戏

这种博弈只用两枚棋子，一枚名叫“渔夫”，开始的时候放在 2 号位置上；另一枚叫“美人鱼”，开始的时候放在 15 号位置上。渔夫先走，他的目的是尽可能迅速地抓住美人鱼，对方却是设法逃避。两人轮流挪动棋子，而且每次都只能走一步，就是要根据图上所标明的通道，从一个位置走到相邻的另一个位置。轮到谁走的时候，留在原地不动是不允许的。

渔夫先走以后，双方轮流走棋，一个追捕，一个逃跑。如果渔夫在六步之内（也就是最多可走六步）还抓不住美人鱼，他就输了。

玩这个游戏的人，如果扮演渔夫这一角色，总想用最少的步子去抓住美人鱼，因此往往十之八九采取正面进攻的办法，一开始就向美人鱼猛扑过去，不料这样做却总是事与愿违，完成不了任务。比较聪明的人对付这类博弈问题，会采取“欲擒故纵”的对策。

原来的图形虽然看上去十分有趣，可是却不好分析。我们先把它改绘成图 2 的样子。这个图形看上去也是左右对称的，而且各个位置之间的相互关系和原来的图形完全一样，这样的变换叫作“拓扑变换”，是数学中常常采用的手段之一。

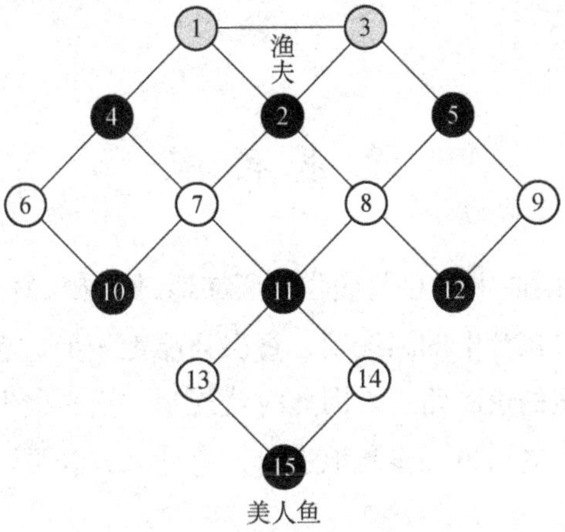

图 2　美人鱼棋盘拓展

为了进行分析思考，我们现在从图的下半部开始加以着色，把美人鱼的初始位置（就是 15）着上黑色，其他位置也一个间隔一个地分别予以着色，直到把全图着色完毕。在着色过程中，如果你的洞察力比较敏锐的话，马上就会发现，图形最上面的两个位置（1 和 3）和其他没有着色的点有所不同。对于其他没有着色的点来说，和它毗邻的一定是黑点，然而 1 和 3 除了分别和黑点毗邻，它们本身也是邻接的。我们把这两点着上灰色。

根据着色的结果，我们也可以看到渔夫和美人鱼的初始位置都是黑色，如果渔夫一开始就直接追过去的话，无论是从 2 走到 7，还是从 2 走到 8，这时候，双方所占据的位置就变成一个黑色一个无色，接着美人鱼走一步，也从黑色走到无色，中间总至少隔着一个位置。这样交替下去，渔夫要想用最多六步就抓住美人鱼，实际上是不可能的。

如果想捉住美人鱼，渔夫必须利用图形上方的三角形作为改变颜色的“调度场”（这三角形由 1、2、3 三个位置组成）。他所应采取的正确对策是，第一步从 2 走到 1（当然从 2 走到 3 也是一样的，这一点，读者从图形的对称性当中不难看出），不管美人鱼接着如何走，总从黑色位置走到无色位置即 13 或 14。渔夫第二步再从 1 绕行外圈走到 3 的位置，接着美人鱼走一步，从无色位置又走到黑色位置即 11。接下来第三步，渔夫回到 2，美人鱼不能前进，只有后退了。以后他可以步步紧逼，美人鱼就逃不掉了。

在这里，需要深刻地理解“以退为进”和“退一步进两步”的道理。

猫 逮 老 鼠

如图 1 所示，圆圈内字母 C 代表猫的所在地，圆圈内 M 代表老鼠的所在地。猫和老鼠都只能沿着棋盘上的路线走，每次只能走一步。老鼠需要等待猫采取行动之后再寻找合适的逃跑路线，因此游戏规定，猫必须先走。那么猫一步步地移动去追赶老鼠，老鼠也一步步地逃离，有什么方法可以让猫最快地抓到老鼠胜利而归呢？

为了防止循环移动导致无限循环，游戏规定，走过的点不得再走，走过的路也不得重复（棋盘共 30 条边 17 个点，游戏时可准备 30 根牙签和 15 颗黄豆，走过的边压上牙签，走过的点压上黄豆，猫和老鼠分别用黑白两色棋子表示）。

猫要想抓住老鼠，必须在老鼠走完可能的点之后处于相邻位置。为了简便，用两种圈——白圈和黑圈给上述图形交替着色，使得与黑圈相邻的都是白圈，与白圈相邻的都是黑圈，这样一来只要猫的位置是在与老鼠所在圈相邻的异色圈内，就可以大功告成了。可是你会发现，有一个圈很奇特，它既与白圈相邻，又与黑圈相邻，为了与其他圈区别开来，我们给它着上灰色，如图 2 所示。

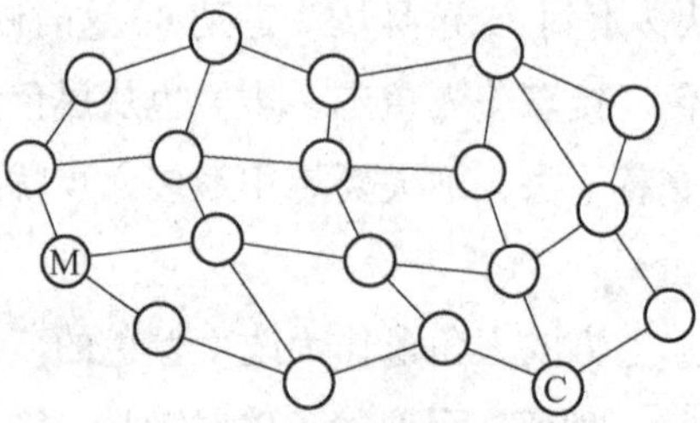

图 1　猫逮老鼠游戏

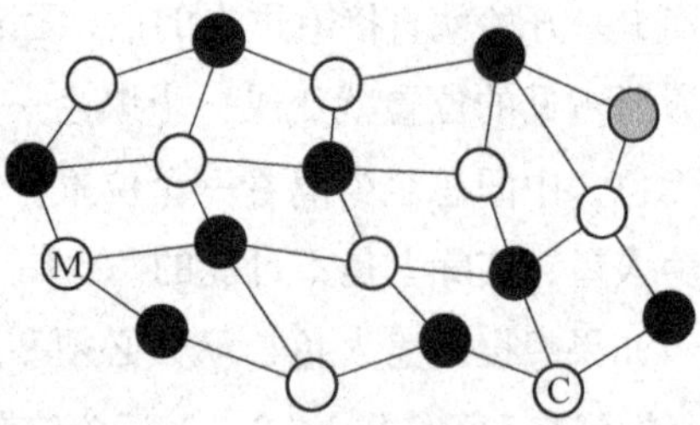

图 2　着色后的猫鼠游戏棋盘

如果猫向黑圈移动，那么老鼠也只要往黑圈移动就可以了，因为任意两个黑圈之间都不能一步到达。同样，如果猫向白圈前进，老鼠也只要采取相同的策略就可以躲避猫的追捕。但还有一个特殊的灰圈。只要进入这个圈，就可以实现黑圈和白圈的转换。如果猫不是一味地朝着老鼠做无用功，而是先进入灰圈之后再追捕，那么成功的可能性就大大提高了。比如原来猫向黑圈走，老鼠也走入某个黑圈，当猫进入灰圈后（第三步），老鼠肯定只能走向某一个黑圈。接下来（第四步）猫走进黑圈，与老鼠所在黑圈相邻的都是白圈，这时它只能走进某个白圈里。此时两者位于两种不同颜色的圈内，这时猫要抓住老鼠就有可能了。

猜牌游戏

有些扑克牌魔术，表演起来非常神奇，以致许多不明真相者竟误认为表演者具有某种“特异功能”。

下面介绍一种具有数学道理的扑克牌魔术。表演者可以叫别人用手帕或布条严严实实地蒙住他的眼睛，然后使用一副普通的扑克牌，共四种花色，除去大小王共 52 张牌。

表演者将牌拿在手上，请一位观众任意抽出一张牌，牌面向上放在桌上（称为底牌），数一数它的点数（A 算作 1 点，K 和 Q、J 均算作 10 点，其他牌的点数都与其面值相同），再从表演者的手中随意取出一些牌来覆盖在它上面，以使得底牌的点数与覆盖牌的张数相加起来正好等于 12。例如，当最初抽出的那张牌是方块 7，那就要从表演者手中取出 5 张牌来覆盖在它的上面，以形成一堆。完成这样的操作之后，就称牌已“做”过，将它放置一旁，不要去动它。然后在表演者手中再任意抽出一张牌来，重复上面的做法，直至形成第二堆。

第三堆、第四堆……也是如法炮制，而且随便几堆都行，全凭你高兴。当然，在“做”牌时，必须严格执行上述条件。

表演者只要凭他的触觉，摸一摸做过的共有几堆牌，再数一数手里剩余的牌数，便能准确说出各堆中最下面的底牌的点数总和，而且百发百中。

亲爱的读者，你可以吗？当然如果你知道了其中的奥妙，你肯定也可以。

为什么他会有这样大的能耐呢？原来，他的窍门是掌握了一个计算公式：

$$底牌点数之和=13（p-4）+r$$

其中，p 是堆数，r 是剩余牌数。

这个公式很容易证明。假设某堆做过的牌中，底牌的点数是 x，则根据规定，底牌与盖在它上面的牌的张数之和必为（$13-x$）。为什么这里是 13 而不是 12 呢？因为底牌也是要算一张牌的。类似的推理显然对所有的堆都适用，于是我们可以列出方程：

$$(13-x_1)+(13-x_2)+\cdots+(13-x_p)+r=52$$

即

$$13p-\sum_{i=1}^{p}x_i+r=52$$

故

$$\sum_{i=1}^{p}x_i=13(p-4)+r$$

也就说，底牌点数之和是堆数 p 与剩余牌数 r 的线性函数，自变量 p 和 r 一经确定，函数的值也就随之而定。只要表演时仔细一点，不出差错，戏法就绝不会失败。

有趣的是，表达式（$p-4$）不一定要求是大于或等于零，负数也行，所以堆数 p 可以小于 4，甚至为零都行，那是一种最极端的情况，这时公式变成恒等式 52=52，公式仍然是有效的。

猜 年 龄

如果你把自己的年龄乘以 67，然后把乘积的最末的两位数字告诉我，我能马上猜出你的年龄来。

你相信吗？

例如，一个学生的年龄是 14 岁，$67\times14=938$，他只要把乘积的末两位数

（38）告诉我，我立刻就能知道他是 14 岁。

你知道我是怎么猜到的吗?

因为任何一个二位数乘以 201，所得的积的末两位，仍是原来的这个二位数。现在被猜的人把自己的年龄乘以 67，我再把他的乘积的末二位乘以 3，也就相当于把他的年龄乘以 201 而取末两位。

这是利用了 $67\times3=201$ 的结果。拿上例来说，这学生报出 38 这个数，我只要把 $38\times3=114$ 算出，那么 14 就是他的年龄。

在 14×201 的积中，末二位仍是 14。事实上，我和猜年龄的学生，是分工合作地在做乘法运算。不过我做的乘法比较简单，可以口算（这个方法对于不满百岁的人都适用）。

下面我们再介绍另一种猜年龄的方法。这里有 5 张表，如图 1 所示。要求你清楚地查看一下全部的 5 张表，然后告诉我在哪几个表里有你的年龄，我不用看表，也能说出你的年龄来。例如，有人告诉我他的年龄在表一、表二、表五里，那么他的年龄一定是 19 岁。

表一	表二	表三	表四	表五
1	2	4	8	16
3	3	5	9	17
5	6	6	10	18
7	7	7	11	19
9	10	12	12	20
11	11	13	13	21
13	14	14	14	22
15	15	15	15	23
17	18	20	24	24
19	19	21	25	25
21	22	22	26	26
23	23	23	27	27
25	26	28	28	28
27	27	29	29	29
29	30	30	30	30
31	31	31	31	31

图 1　猜年龄数字表

这又是什么道理呢？

先看看这些表的造法。因为 31 以下的自然数都可以分解成 1、2、4、8、16 这 5 个数中若干个的和，表一到表五的第一个数字是 1、2、4、8、16，把 3～31 进行分解，分解后的加数在哪些列，就把这个数放入相应的列。换一种说法，可以从这五个数中任意取出 2～5 个数相加，一共可得 31 个不同的数。所得的和数由哪些加数组成，就把这个数填入各个加数为第一个数字的表里，就得到了这张表。例如，3=1+2，就把 3 分别填入表一和表二；11=1+2+8，就把 11 分别填入表一、表二和表四等。

现在你只要记住 1 在表一，2 在表二，4 在表三，8 在表四，16 在表五即可。如果有人说他的年龄在表二、表三、表四里，那么你将 2、4、8 加起来，就得到他的年龄是 14 岁。

当然，这五个表只适用于不满 32 岁的人，如果有超过 31 岁的人来参加这个“猜年龄”的游戏，你必须请他从他的岁数中减去 30，再请他说出所得的差数在哪几个表里，你可以先照前面的方法做好加法再加上 30，就得到他的岁数了。

猜你和亲人的年龄

这是一个猜数游戏，不仅可以猜到你的年龄，还可以猜到你的亲人的年龄。信不信？不信就来试试。

请把你的年龄乘以 2，加上 5，再乘以 50，然后加上你亲人的年龄，再减去一年的天数 365，把你得到的结果告诉我。

有朋友问我，不用我的年龄，随便想一个数字行不行，这当然可以。

有一个青年朋友用他叔叔的年龄 35 岁和他爷爷的年龄 76 岁当场进行了试验。

$35\times2=70\rightarrow70+5=75\rightarrow75\times50=3750\rightarrow3750+76=3826\rightarrow3826-365=3461$。

计算完毕，他告诉我，答数是 3461，我马上告诉他，你的年龄是 35 岁，你的亲人是 76 岁。

不妨再换上几个数字去试，结果总是屡试不爽。

你知道我是怎么猜到的吗？其奥妙何在呢？

原来这里有一个秘密，只要把最后的答数加上 115，一般都能得到一个四位数，把这个四位数拆成两段，前面两位就是你要猜的年龄，后面两位就是你亲人的年龄。

如果加上 115 后是三位数，拆成两段后前面只有一位，说明你要猜的年龄就是一位数。

下面我们用字母代数，来做一个简单的证明，就很清楚了。

设你的年龄为 a，你亲人的年龄是 b，则有

$2a \to 2a+5 \to (2a+5)\times 50=100a+250 \to (100a+250)+b \to (100a+b)+250-365=100a+b-115$

所以，把 115 加在你所得的结果上，就是 $100a+b$。按照十进制计数法，很显然，前两位就是你的年龄，后两位就是你亲人的年龄了。

猜 数 字

让你的朋友写下任意一个小于 1000 的数，三位、两位或一位数都行，再把这个数乘以 91，然后将乘积的末三位告诉你。你想知道在几秒钟之内猜出朋友写的数字的“花招”吗?

这个数学“花招”是这样的，将报出的乘积的末三位再乘以 11，所得乘积的末三位就是原来的数字。

例如，原来的数字是 235，将 235 乘以 91，得 21 385。朋友告诉你的数字是 385。你将 385 乘以 11，得 4235，末三位正好是最初所写的 235。

再比如，原来的数字是一个两位数 47，乘以 91 得 4277。你将 277 乘以 11 得 3047，末三位是 047。“0”没有意义，047 其实就是 47。

其中的数学原理在于，91 乘以 11 得 1001，而任何一个三位数（或者两位、一位数）乘以 1001，末三位和原来的数字是一样的。实际上是两个人合作，你的朋友用 91 来乘，你用 11 来乘，一起把原来的数乘以 1001，当然就能得出原来的数字了。

实际上在这里你还偷了懒，把比较难以计算的一部分让别人来算，而自己

只算简单的一部分。因为将一个数乘以 11，只需将这个数末位添加一个 0，再加上这个数本身就可以了，肯定很容易计算出来的。

猜数还有一种方法。先请人家在心中秘密认定一个数，这个数可以是一位、两位或三位自然数。然后请他把此数乘以 1667，最后并不要求他把全部乘积说出来，而只要求向你透露乘积尾巴上的几位数字，即如果该秘密数是一位数，那就透露积的末一位数；如果它是两位数，那就透露积的最后两位数……

掌握窍门的猜数者能在几秒钟内立即把人家秘密认定的数当众“亮相”，而且屡试不爽，这是怎么回事呢？

原来，1667 乘以 3 正好等于 5001。所以，用任何一位、两位或三位数与之相乘，积的末尾上便能“如影随形”般地反映出原先的乘数来。所以，猜数者的窍门便是把通报给他的尾巴数乘以 3。并且，报几位，他就在积的尾巴上截取几位。由于乘 3 的运算特别简易，所以要不了几秒钟，结果就出来了。

被乘数并不是非要用 1667 不可。如果要猜的数只是一位或两位自然数，那么，改用 467 或 1867 等也都可以，只要最后两位是 67 就行了。

不过，1667 却是同类乘数中的佼佼者，因为它暗示我们，可以把这种被乘数任意拉长，如改为 16 667 等，会使得猜数戏法更吸引人。

有人把 1667 称为“数字镜子”，其命名是意味深长的。

割尾加积猜数字

这也是一个猜数字的题目。

方法是，请你在纸上写一个多位数，随便几位数都可以，然后将你写的数字乘上 89，把所得之积的末位去掉，再加上这个被去掉的末位数的 9 倍，再去掉末位，再加上这个去掉的末位数的 9 倍，如此反复地执行这种运算，直到最后的答案为 89 为止，然后顺次告诉我你割去的数字，当然必须绝对正确，不得有误。否则，戏法就不灵了。

我在得到你报告的数据后，片刻就能猜到你最初所写的数字，绝对没有半点差池。

不信我们就来试试。

一个应试者写下了一个数字 813，计算的过程如下：

$$
\begin{array}{r}
813 \\
\times\ 89 \\
\hline
7235\textcircled{7} \\
+\ 63 \\
\hline
729\textcircled{8} \\
+\ 72 \\
\hline
80\textcircled{1} \\
+\ 9 \\
\hline
89
\end{array}
$$

上述计算过程中，割去的数字依次为 7、8、1，由此我就可以猜到他最初写的数字是 813。你知道我是怎么猜的吗？方法是，把 781 颠倒后得到 187，再用 1000 减它，就是 813，即

$$1000-187=813$$

也就是说，813 就是 187 的补数。

其中的道理是这样的。

第一步，把乘积的结果去掉 7 加上 63，实际就等于在乘积上加（630−7），而 630−7=7×89=623，72 357+623=72 980。

第二步，去掉末位的 8，加上 72，实际就相当于

$$72\,980-80+7\,200=72\,980+7\,120=72\,980+80\times89=80\,100$$

而第三步实际就相当于

$$80\,100-100+9\,000=80\,100+8\,900=80\,100+100\times89=89\times1000$$

总起来看，最后所得的答数 89 000 与原数的关系是

$$89\times1000=原数\times89+(100+80+7)\times89$$

即原数=1000−187。

如果换作别的数字，道理是一样的。如果是三位数，颠倒后从 1000 中减去，如果是四位数，颠倒后从 10 000 中减去即可。

这个有趣的游戏来自扬州中学的高级教师陈怀书先生。陈怀书曾任中国数学学会第一任理事，在数学方面有很多建树，后来去了上海交通大学任教。

把丢掉的数字找回来

请你任意想一个数字（如 5378），然后把这个数字的顺序打乱，重新排列（比如排列成 3875），然后用原来的数和变换排列顺序后的数中较大的减去较小的（也就是 5378−3875=1503）。现在请你把得到的差中，除 0 以外的任何数字随便消去一个 （比如消去 5），只要你把剩下数字的和告诉我（1+0+3=4），我就可以把你丢掉的那个数字“找”回来。

当然，要保证游戏万无一失，还需要一些附加条件。第一，你最开始想的那个数字不能是只由一个数字组成的（比如 3333），否则把它打乱顺序再相减，就只剩下数字 0 了。第二，这个数字也不能是两位数，否则它们的差可能是一位数（如 21−12=9），“丢掉”一个数字以后就什么也没有了。

如果你看穿了这个游戏的秘密，就可以表演给你的朋友了。你知道其中的秘密在哪里吗?

其实，秘密不难理解。将任意一个数，按任意的顺序变换排列，两者的差总是 9 的倍数，即一定可以被 9 整除，而这个 9 的倍数的各位数字的和也一定是 9 的倍数。所以我就可以找到比你告诉我的数字稍大的 9 的倍数，从这个 9 的倍数中减去你告诉我的数字，差就是你丢掉的数字。比如你上面报出的和是“4”，比 4 稍大的 9 的倍数是 9，9 减去 4 就是你消去的数字 5。

石匠的怪题

大约在 200 年前，美国的贝克顿市有个古怪的石匠叫托马斯。他去世后，人们发现他在一所房子的墙壁上刻了一道古怪的数学题：从各位数字和为 45 的一个数里，减去另一个各位数字和也是 45 的数，只有当差的各位数字和也是 45 时，这道题才算解对了。

这道题让当地的居民伤透了脑筋，许多数学爱好者也百思不得其解。后来，有人发现 1～9 这 9 个自然数的和恰好是 45，便恍然大悟，终于解开了这个谜团。你知道这是一个什么样的算式吗？

9 个依次排列由大到小的阿拉伯数字，减去它的逆序数，恰好符合题目要求。即：987 654 321−123 456 789=864 197 532

人们又发现，再加上“0”，也符合要求，即 9 876 543 210−1 234 567 890=8 641 975 320。后来人们又发现，减数中的 0 放在不同的数位所构成的算式也都符合要求，如 9 876 543 210−1 023 456 789=8 853 086 421。移动被减数中的 0，构成的算式也可以符合要求，如 9 087 654 321−1 023 456 789=8 064 197 532。

不仅如此，把 0～9 这 10 个数字顺序打乱，分别组成被减数、减数，其中的一些算式也符合要求。例如，4 579 036 218−2 814 675 039=1 764 361 179，或者 1 954 328 760−1 796 435 208=157 893 552，差的每一位数字的和都是 45。

一个看似古怪难解的问题，经过人们的刻苦钻研，竟然一下子找到了那么多的解答方法，真是“山重水复疑无路，柳暗花明又一村”。

归 零 归 一

给你任意四个正整数，你能不能找到一种方式即一种运算，使得它们最终全部归零呢？或者找到一种方法，让它们最终全部归一呢？

这样的方法是有的。

可以把给出的四个正整数写在一个小正方形的四个角上，然后再在小正方形的外面画一个外接正方形，然后把相邻的两个数用大数减小数，把差数写到外接的正方形的相应的角上。再画外接正方形，再计算大数减小数的差，写到外接正方形的相应的角上，如此反复，当第四个外接正方形即第五个正方形出现的时候，其角上的数字将全部为 0。到此为止，不管原来的四个数之间有多大的差异，现在大家都彼此彼此，统统归零了。

有些人不相信有这样的做法，我们还是让事实来说话。假定有四个数，分别为 1 000 000、2005、686、7。然后我们按照上面的说明，执行减法运算，计算结果如图 1 所示。

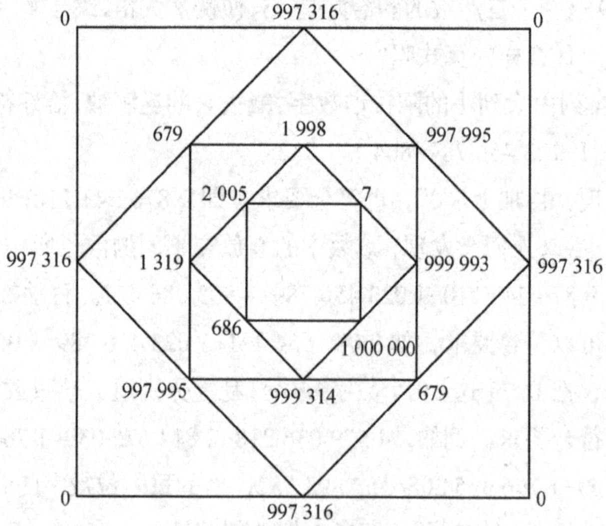

图 1　五层嵌套的正方形（一）

在第四个外接正方形的角上，不可思议的事情终于出现了，四个数全部归零。

有趣的是，开始时所取的四个数，可以是正整数，也可以是负整数，甚至分数和小数也行。大家不妨多找些数字试试。

最令人惊讶的是，开始时已经有三个数字相同，假如分别为 7、7、7、3，照一般人的想法，已经有三个数相同，肯定不需要经过五轮计算，就可以快速地全部归零了。岂料事与愿违，做的结果不多不少，仍然需要经过五轮计算，才能最终全部拉平，结果如图 2 所示。

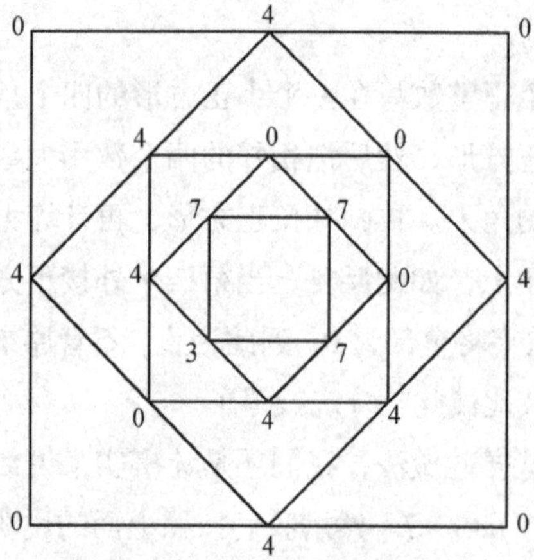

图 2　五层嵌套的正方形（二）

这一点，其实可以用代数方法得到证明。

设 $a>b$，$b>0$，则变换过程如下。注意，在数组（a，b，c，d）四个不同位置中，可以视为 a 与 b，b 与 c，c 与 d 相邻，最后的 d 与 a 也是相邻的。

$(a, a, a, b) \to (0, 0, a-b, a-b) \to (0, a-b, 0, a-b) \to (a-b, a-b, a-b, a-b) \to (0, 0, 0, 0)$。

下面再来看把减法改为除法会是什么结果。在做除法时，我们规定，大数作为被除数即分子，小数作为除数即分母。这样反复运算的结果，会统统拉平，最终全部变为 1。

比如，开始时，我们给出的数字为（2,3,7,10），经过五轮变换后即全部变为 1。结果如下：

$(2, 3, 7, 10) \to \left(\frac{3}{2}, \frac{7}{3}, \frac{10}{7}, 5\right) \to \left(\frac{14}{9}, \frac{49}{30}, \frac{7}{2}, \frac{10}{3}\right) \to \left(\frac{21}{20}, \frac{15}{7}, \frac{21}{20}, \frac{15}{7}\right) \to \left(\frac{100}{49}, \frac{100}{49}, \frac{100}{49}, \frac{100}{49}\right) \to (1, 1, 1, 1)$

上述两种方法都是谈祥柏教授在他的科普著作《乐在其中的数学》里面介绍的。他在那里联想到了热力学第二定律，即宇宙最终将达到“热寂”。到那时，宇宙空间到处的温度都将一样，没有差别，因此一切活动也都停止了。谈教授指出，虽然这个定律不断遭到质疑、反驳，甚至被批判，但始终没有被驳倒。大家统统一样，完全拉平，究竟是不是宇宙的必然走向与普遍规律，这的确是一个值得深思的大问题和大难题。

用除法开平方

你会求平方根吗？学过开平方的人都知道，开平方比加减乘除四则运算要难得多。然而，开平方居然可以用除法与求平均数来代替。据谈祥柏教授的介绍，古巴比伦人就知道这种巧妙无比的办法。

下面以 $\sqrt{19}$ 的求解为例来说明。$\sqrt{19}$ 的确切值为

$$\sqrt{19} \approx 4.358\,898\,944$$

把这个结果放在这里，作为对照。

第一步，以 4 作为初始近似值，用 4 去除 19，并计算 4 与商数的均值，得到：

$$19\div4=4.75，(4+4.75)\div2=4.375$$

第二步，再如法炮制，把第一步的结果作为除数，并求商数与这个除数的均值，得到：

$$19\div4.375\approx4.343，(4.343+4.375)\div2=4.359$$

已经很接近标准结果了。

第三步，再进一步迭代，得到：

$$19\div4.359\approx4.358\ 798，(4.359+4.358\ 798)\div2\approx4.358\ 899$$

第四步：

$$19\div4.358\ 899\approx4.358\ 898\ 9，(4.358\ 898\ 9+4.358\ 899)\div2=4.358\ 898\ 95$$

第五步：

$$19\div4.358\ 898\ 95\approx4.358\ 898\ 937$$

$$(4.358\ 898\ 95+4.358\ 898\ 937)\div2\approx4.358\ 898\ 944$$

容易看出，经过五步迭代后，已经与参照值完全吻合了。

亲爱的读者，感觉是不是比开平方要简单一些呢？你不妨可以用其他的数字再试试。

聪明反被“聪明”误

一个被警察追踪了多年的盗墓者突然有一天前来自首，声称他盗墓所得的 100 块法老壁画被他的 25 个手下偷走了，这些人中最少的偷走了 1 块，最多的偷走了 9 块。而这 25 人各自偷走了多少块壁画，他也记不清了，但可以肯定的是，他们都偷走了单数块壁画，没有偷走双数块的。他愿意为警方提供 25 个人的名字，条件是不能判他的刑，警察答应了。但当天下午，警长就下令将自首的盗墓者抓获。你知道为什么吗？

奇数个奇数的和不可能是偶数。假如 100 这个数可以分成 25 个单数的话，那么就是说奇数个奇数的和等于 100，即等于偶数了，而这显然是不可能的。

事实上，从 1 到 25，这里共有 12 对奇数和偶数，另外还有一个奇数。每一对奇数的和是偶数——12 对奇数相加，它的和也是偶数，再加上一个奇数不可能是偶数。因此，100 块壁画分给 25 个人，每个人都不分到双数是不可能的。自首的盗墓者之所以使出这一招是想嫁祸给他的手下，好让自己一人私吞赃物。

这就是聪明反被“聪明”误。请注意，后面的聪明二字是带了引号的哟。

六 道 轮 回

随便给你一个数字，你能找到一种方法（即一种运算）让它最后再回到这个数字吗？

印度就有这么一种数学游戏。这种游戏的风格极为独特，不仅蕴含深刻的佛教哲理，而且以现代数学为背景。表演起来却又特别简单，甚至连低年级的小学生都能做。

游戏是这样的。老师把班上的六名小朋友叫来，每人准备一支铅笔和一张纸条来做一个不开口的数字接力赛。要求第一个孩子在纸条上随便写下一个数字，除了 0 与 1，随便什么数，整数、分数、小数统统都可以。

写的时候当然不能让别人看见。第一个人把数字写好之后，把所写的数字取倒数后传递给第二个人。后者看到纸条上的数字之后，需要对此数字作一个“变换”，即用 1 减去纸条上的数字，把差数写在另一张纸条上，传给第三个人。第三个人看到数字后，也要作一种变换，即把此数改写为它的倒数，写在另一张纸条上之后传给第四个人。依此类推，即第一、第三和第五人作的都是“倒数”变换，而第二、第四和第六人作的都是“1−？”变换，“？”表示所看到的数字。

纸条像走马灯似的，迅速地在孩子们手中无声地传递着。第一个孩子首先在纸条上随便写了一个看上去很不整齐的分数即 $\frac{17}{31}$，然后取倒数后传了出去。岂知，最后回到他手里的仍旧是这个数字。

这里究竟隐藏着一条什么样的规律呢？

如果我们把第一个写下来的数字记作 λ，那么孩子们所写的数字，变来变去，总不外乎下面六个数字：

$$\lambda \Rightarrow \frac{1}{\lambda} \Rightarrow 1-\frac{1}{\lambda} \Rightarrow \frac{\lambda}{\lambda-1} \Rightarrow \frac{1}{1-\lambda} \Rightarrow 1-\lambda$$

如果表示得更清楚一些，则可以写成车轮或走马灯形状，如图 1 所示。

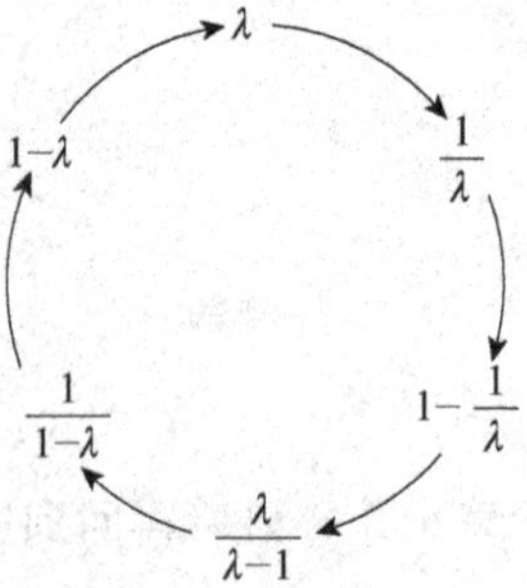

图 1　六道轮回的数

上述 λ 序列的六个数字，不仅有趣，而且重要。它在射影几何学中名叫“交比”，是一种不变量。λ 是不能等于 0 或 1 的，否则不能取倒数或做“1−？”运算，所以必须在事先排除这两个数。

游戏中的六个数字，好比是六种不同状态，转来转去，周而复始，永远摆脱不了自身的圈子。这就是有名的“六道轮回”学说，它是印度佛教哲理的精华，其实质是永世循环的宇宙观。

混沌与分形

给你一个 0 和 1 之间的数，你能不能找到一种方式即一种运算，使得它变成更多的数字呢？

这样的方式就与我这里要讲到的混沌与分形的概念有关。

我们可以把数据输入一个“黑箱”，并在其终端将输出的结果再反馈回去进行所谓的“迭代”，这个过程如图 1 所示。

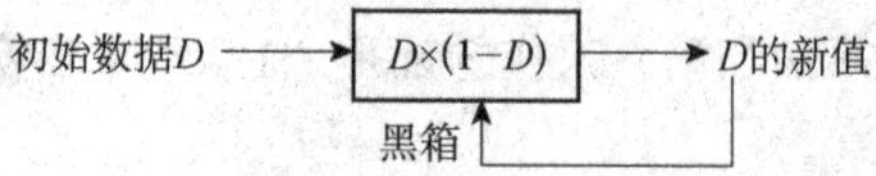

图 1　数字“黑箱”

现在，可以在 0 和 1 之间选一个任意的十进制数，并将它输入黑箱，假如设 D 的初值为 0.6，于是得到 D 的新值为

$$0.6\times0.4=0.24$$

迭代后得到：

$$0.24\times0.76=0.182\ 4，0.182\ 4\times0.817\ 6=0.149\ 13$$

把上述过程进行数次以后，D 的值将趋近于 0。实际上，不论 D 的初值是 0 和 1 之间的什么数，最终的结果都将趋于 0，这是没有疑问的。这一点人们也都司空见惯，并不感到有什么奥妙可言。

然而，当你在系统中添加一个新的元件 K，情况就会变得非常有趣了。添加新元件后的系统如图 2 所示。

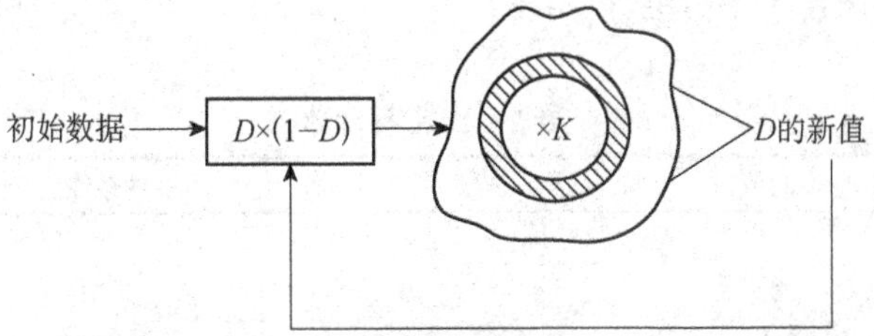

图 2　乘 K 后的数字“黑箱”

K 在这里就像系统中的一个控制按钮，我们来一起看看，加入 K 以后，对 D 的最后结果会产生什么影响。

我们已经知道，当 K 的值为 1 时，D 的值将最终衰减为 0。现在，我们先假定 K 的值为 2，D 的初值仍然取前面的 0.6，按照新系统的要求，得到：

$$0.6\times0.4\times2=0.48$$

把 0.48 反馈回去，得到：

$$0.48\times0.52\times2=0.499\,2$$

再次反馈，得到：

$$0.499\,2\times0.500\,8\times2=0.499\,998\,72$$

经过三轮迭代后，事情已经变得很清楚了，D 的最终值将是 0.5。只要你给的 D 的初值介于 0 和 1 之间，在 K=2 的条件下，D 的终值一定是 0.5，而且收敛得非常快，这一点是绝对没有问题的。

接下来我们来看看当 K=2.5 时，又将出现什么情况呢？此时不管你给 D 选什么样的初值（注意必须是 0 到 1 之间的），D 将最终收敛于 0.6。

然而，当 K=3 时，怪事就发生了。D 最终将在 0.669 和 0.664 之间震荡。出现此等怪事，真是太奇妙了。但是，这仅仅只是开始，更奇怪的事情还在后面。

当 K=3.47 时，D 最终将在 4 个数字上面转圈子，这四个数字是 0.835、0.479、0.866、0.403，时而取这个，时而取那个。

从 3.47 开始，K 的值只要略微增加一点点，D 的最终摆动圈子将会以越来越高的频率不断翻番。比如说，D 的值先是在 8 个数字之间振荡，接着是 16 个，32 个……这种不断翻番的过程有个专有名词，就叫作分形。最后，当 K 的值越来越接近 4 时，就根本没有封闭的圈子可转了，D 值将完全无序地从一个数突然跳跃到另一个数，而不在任何一个地方落定。这就意味着，混沌状态出现了。这种情况可以用表 1 予以概括。

表 1　混沌与分形

K 的值	D 的最终值
1	0
2	0.5
2.5	0.6
3	在 0.669 与 0.664 之间振荡
3.47	在 0.835，0.479，0.866，0.403 上面转圈子
4 的附近	混沌

表 1 反映的事实也可以用图 3 来描述。图 3 就反映了 D 的最终值会落在何处。由图 3 不难看出，当 K 值达到 3 时，单一曲线突然分裂成两支，而且在此以后不断地继续分裂，直至完全混沌。

把一个 D 乘以（$1-D$），再安插一个 K，如此简单的操作居然产生了如此复杂的分形，真是让我们大大地开了眼界。

谈祥柏教授在他的《乐在其中的数学》一书中，在介绍上述的方法时曾指出，有人认为，20 世纪有足以影响后世的四项发明，即相对论、量子论、分形、混沌。前两项属于物理学，后两项属于数学。上面介绍的方法，就属于混沌与分形的一种情况。

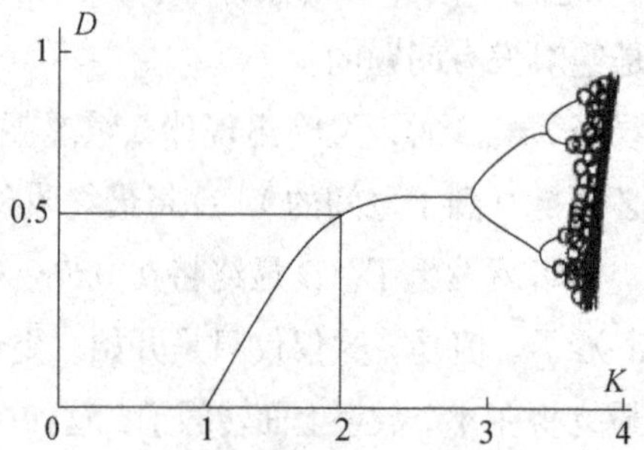

图 3　混沌与分形平面图

射 击 游 戏

某个公园的游乐场上设计了一种射击游戏，在一个小桌上分三摞摆着九个铁罐，每个铁罐上面都标有一个数字。每三个叠在一起（图 1）。

游戏设计者规定，参加游戏的射击手每人只许打三枪，每枪只许打落一个铁罐，如果一枪打掉了两个或两个以上的铁罐，就算失败了。比赛者打掉第一个铁罐后，这个被打掉的铁罐上的数字就是他所得的分数；打掉第二个铁罐，他得到的分数是被打掉的第二个铁罐上的数字的 2 倍，第三个铁罐被打掉后，他所得分数是这个铁罐上的数字的 3 倍。三枪所得分数之和必须正好是 50 分，要一分不多一分不少，才能得奖。

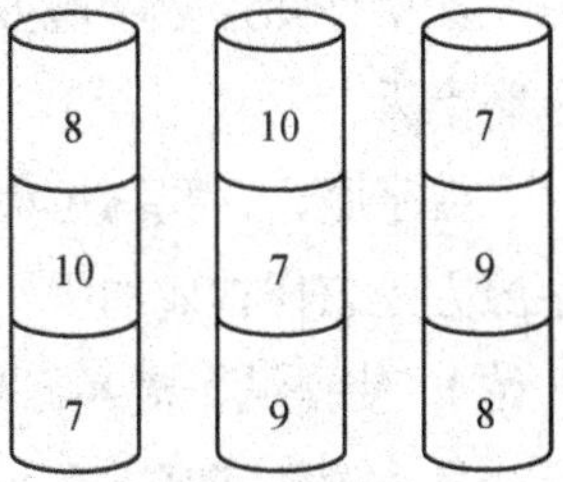

图 1　射击游戏的靶子

如果你是一位射击爱好者，你应该打掉哪三个铁罐？按什么顺序打最好？

显然，如果你想要拿到奖金，就需要先算一算，哪个数和哪个数的两倍，以及哪个数的三倍的和会等于 50，同时，这三个数应该是在每摞的最上面，然后再安排一个合适的顺序。因为如果你打的是某一摞底下或中间的，上面的肯定会倒掉。

所以，要想使三枪得分的总和正好是 50，唯一的做法就只能是先打掉右边一摞的 7 号罐，然后打掉左边一摞的 8 号罐，最后打掉右边一摞已经露在上面的 9 号罐。这样，第一枪得 7 分；第二枪得 $8\times2=16$ 分，第三枪得 $9\times3=27$ 分，这样总共得 50 分。

现在把规则改一下，仍然是一枪一个罐，得分的计算方法也一样，以所得分数减 50 分的差额作为奖励，你又应如何选择呢？聪明的读者应该不难选择。

数 字 魔 方

给你一张 3 行 3 列共 9 个方格的表，让你把 1 到 9 共 9 个自然数填进方格里，使得每一行、每一列和每个对角线上的 3 个数字之和都等于 15，你能做到吗？如果你知道数字魔方或幻方这个概念，那就问题不大。否则，可能就需要琢磨半天。

数字魔方，我国也称幻方。自古以来人们就有以数字魔方自娱的习惯。数字魔方是怎样构成的呢？那就是在画成方块的小方格里填上连续的数字（从 1 开始），使得纵、横各行和对角线上的数字分别加起来后等于相同的数字。

最小的数字魔方有九个小方格，这种数字魔方也叫三阶幻方或九宫格。图 1 给出的就是一个九格魔方的例子。

在这个魔方里，我们可以把 4+3+8，或 2+7+6 或 3+5+7 或 4+5+6 等任何一行三个数加起来，其结果总是等于 15。这个数就称作幻和。

根据下述的原理，不用构成魔方就可预先想象出这个结果，方块的三行包括了 1 至 9 的 9 个数字，把它们全部加起来后等于 45，即

$$1+2+3+4+5+6+7+8+9=45$$

根据这个原理，我们就可以预先确定任意方格的数字魔方的纵、横每一行的数字之和。那就是，用魔方的行数去除魔方的全部数字之和。比如，如果是一个 16 方格的数字魔方，其总和是 1+2+3+…+15+16=136（自然数级数的前 n 项和=$n(n+1)/2$，这里的 n 等于魔方的行数乘列数），所以每行的和即幻和应该是 34。

通常，如果用 s 表示幻和，用 n 表示幻方的行列数，则幻和 s 有如下的计算公式：

$$s=\frac{1}{2}n(n^2+1)$$

三阶幻方填制的方法是，因为 1+9=10，2+8=10，3+7=10，4+6=10，这每对数的和再加上 5 都等于 15，所以首先可确定中心格应填 5。然后将这四组数再分别填在十字线和对角线的位置上。注意，除了 5 剩下的四对数中，是两对奇

数，两对偶数，15也是奇数。先考虑四个角，若填两对奇数，那么因三个奇数的和才可能得到奇数，因此十字线上的格里就只能填奇数，但实际上已没有奇数可填，显然不行。若四个角分别填一对偶数，一对奇数，也行不通（因为5是奇数，两个奇数加一个偶数必为偶数）。因此可判定，四个角上必须填两对偶数。对角线上的数填好后，其余格里再填奇数就很容易了。

构成一个魔方后，我们可以很容易得到它的变体，即产生一系列新的魔方。例如，如果我们有一个如图2所示的魔方，把它逆时针旋转90°（以5为中心的十字线）后就可以得到另一个魔方，如图3所示。

再转一下，转到180°和270°时，又可得到原来魔方的两个新的变体魔方。

数字魔方还可以用镜子的反映来改变，如图4就是图2的镜子反映（上下颠倒）。

4	3	8
9	5	1
2	7	6

图1 三阶幻方A

6	1	8
7	5	3
2	9	4

图2 三阶幻方B

8	3	4
1	5	9
6	7	2

图3 三阶幻方C

2	9	4
7	5	3
6	1	8

图4 三阶幻方D

由1，2，3，…，9等连续自然数生成的幻方称作基本幻方，在此基础上各数再加或减一个相同的数，可组成由零或负数组成的新幻方，由三阶基本幻方各数减1生成的新幻方的幻和也随之发生变化，不再与原幻方幻和相同。如基本幻方中各数减1生成的新幻方，幻和就是12。

三阶幻方也可以由1~9的每个数乘以X，再加Y，得到的任意等差数列来构成。例如，用6、9、12、15、18、21、24、27、30构成的幻方就是把1~9构成的3阶幻方的每个数乘以3，再加3得到的，其幻和为54。

相传，大禹治水时，洛水中出现了一个“神龟”，背上有美妙的图案，上面有黑白圈点45个，史称“洛书”，如图5所示。用现在的数字翻译出来，就是如图6所示的三阶幻方。这个幻方实际上就是图4中幻方左右两列的换位。

根据我国的一些史书记载，数起源于洛书和远古时代黄河出现的河图（如图 7 所示，据说是从黄河里跳出来的一匹龙马背上发现的，上面共有黑白 55 个圈点，可用直线连接成 10 个数）。伏羲依靠河图画出八卦，大禹按照洛书划分九州，并制定治理天下的九类大法，圣人们根据它们演绎出各种治国安邦的良策，对人类社会与自然界的认识也得以步步深化。大禹从洛书中数的相互制约均衡统一得到启发，从而制定了国家的法律体系，使得天下一统，归于大治。

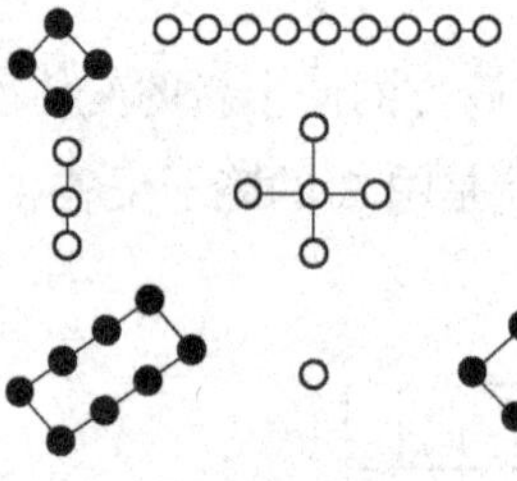

图 5　洛书

4	9	2
3	5	7
8	1	6

图 6　洛书幻方

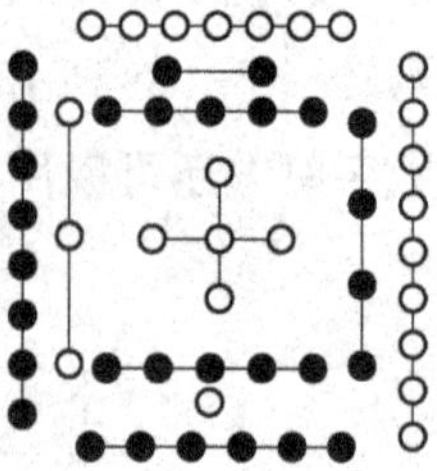

图 7　河图

从洛书发端的幻方在数千年后的今天更加生机盎然，被称为具有永恒魅力的数学问题。13 世纪，中国南宋数学家杨辉在世界上首先开展了对幻方的系统研究，欧洲 14 世纪也开始了这方面的工作。著名数学家费尔玛、欧拉都对幻方进行过研究，如今，幻方仍然是组合数学的研究课题之一，经过一代代数学家与数学爱好者的共同努力，幻方与它的变体所蕴含的各种神奇的科学性质正逐步得到揭示。目前，它已在组合分析、实验设计、图论、数论、群论、对策论、纺织艺术、工艺美术、程序设计、人工智能等领域得到广泛应用。1977 年，4 阶幻方还作为人类的特殊语言被美国“旅行者”1 号、2 号飞船携入太空，向广袤的宇宙中可能存在的外星人传达着人类的文明信息与美好祝愿！

图 8 给出了一个 5×5 的数字魔方。根据上述原理，我们不难知道，这个魔方数字的总和是 325，每行的数字和，即幻和是 65。图 9 给出的是一个 7×7 的数字魔方，这个魔方数字的总和应该是 1225，每行的数字和，即幻和是 175。

图 10 给出了一个 7×7 的数字魔方的一个变种。

图 11 给出的是一个 8×8 的数字魔方，这个魔方数字的总和是 2080，每行的数字和，即幻和是 260。这个魔方有一个很有趣的特点，你可以横着看，有很多自然数是连在一起的。

3	16	9	22	15
20	8	21	14	2
7	25	13	1	19
24	12	5	18	6
11	4	17	10	23

图 8　五阶幻方

30	39	48	1	10	19	28
38	47	7	9	18	27	29
46	6	8	17	26	35	37
5	14	16	25	34	36	45
13	15	24	33	42	44	4
21	23	32	41	43	3	12
22	31	40	49	2	11	20

图 9　七阶幻方

32	41	43	3	12	21	23
40	49	2	11	20	22	31
48	1	10	19	28	30	39
7	9	18	27	29	38	47
8	17	26	35	37	46	6
16	25	34	36	45	5	14
24	33	42	44	4	13	15

图 10　七阶幻方

64	2	3	61	60	6	7	57
56	55	11	12	13	14	50	49
17	47	46	20	21	43	42	24
25	26	38	37	36	35	31	32
33	34	30	29	28	27	39	40
41	23	22	44	45	19	18	48
16	15	51	52	53	54	19	9
8	58	59	5	4	62	63	1

图 11　八阶幻方

"15 点"游戏

庙会开始了。有一位叫作卡尼的艺人设计了一种叫作"15 点"的游戏。

卡尼先生指着桌上按顺序写着的一个数字盘，说道："来吧，乡亲们。看看桌上的数字盘，盘子上是 1～9 共 9 个数字。游戏的规则很简单，我们只要把硬币轮流放在这 9 个数字上，谁先放都一样。你们放硬币，我放银元，谁首先把加起来为 15 的三个不同数字盖住，那么桌上的钱就全数归他。"

我们先看一下游戏的过程。有一个妇人很好奇，她先拿出一枚硬币，把硬币放在 7 上，将 7 盖住，这样他人就不可再放了。其他一些数字也是如此。

接着卡尼把一块银元放在 8 上。

妇人第二次把硬币放在 2 上，这样她以为下一轮再用一枚硬币放在 6 上就可加起来为 15，于是她以为她就要赢了。但卡尼先生第二次把银元放在 6 上，堵住了妇人的路。现在，他只要在下一轮把银元放在 1 上就可获胜了。

妇人看到了这一威胁，于是把硬币放在 1 上。

卡尼先生下一轮笑嘻嘻地把银元放到了 4 上。妇人看到他下次放到 5 上便可赢了，就不得不再次堵住他的路，她把一枚硬币放在 5 上。

但是卡尼先生却把银元放在 3 上，因为 8+4+3=15，所以他赢了。可怜的妇人输掉了这 4 枚硬币。

游戏进行了多次，每次都是卡尼先生赢，他的银元一个也没有输掉。

庙会所在镇的镇长先生被这种游戏迷住了，他断定是卡尼先生用了一种秘密的方法，使他在比赛时怎么也不会输掉，除非他不想赢。

镇长彻夜未眠，想破解这一秘密。

突然他从床上跳了下来："阿哈！我早知道那人有个秘密的方法，我现在晓得他是怎么干的了。真的，任何人都是没有办法赢的。"

这位镇长找到了什么窍门？你是否也发现了怎么同朋友们玩这种"15 点"游戏而不会输掉任何一盘呢？

要明白"15 点"游戏的道理，其诀窍在于你要能看出它在数学上实际等价于"井字游戏"！使人感到惊奇的是，这种等价关系正是在著名的 3 阶幻方的基础上建立的，这由图 1 不难看出。这种 3 阶幻方在中国古代就已发明。

要知道这种 3 阶幻方的妙处，我们可以先列出其和均等于 15 的所有 3 个数字的组合（不能使任意两个数字相同，不能有零）。这样的组合只有 8 组（3 行 3 列加 2 条对角线）：1+5+9=15，1+6+8=15，2+4+9=15，2+5+8=15，2+6+7=15，3+4+8=15，3+5+7=15，4+5+6=15。

现在我们可以仔细地观察一下图 1 这个独特的 3 阶幻方。

2	9	4
7	5	3
6	1	8

图 1　三阶幻方

应当注意的是，这里有 8 组元素，8 组都在 8 条直线上：3 行、3 列、2 条对角线。每条直线等同于 8 组中的 3 个数字，它们加起来是 15。因此，在游戏中每组获胜的 3 个数字，都由某一行、某一列或某条对角线在方阵上的数字代表着。

很明显，卡尼先生在一张卡片上画上幻方图，把它放在了游戏台的下面，无疑只有他能看到（别人是无法看到的)。三阶幻方不只是一种结构，它可以通过旋转变换出 4 种不同的组合形式，而每种形式又可通过反射，产生出另外 4 种形式，共 8 种形式。在玩游戏时，这 8 种形式中的每一种都可用作秘诀，效果都是一样的。

现在，我们数一数图 1 里组成 8 组幻和的 24 个数中每个数字出现的频率：中间的十字线上外侧的 4 个奇数即 1、3、7、9 出现的频率是（2×4）/24，即 1/3，4 个角上的 4 个偶数即 2、4、6、8 出现的频率是（3×4）/24，即 1/2，中心点上的 5，出现的频率是（1×4）/24，即 1/6。我们知道，在这里选择哪个数是纯随机的独立事件，独立事件的概率等于各事件的概率和，即 4 个奇数（不包括 5）每个的平均概率是 1/12，4 个偶数每个的平均概率是 1/8，而中心点上一个 5 出现的概率就是 1/6。由此你是否可以领悟到卡尼先生取胜的一些奥妙呢？

牛津学者的题目

在一次游艺晚会上，一位牛津学者拿出了一个四阶幻方，如图 1 所示。他要人们沿图上适当的直线裁开，把幻方分成四块，然后重新加以拼合，再一次得到一个正确的四阶幻方，其每行、每列及两条对角线上的和都等于 34。

答案如图 1 中的黑粗线所示。按图 1 中的黑粗线将正方形分为 4 块，只需要移动其中的两个大块（由 5 个小块构成），使它们换个位置，另外的两个小块不动，再拼成正方形，每行、每列及两条对角线上的和都是 34，得到的新幻方如图 2 所示。

1	15	5	12
8	10	4	9
11	6	16	2
14	3	13	7

图 1　一个四阶幻方

1	11	6	16
8	14	3	9
15	5	12	2
10	4	13	7

图 2　重拼后的四阶幻方

另有一个与幻方有关的题目是这么说的，请在图 3 中画一条直线，使得直线所经过的格子和最大（注意，题目并没有只通过三个方格的要求）。

参考方案如图 4 所示。很多人认为这个题目无解，因为既是幻方，每行每列及每个对角线的和都是一样的。这就把题目误解了。题目并没有只通过三个方格的要求呀！这个题目并没有要求你只能穿过三个方格画线，当然你可以穿过尽可能多的方格了。如果仅穿过三个方格，横竖和对角线都是 15，你肯定做不出来。而图 4 中的和就不是 15，而是 31。

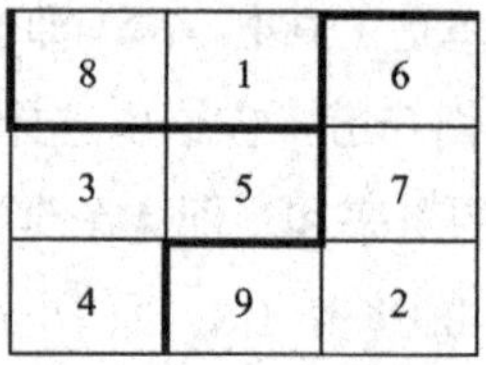

图 3　一个三阶幻方

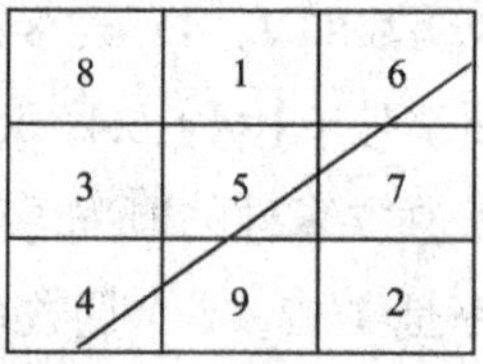

图 4　画线后的三阶幻方

奇 型 幻 方

反幻方

怎样构造出一种特殊幻方，要使任一横行、纵列与对角线上各数的和都不相等，而且幻方中的数字还要首尾相连，这就是反幻方。

三阶的“反幻方”是用 1～9 九个自然数填进 3×3 正方形阵列，使其中任意一行、任意一列、任意一条对角线上的三个数字之和都不相等。

符合这样条件的反幻方为数不少，所以还得添上一个条件，即各个方格内的自然数必须首尾相连，成为螺旋的形状。

当代美国科普作家加德纳发现，符合上述条件的反幻方只有两个，它们如图 1 所示：即一个转进去的螺旋，另一个转出来的螺旋。

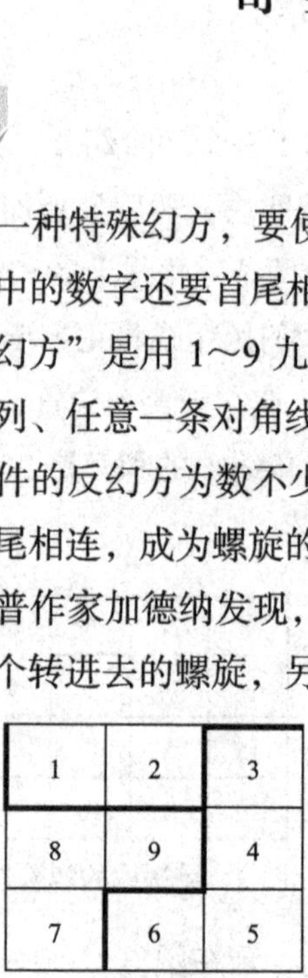

(a)

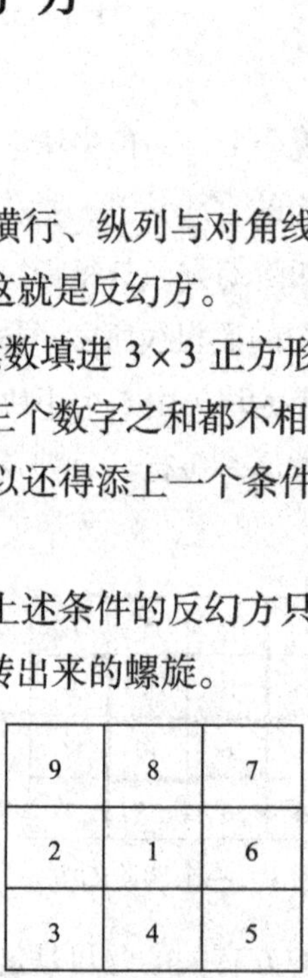

(b)

图 1　反幻方

同心幻方

同心幻方也叫嵌套幻方，其特点是从中心向外辐射。例如，图 2 所示的七阶幻方，如果剥掉外层，就成了一个五阶幻方；再剥掉一层，就成为一个三阶幻方。其相应的幻和常数分别是 C_3=75，C_5=125，C_7=175。

奇数阶的同心幻方特别有趣，因为它正好有一个“中心”。构造方法很多，本质上都是由中国古代相传最早的幻方“洛书”领悟出来的。

如果把三阶幻方（洛书）中的各个数字一律减掉 5，我们即可得到洛书原基。在它外层再添加 16 个数，就是五阶同心幻方的原基，依此法扩大，就可以做出任意奇阶同心幻方的原基。

洛书原基（图 3）的数字排列是非常有规律的。中心数是 0，正负数各占一半，成中心对称的任意两数之和为 0，在正数的排列中，上、下两行各正数之和相等，例如，1+3=4；左、右两列各正数之和也相等，如 1+2=3。

由图 2 和图 3 不难看出，图 2 的中心就是由洛书原基加 25 得到的。

4	9	8	47	48	49	10
38	15	15	36	37	19	12
39	30	22	29	24	20	11
43	33	27	25	23	17	7
6	16	26	21	28	34	44
5	31	32	14	13	35	45
40	41	42	3	2	1	46

图 2　同心幻方

2	9	4
7	5	3
6	1	8

洛书

−3	4	−1
2	0	−2
1	−4	3

洛书原基

图 3　洛书及其原基

完全幻方

历史上最早见于记载的四阶幻方是在印度发现的。其年代相当于 11 世纪，大致为中国的北宋时代，要比杨辉还早 200 多年。印度人认为这个幻方是天神的“手笔”，传达了上苍的旨意，据说它是由“苦行僧”式的耆那教徒们创造出来的。它的确极不平凡，因为只有在这样的幻方中，对角线才真正取得了与横行、纵列“平起平坐”的资格，所以人们把它称为“完全幻方”，如图 4 所示。

几年前，在上海浦东陆家嘴地区，从明朝嘉靖年间的陆深古墓中，居然发现了一块元朝时代伊斯兰教信徒所佩戴的玉挂。玉挂的反面是一个四阶幻方，由16个古代阿拉伯数字组成，从1到16，它们和现在常见的字体1，2，3，4，5……完全不一样。尽管如此，这些数字还是被“破译”出来了，如图5所示。这个神奇的四阶幻方具有一些极不平常的性质。

7	12	1	14
2	13	8	11
16	3	10	5
9	6	15	4

图4　印度的耆那幻方

8	11	14	1
13	2	7	12
3	16	9	6
10	5	4	15

图5　陆深古墓中发现的幻方

（1）除了任一横行或纵列四个数字之和都相等，任何一条对角线上的四数之和也都等于幻方常数34。这里，除了通常所说的主、副两条对角线，还包括“泛对角线”（类似于三阶行列式展开方式的对角线），如 14+12+3+5=34；5+9+12+8=34，等等。

（2）任一2×2的小正方形，其中的四数之和也都等于34。

（3）任一3×3的小正方形，其角上四数之和也都等于34。

（4）假如你将这个幻方看成象棋盘来飞“象”，那么，不管象从哪一点出发飞到哪一点，这两个点上的数字之和都等于17（17是幻方常数34的一半，称为“半和”，在幻方术语中，它是一个很重要的概念）。

值得提到的一点是，原来幻方四角上的数字之和，以及幻方中任一2×4矩形中四角上的数字之和也等于常数34，但我们不必把它们另列一条，而只看成是2×2方阵的一种特例，原来，8、1、10、15表面上似乎隔开得极远，实际上，从某种“高度”看，它们却是“相邻”的。

有趣的是，对于这个四阶幻方，如果你把它想象成一块正方形蛋糕，不论你用刀横切还是直切（当然切时不可“转弯”），切过之后再作上下交换或左右对调，所得到的幻方，仍然保持着以上一切性质。由此可见，完全幻方的“个性”是极其强烈的，剧烈的变化居然对它不起丝毫作用。

日本幻方研究家阿部乐方先生指出：凡是幻方中的两个格子里的数加起来等于半和17的，就可以用一根短线连接起来。这样一来就出现了很美丽的对称模式，称为“特征线图”，如图 5 所示。在此基础上，他知难而进，又发现了与前人不一样的第三种完全幻方，如图 6 所示。而这三种完全幻方的特征线图是一模一样的。

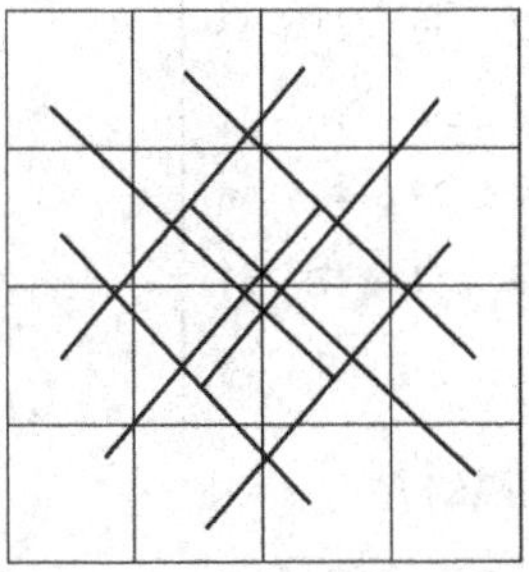

图 5　完全幻方的特征线

11	2	7	14
5	16	9	4
10	3	6	15
8	13	12	1

图 6　阿部幻方

至此，完全幻方共有三种类型，它已全部被发掘出来。这些重要业绩悉数由东方人取得，西方学者不禁为之汗颜。

四阶幻方总共 880 个，其中完全幻方有 48 个，仅占总数的 5.45%，然而它是最瑰丽、优雅，对称性最丰富的。

在幻方的 16 个元素中，所有的数字都无分轩轾，一视同仁。通过水平对换或垂直对换，可使任何一个数字占据 4 × 4 方阵中的任何一个指定方格。

间隔幻方

德国著名数学家韦尔有一句名言：“我的工作常想把真和美统一起来，但当我不得不在这两者中选择其一时，我通常选择的是美。”八阶幻方也许可以当之无愧地接受这种评语。众所周知，中国的古塔一般都是八角形的，八这个数确实具有美妙的对称与和谐。

目前，幻方研究真有“一浪高过一浪”的趋势，可以说是“越出越奇”。它确已具有不容置疑的美学价值。

日本幻方研究家片桐善直先生制作了一个特别奇妙的“间隔幻方”，它也是八阶的，其中的数字从 1 到 64，幻和是 260，完全符合幻方的定义，如图 7 所示。

更奇妙的是，如果把其中数字逐个间隔地取出来重新组合，则可以得到如图 8 所示的两个四阶方阵，它们都是完全幻方，幻和全都等于 130。

1	35	24	54	43	9	62	32
6	40	19	49	48	14	57	27
47	13	58	28	5	39	20	50
44	10	61	31	2	36	23	53
22	56	3	33	64	30	41	11
17	75	8	38	59	25	46	16
60	26	45	15	18	52	7	37
63	29	42	12	21	55	4	34

图 7　八阶间隔幻方

1	24	43	62
47	28	5	20
22	3	64	41
60	45	18	7

35	54	9	32
13	28	39	50
56	33	30	11
26	15	52	37

图 8　八阶间隔幻方分离后的两个四阶方阵

组合数学家们对此结果都表示赞赏，认为它是一种数字奇观。

双料幻方

怎样排出一个八阶幻方，使其中每行、每列与每条对角线上的八个数字，不仅和数相等，而且还具有相同的乘积？

幻方这个课题，可说是自然界里的一种奇特现象，但是它的问世并非一帆风顺，也曾经遭到不少人的反对。不过，双料幻方的出现，却使得反对者们的阵脚大乱。图 9 就是这类幻方家族中初次问世的成员之一。

不难验证，幻方的和常数为 840，而积常数是 2 058 068 231 856 000。

当然，这个幻方并不是完美无缺的。由图 9 我们不难看出，它的 64 个数字不是连续的，其中的最小数是 13，最大数是 261。数与数之间的间隔不等，间隔为 1、2、3、4、5、6、7、8、9 的都有，间隔 11、12、13 的也有，最大间隔是 18（261−243）。

美国数学家亨特在他的一本著作里首次提到这一幻方，但不知道是他自己创作的，还是出于他人之手。

46	81	117	102	15	76	200	203
19	60	232	175	54	69	153	78
216	161	17	52	171	90	58	75
135	114	50	87	184	189	13	68
150	261	45	38	91	136	92	27
119	104	108	28	174	225	57	30
116	25	133	120	51	26	162	207
39	34	138	243	100	29	104	152

图 9　八阶的双料幻方

近年来，我国许多数学爱好者对此类幻方进行了大量研究，现已创作出许多八阶、十六阶及更高阶的双料幻方。但是，迄今为止，阶数低于八的双料幻方还从来没有发现过。至于八是否为此类幻方阶数的下限，目前也无法证明。

零和博弈

博弈论也叫对策论，是运筹学研究的一项重要内容。

博弈论中最简单的一类博弈是双人零和博弈。在这类博弈中，两个利益截然相反的局中人都企图战胜对方，而两个局中人的全部赢得（或支付）之和为零，即一个人赢得的数就是对方的支付数。看下面有趣的分蛋糕问题。

两个馋嘴的孩子为分一块蛋糕经常出现的场面是，不管父母如何小心翼翼地分，其中一个孩子甚至两个孩子都觉得自己那一块小一些。如果两个孩子都如此眼红对方之所得，而且又不能按照父母的意愿，一方让着另一方的话，局面往往就变得不好收拾。那么，做父母的除了教导孩子互相让着点，还有没有别的更好的办法解决这个看似难解的问题呢?

事实上，办法很简单。可以让一个孩子分蛋糕，而让另一个孩子先选。出于贪心，第一个孩子一定会分得很公平，而且由于是他自己分的，他不会对两块蛋糕是否一般大提出异议；第二个孩子也不可能抱怨，因为他拿的那一块是自己先挑的。因此，在这样的分法下，第一个孩子的最佳策略是把蛋糕分成同样大小的两块，因为他预测另一个孩子的策略必定是挑大的那块。于是等分蛋糕这一确定的策略是这个问题的唯一答案。这个答案是由两个孩子各自的利益所决定的，并不依赖于孩子的大度或公平意识。并且，孩子决不会偏离自己的最佳策略，因为偏离则意味着不利的结果。这样的策略，我们称作均衡策略，它是被游戏双方各自的利益所驱使形成的一种真正的平衡。

通过这个分蛋糕问题，我们看到了什么是双人零和博弈，而且看到在这一博弈中存在均衡的最优策略，即等分蛋糕。

下面再看一个读者都非常熟悉的儿童游戏，即“石头、剪刀、布”。在这一游戏中，两个局中人必须同时在三个可能中选择一个，这也是一个零和博弈。

有没有一种策略使局中人的一方获胜的可能性大一些呢？事实上，因为一旦一方的策略有某种偏好，那么预料到这一点的另一方赢的机会反而会大些，所以玩这种游戏的最佳策略是随机出手，使你的对手不可能对你的思路看出任何线索。进一步说，两个理性的局中人形成的最优均衡策略是两人都以 1/3 的频率随机地出“石头”，以 1/3 的频率随机地出“剪刀”，以 1/3 的频率随机地出“布”。这一策略也是两个局中人都会满意，谁都不想改变的策略，即均衡策略。

在这一游戏中，局中人的策略与分蛋糕问题中局中人的策略有些不同，我们把“石头、剪刀、布”游戏中，局中人使用的策略称为混合策略。与之对照，在分蛋糕问题中，因为局中人总是采取相同的行动（等分蛋糕），所以称之为纯策略。纯策略是局中人在各种备选策略中选取的唯一确定的策略；而混合策略则是局中人按照一定的概率以随机方式在他所有的策略中选取。

在这两个简单的双人零和博弈例子中，我们看到博弈都存在最优的均衡策略，它或是纯策略或是混合策略。那么，一般情况下又如何呢？

冯·诺伊曼在他 1928 年的论文中所研究的正是这个问题。他证明了双人零和博弈的极小极大原理。这一结果断言：双人零和博弈中，每个局中人都存在一个纯策略或混合策略。当他们采用这些策略时，每个局中人的平均支付是同样的。而且，这是每个局中人能指望从参与博弈的另一方得到的最优支付。这样的策略也是两个局中人所用的最优策略与均衡策略。

换言之，极小极大原理告诉我们，在两个利益完全相反的局中人之间出现的有精确定义的冲突，总存在一种理性的解。所谓理性的解，就是在给定冲突性质的前提下，双方都确信他们不可能有更好的结果了。容易看到，博弈论的

“处方”是保守的，但在博弈的双方都是理性的情况下，这一“处方”确实又是双方所能期望的最佳处方。

冯·诺伊曼极小极大原理的影响极其深远。这一结果把博弈论的研究置于坚实的基础之上。而正是因为在极小极大原理中，冯·诺伊曼证明了双人零和博弈存在均衡解，因此他被尊为博弈论的创始人。

咆哮的狼狗

一只可怜的兔子被关在花园里，花园的形状如图 1 所示，南面是个矩形，北面是个半圆形。在篱笆外面有一条街道，一只凶恶的大狼狗紧贴篱笆沿着大街东奔西跑，一面狂吠着，一面竭力想接近兔子，试图吞噬它。而可怜的兔子呢，当然想竭力躲避这个恐怖的威胁，力图使它和恶狗之间的距离越远越好。

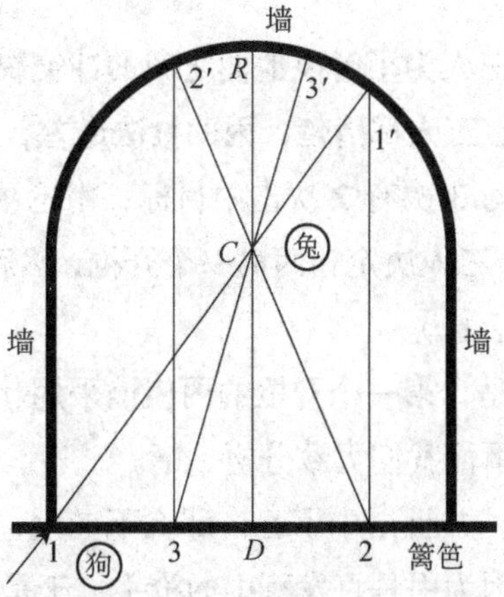

图 1　狗与兔子的博弈

现在的问题是，你能否做出判断，它们会一直追下去吗？如果不是一直追下去，最终双方会在什么位置停下来？

在图 1 中，兔子原来处于 C 的位置，也就是半圆部分的圆心。当恶狗出现在 1 的位置时，兔子马上逃到 1′，因为很明显，在整个花园中，离 1 最远的位置就是 1′；恶狗当然不甘心，它马上奔到 2，因为这时候，2 是离 1′最近的地方（恶狗只能沿着大街奔跑，不能跳过篱笆），于是兔子又逃到 2′，恶狗再追到 3；兔子又逃往 3′……这样一直追下去，最后兔子逃到了极限位置 R，而恶狗追到 D，这时候，双方都感到了满足。因为兔子如果再动一动的话，距离反而会缩小，因为三角形任意两边之和大于第三边（兔子与狗的距离为第三边）。而恶狗呢，它如果再走动的话，和兔子的距离反而会增大，因为在直角三角形中斜边大于任一直角边（狗与兔子的距离为斜边）。这两种情况都是与它们各自的主观愿望相抵触的，于是，它们之间达到了“平衡”。距离 DR，就是这一局博弈的“值”，即均衡解。

这个案例形象地说明了零和博弈中均衡解的含义。博弈论中把博弈的均衡解通常也叫作纳什均衡。

三 人 决 斗

一天，甲、乙、丙三人为了解决他们之间的冲突决定用手枪进行决斗，直到剩下一个人活着为止。三人都清楚，丙的枪法最差，平均 3 次只有 1 次击中目标；乙稍好一些，平均 3 次有 2 次击中目标；甲枪法最好，每次都能击中目标。为使决斗比较公平，三人决定让丙第一个开枪，然后是乙（如果他还活着），再接着是甲（如果他还活着）。

这里要提出的问题是，第一个开枪的丙应该采用什么策略更好？他首先要向什么目标开枪最好？下面我们大致分析一下。

丙如果以乙为目标，并且击中了乙，那么下一次将由甲开枪。由于甲只剩下丙这一个对手，而且因为甲是百发百中的枪手，于是丙死定了。

丙如果以甲为目标，并且击中了甲。那么下一次将由乙开枪。乙 3 次中可能有 2 次击中目标，所以丙有可能会有机会活下来再回击乙，从而有可能赢得这场决斗。比较而言，这种策略比选择乙为目标要好些。

那么，这是否就是丙的最好的策略了呢？丙还有第三种更好的选择。他可以乱开一枪，比如对天开枪，以保证他绝对击不中乙与甲。于是下一次轮到乙开枪，乙会以甲为目标，因为甲是危险得多的对手。如果甲活下来，那么他也将以乙为目标，因为乙是比丙更为危险的对手。于是，通过乱开一枪的办法，丙可以坐山观虎斗，最终甲或乙会死掉，此时丙将以剩下的一个为目标。丙控制了局势，他不再是在三人决斗中第一个开枪，而变成两人决斗中第一个开枪。由此可见，这种选择是丙的最佳策略。

当然，这种讨论是不完整的。但通过这种简略分析，我们至少可以意识到，在多人博弈中答案往往是反直觉的，实力最弱的一方活下来的机会反而可能会大于实力最强的一方。原因在于，一方能否获胜，不仅仅取决于他的实力，更取决于实力对比所造成的复杂关系。

囚徒困境

这是一个典型的博弈论模型。

囚徒困境是被一些关于博弈问题的教材广泛引用的例子，非常耐人寻味，西方经济学者围绕这个例子发表过不下百篇的学术论文。一般认为，这一模型于 1950 年由当时供职于美国兰德公司的数学家梅里尔·弗拉德和麦尔文·德雷希尔提出，同年由兰德公司顾问阿尔伯特·塔克将其定型完善。阿尔伯特出生于加拿大的安大略，1929 年到普林斯顿大学从事研究工作，后成为普林斯顿大学的教师，并担任数学系主任。当时，普林斯顿大学的数学系是世界上最富有创造力的数学系之一。1950 年，阿尔伯特在为斯坦福大学的一些心理学家做报告时，为了避免使用太多的数学知识，他应用了囚徒困境的例子。

囚徒困境虽然非常简单，但却很好地反映了博弈问题的基本特征，而且这个博弈模型正是解释众多经济现象和研究经济效益问题的非常有效的基础模型和范式，对博弈论的发展起了不小的推动作用。

这一案例是这样说的：有两个嫌疑犯（假定为 A 和 B）作案后被警察抓住，隔离审讯；警方的政策是“坦白从宽，抗拒从严”，如果两人都坦白各判 5 年，如果一人坦白另一人不坦白，坦白的放出去，不坦白的重判 10 年，如果都不坦白则因证据不足各判 1 年。在这个例子里，局中人就是嫌疑犯 A 和嫌疑犯 B，他们每个人都有两个策略即坦白和不坦白。博弈的结果可能出现四种情况：A和B均坦白或均不坦白，A坦白B不坦白或者B坦白A不坦白。A和B均坦白是这个博弈的均衡解或稳定解。我们可以用图1（也叫作博弈矩阵）来表述这个博弈，方格中第一个数字是A的赢得（因为是判刑为负效用，故以负号记之），第二个数字是B的赢得。

我们看到，假定A选择坦白的话，B最好是选择坦白，因为B坦白判5年而抵赖（不坦白）却要判10年；假定A选择抵赖（不坦白）的话，B最好还是选择坦白，因为B坦白将不被判刑而抵赖（不坦白）却要被判刑1年。即是说，不管A坦白或抵赖（不坦白），B的最佳选择都是坦白。反过来，同样地，不管B是坦白还是抵赖（不坦白），A的最佳选择也是坦白。结果，两个人都选择了坦白，各判刑5年。

		囚徒B	
		不坦白	坦白
囚徒A	不坦白	-1，-1	-10，0
	坦　白	0，-10	-5，-5

图1　囚徒困境博弈矩阵

在（坦白，坦白）这个组合中，A和B都不能通过单方面的改变行动来增加自己的收益，于是谁也没有动力游离这个组合，因此这个组合便是稳定的均衡解，即一个纳什均衡。

囚徒困境深刻地揭示了个人理性和集体理性的矛盾。如果A和B都选择抵赖（不坦白），各判刑1年，显然比都选择坦白各判刑5年好得多。当然，A和B可以在被警察抓到之前订立一个“攻守同盟”，但是这可能不会有用，因为它不构成均衡，没有人有积极性遵守这个协定。个体理性与集体理性的矛盾在社会经济领域是具有普遍性的矛盾，个体自身利益的追求往往可能会损害集体的利益。

此外，囚徒困境博弈还说明：单纯地追求“个体理性”往往并不一定能够实现个体利益的最大化。囚徒困境博弈中双方博弈的原则都是选择对自己而言的最优策略，每个局中人的唯一决策目标都是追求自身的最大利益，然而到头来，却都事与愿违，得到的都不是对个人而言的最优策略。

现实中的很多问题都可以通过囚徒困境博弈得到解释，如企业之间的价格战、广告战等，都是囚徒困境博弈的例证。囚徒困境在日常生活中也经常得到利用。比如，作为一个管理者就常常可能会给其下属人员制造一种囚徒困境，从而达到更好地控制下属的目的。他可以设计一种奖惩机制，对经常讨好巴结自己的下属给予奖励或各种好处，而对不讨好巴结自己的下属则给予批评或各种刁难，这样就使得其下属人员经常地处于一种预设的囚徒困境之中：给定别人不讨好巴结上司，自己讨好巴结上司就可以从中得到利益；给定别人不讨好巴结上司，自己讨好巴结上司不至于会吃大亏。因此，讨好巴结上司自然就成了每一个下属成员的占优策略。

智 猪 博 弈

这个博弈问题说的是，猪圈里有一头大猪和一头小猪，猪圈的一头有一个饲料槽，另一头装有控制饲料供应的按钮，可由大猪或小猪按下。按一下按钮就会有 10 个单位饲料进槽，但谁按谁就要付出 2 个单位的成本，比如体力的消耗等。若大猪先到，大猪吃到 9 个单位，小猪吃到 1 个单位；若同时到，大猪吃到 7 个单位，小猪吃到 3 个单位；若小猪先到，大猪吃到 6 个单位，小猪吃到 4 个单位。各种情况组合扣除成本后的支付矩阵如图 1 所示（每格第一个数字是大猪的得益，第二个数字是小猪的得益）。

		小猪	
		按	等待
大猪	按	5，1	4，4
	等待	9，-1	0，0

图 1　智猪博弈矩阵

这是一个很有趣的博弈分析实例。它出自张维迎教授的《博弈论与信息经济学》。该博弈的英文原名是 Boxed pigs，可以直译为圈里的猪。

在这个例子中我们可以发现，大猪选择按，小猪最好选择等待；大猪选择不按，小猪还是最好选择等待。也就是说不管大猪选择按还是不按，小猪的最佳策略都是等待。在这样的情况下，大猪最好选择按，因为不按的话都饿肚子，按的话还可以有4个单位的收益。

这个例子是一个多劳不多得的例子。现实中这种情况是很普遍的，一些努力工作的人和不努力工作的人所得到的与付出并不相称。例如，股份公司大股东与小股东的关系，大股东承担着监督的职能，他需要收集信息，花费时间，而小股东则坐享其成。股市上的大户和小户也是如此，大户自己收集信息，进行分析，小户跟大户，则是许多智者的选择。在产品开发过程中，大企业与小企业之间也是如此，大企业拼命地为新产品做广告，小企业则等到产品有了一定知名度后进行仿制。改革也有类似的情况，在改革过程中利益的转移必定使一部分人先富起来，这一部分人更有改革的积极性。也就是说，改革往往由“大猪”推动，“大猪”越多，改革速度越快。这个例子很好地解释了“搭便车”行为，本来大猪是追求自身的利益，结果给小猪也带来了利益，这里的小猪是一个典型的“搭便车”者，因为它坐享大猪的成果。这也就在理论上解释了为什么公共产品总是由政府来提供而不能由企业提供的道理。

在这里我们不难联想到科斯定理，如果我们能够严格界定产权，正像这里的大猪和小猪一样，是可以改变这种状况的。比如，如果能以法律的形式规定，大猪按出的饲料归大猪支配，小猪按出的饲料归小猪支配，那么大猪小猪都存在去按的动力和积极性。相反，产权不清晰，比如吃大锅饭的情况下，结果是不劳有获、劳而少获，有点类似一幅漫画——卖力的驴子挨鞭子（一头驴子拉着一辆车，车上是一个农夫和另外几头瘦弱的驴子，农夫的鞭子总是落在拉车的驴子身上催它快跑）。这只驴子并没有错，它遭罪只因为它比别的驴子更强壮。于是人们工作的积极性就没有了。这也就是我国在改革开放不久，就提出了废除“大锅饭”，砸碎“三铁”（铁饭碗、铁交椅、铁工资）的原因。

智猪博弈模型不仅解释了现实生活中的许多问题，也解释了历史中的很多现象。

警偷博弈

偷窃和防止偷窃是小偷和警察之间进行的一场博弈游戏。警察可以加强巡逻或者休息。小偷可以采取作案、不作案两种策略。如果小偷知道警察休息，他的最佳选择就是作案；如果警察加强巡逻，他最好还是不作案。对于警察，如果他知道小偷想作案，他的最佳选择是加强巡逻；如果小偷采取不作案，自己最好去休息。当然，小偷和警察都不可能完全知晓对方将采取的行动，因此他们都将估计对方采取某种行动的概率，从而决定自己要采取的行动。结果是，他们将以一定的概率随机地采取行动，这就是“混合策略”。

我们可以简单地分析一下这里的混合策略。图 1 是小偷与警察的博弈矩阵（假定小偷在警察休息时一定作案成功，在警察巡逻时作案一定会被抓住）。

		小偷：不作案	小偷：作案
警察	巡逻	0，0	2，−2
警察	休息	2，0	−1，1

图 1　警偷博弈矩阵

这个矩阵中数字的含义是：警察巡逻，小偷不作案，双方都没有收益也没有损失；警察巡逻，小偷作案，警察因抓到小偷受到表彰，得到 2 单位效用，小偷被判刑丧失 2 单位效用；警察休息，小偷不作案，警察休息很愉快得到 2 单位效用，小偷没有收益也没有损失；警察休息，小偷作案，警察因失职被处分而丧失 1 单位效用，小偷作案成功获得 1 单位效用。这个博弈是没有纳什均衡的。

但是，如果警察知道小偷以 p 的概率选择作案（不作案概率就为 $1-p$），他该怎样采取行动？对于警察而言，巡逻的预期效用为 $0\times(1-p)+2p=2p$，休息的预期效用为 $2\times(1-p)-1\times p=2-3p$。显然，当 $2p>2-3p$ 即 $p>0.4$ 的时候，警察最好选择巡逻；反之 $2p<2-3p$ 即 $p<0.4$ 的时候，警察宁愿选择休息。假设警察应

以 q 的概率巡逻（休息的概率就为 $1-q$），那么小偷最好的行动是什么？他作案的预期效用是 $-2\times q+1\times(1-q)=1-3q$，不作案的预期效用为 $0\times q+0\times(1-q)=0$。显然，当 $1-3q>0$ 即 $q<0.33$ 时，他的理性选择是作案，反之是不作案。在这个博弈中，警察以 0.33 的概率巡逻 0.67 的概率休息，小偷以 0.4 的概率作案 0.6 的概率不作案构成一个混合纳什均衡。

上述混合纳什均衡可以这样理解，如果警察以高于 0.33 的概率巡逻，小偷最好是躲避起来。小偷一旦躲避，警察就没有收获，会降低巡逻的概率，于是小偷重新活跃，警察又提高巡逻概率……从一个长期来看，两者的均衡将维持在警察以 0.33 的概率巡逻、小偷以 0.4 的概率作案上面。现实中，我们看到，当严打的时候（警察出击的概率较高），犯罪分子便收敛一阵（降低作案概率）；严打的时期一过，犯罪分子又开始兴风作浪，在不能容忍罪犯过分猖狂的时候，警界不得不再次开始严打。

在上述例子中，可能大家觉得警察和小偷都根据一定概率采取自己的行动不太好理解，那么可以尝试这样理解：作案的小偷越多，那么出动的警察将会越多；作案的小偷越少，出动的警察将越少；反过来，出动的警察越多，作案的小偷就越少，出动的警察越少，作案的小偷就越多。极端地假设一个例子，它有助于我们加深理解。假定警局有 100 名警察，偷窃集团有 100 名小偷。于是，在上例的博弈中，警察以 0.33 的概率巡逻而小偷以 0.4 的概率作案这一纳什均衡就可以理解为：在巡逻的警察少于 33 人时，偷窃集团最好派 40 名以上的小偷作案；在巡逻警察多于 33 人时，偷窃集团最好派 40 名以下的小偷作案；反过来，偷窃集团派 40 名以下小偷作案，警局最优选择出动 33 名以下的警察；偷窃集团派 40 名以上小偷作案，警局最优选择出动 33 名以上的警察。当然，如果偷窃集团倾巢出动，那么警察的选择也是全部出动，但警察一旦全部出动，小偷最好选择全部不作案，小偷一旦选择全部不作案，警察最好全部选择休息……最后长期的均衡状态是，警局派 33 名警察巡逻，偷窃集团派 40 个人作案。这可以解释现实中，为什么警界总是安排一定的巡逻力量，而小偷也总保持一定的作案数量。

这个案例很好地说明了现实生活中“道高一尺，魔高一丈”的现象。

五海盗的宝石分配案

该案例说的是这样一个故事：有 5 个海盗抢到了 100 颗宝石，经过一番激烈的争论后，他们就如何分配这 100 颗宝石达成了以下协议：①抽签决定每个人得到宝石的顺序；②先由抽到 1 号签的人提出分配方案，然后 5 人进行表决（包括提出方案的 1 号），当且仅当半数和超过半数的人同意时，才按照他提出的方案进行分配，否则他将被扔到大海里喂鱼；③当 1 号的方案未被通过时，按顺序再由 2 号提出方案，当 2 号的方案未被通过时，再由 3 号提出方案，依此类推。每个方案出台后的处理方法与 1 号相同。

假定每个海盗都是绝顶聪明的，都是能够进行充分计算从而做出最佳决策选择的理性人，现在的问题是，抽到 1 号签的海盗应该提出一个什么样的方案，才能使自己既不遭受被喂鱼的厄运，同时又得到的宝石最多？

这是一个动态博弈问题。解决动态博弈问题的常用方法是逆序归纳方法，即从最后一个阶段向前递推。这一问题至少可以分为四个阶段，即假如前 3 人的方案均被否决喂鱼了，第四阶段按照规则要求，4 号海盗的方案一定是独吞，所以第三阶段 3 号提出的最好方案一定是 99：0：1。为什么呢？因为如果由 4 号提出方案，5 号什么也得不到，3 号能够给他 1 个，这无疑比什么也得不到要好得多，所以 4 号一定会同意这个方案。相应地，第二阶段 2 号的最好方案就一定是 99：0：1：0。因为同样道理，如果由 3 号提出方案，4 号也是什么都得不到，2 号能给他 1 个，无疑比什么也得不到要好得多，所以 4 号一定会同意这个方案。最后到了 1 号这里，第一阶段 1 号海盗提出的分配方案一定就是 98：0：1：0：1。道理与 3 号和 4 号海盗选择的理由相同。

怎么样？亲爱的读者，这一方案你想到了吗？在这里，我们不能不为博弈论的神奇而惊叹！如果不是借助于动态博弈的逆序归纳法，我们就很难想象 1 号海盗可能会提出一个什么样的方案。因为，这里可能的组合实在是太多。假如你对逆序归纳法一无所知，我相信你一定会认为，除非 1 号海盗的分配方案是 5 人均分，否则他都将难免被丢到大海喂鱼的厄运。据说，凡是能在 20 分钟内答出此题的人即有望在美国赚取每年 8 万美元以上的年薪，还有人传说，这个题目实际就是美国微软公司员工的入门测试题。这个问题的版本很多，但是很多书上的分析都是不完全正确的。

类似地，我们可以设想假如是 6 个海盗、7 个海盗或 8 个海盗，那么 1 号海盗又会提出一个什么样的分配方案呢？

取乒乓球

假设一个筐中装着 100 个乒乓球，由两个人轮流拿球装入口袋，能拿到第 100 个乒乓球的人为胜利者。条件是每次拿球者至少要拿 1 个，但最多不能超过 5 个。问如果你是最先拿球的人，你第一次应该拿几个？怎么拿能保证你能拿到第 100 个乒乓球？

答案是，第一次取 4 个，以后每次取的数与另一个人取的数之和为 6 就行了。

这又是一个动态博弈问题，道理很容易理解，需要从最后一个阶段来分析。假如最后剩下了 6 个球：他先拿，他拿 5 个，你拿 1 个；他拿 4 个，你拿 2 个；他拿 3 个，你拿 3 个；他拿 2 个，你拿 4 个；他拿 1 个，你拿 5 个，即可保证你拿到最后一个球。总共有 100 个球，100 除以 6 商 16 余 4，因为你先拿球，可以先拿走余数，然后一先一后，按照上述的方式，每次所取之数，应与另一人所取之数的和为 6，即可确保你拿到最后一个球。

这个问题的一个扩展问题是，假设筐中有 200 个乒乓球，由两个人轮流拿球装入口袋，能拿到第 200 个乒乓球的人为胜利者。条件是，每次拿球者至少要拿 2 个，但最多不能超过 7 个，问如果你是最先拿球的人，你该拿几个？以后怎么拿才能保证你能得到第 200 个乒乓球？答案是，先拿 2 个，然后他拿 n 个，你拿 $9-n$，依此类推。

该问题更一般的一个扩展问题是，假设筐中有 X 个乒乓球，由两个人轮流拿球装入口袋，能拿到第 X 个乒乓球的人为胜利者。条件是，每次拿球者至少要拿 Y 个，但最多不能超过 Z 个，问如果你是最先拿球的人，你该拿几个？以后怎么拿才能保证你能拿到第 X 个乒乓球？答案是，先拿 $X\div(Y+Z)$ 的余数个，然后他拿 n 个，你拿（$Y+Z$）$-n$ 个，依此类推。当然必须保证 $X\div(Y+Z)$ 的余数要大于等于 Y，商数是偶数奇数无所谓，商数只反映取球的轮数。

可以将这个游戏与前面的《取数游戏》比较比较， 看看有何异同。

该不该付学费

普罗泰戈拉是公元前 5 世纪古希腊智者学派的领袖。据说有一次，一个叫欧提勒士的人提出向他学习论辩术和法律，以帮人打官司。学之前他们签订了一份合同，欧提勒士入学时先付一半学费，另一半学费在学成并打赢第一次官司后再交。如果第一次官司败诉，则他不必再向普罗泰戈拉交付另一半学费。

一段时间后，欧提勒士学成毕业了，但他却一直没有接到案子。这样普罗泰戈拉就无法得到另一半学费，最终普罗泰戈拉扬言要把自己的学生告上法庭。

普罗泰戈拉认为无论法庭怎样判决，自己都将稳操胜券，如果法庭判自己获胜，那么欧提勒士输了官司，按照法庭的裁决，他应该向自己付另一半学费；如果法庭判自己的学生获胜，那么按照合同的规定，欧提勒士已打赢了他的第一场官司，因此他仍然应向自己付另一半学费。总之，普罗泰戈拉认为学生欧提勒士一定要付另一半学费。

名师出高徒，果不其然。欧提勒士却声称无论如何他都不必交付另一半学费。他的如意算盘是：如果官司赢了，按照法庭的裁决，自己就不必付另一半学费；如果这官司打输了，法庭判普罗泰戈拉获胜，那么按照合同的规定，自己仍然不必付另一半学费，因为自己没有赢得第一场官司。总之，欧提勒士认为自己一定不必付另一半学费。

两个人的推理似乎都是有道理的，但他们却得出了完全相反的结论，这是怎么一回事？亲爱的读者，你认为这另一半学费是该付还是不该付呢？

事实上，从逻辑学的角度分析，两人的推理都有问题。因为他们都违背了同一律的要求。逻辑上的“同一律”规定，推理过程中，概念的外延，所有的基本假设、依据都必须始终保持不变。

当普罗泰戈拉认为自己的学生无论胜诉、败诉，都要向自己付学费时，他是依据了不同的标准：自己胜诉，以法庭的判决为标准；自己败诉，则以最初的合同为标准。

而他的学生欧提勒士则以其人之道还治其人之身，在判断时同样依据了不同的标准：自己胜诉，则以法院的判决为标准；自己败诉，则以最初的合同为标准。

两人犯的是一模一样的逻辑错误，他们都没有保持推理依据的统一。正因为如此，才会出现这一悖论。于是，从逻辑上化解的办法就是，选择其中的一个标准进行最终裁决。从法律上说，法庭的判决高于私人合同的权威，因此合理的方式是两人都听从法庭的裁决。这样，如果法庭的裁决有利于普罗泰戈拉，他的学生就得付学费；如果法庭的裁决有利于学生，这位学生就不必付学费。在逻辑的穷追猛打之下，这个悖论终于烟消云散了。

这个问题被称为普罗泰戈拉悖论。

瓜分投资

布朗与琼斯两人合伙经营一个商行，布朗投入的资本是琼斯的 1.5 倍，后来他们决定出让一部分股权，以便吸收鲁宾孙入伙，要他拿出 2500 美元的资金来投资。这笔钱要由布朗与琼斯两人来瓜分，瓜分的原则是要使得鲁宾孙入伙后 3 人的股份相等，他们两人该怎样分割这 2500 美元呢?

我们必须假定，当鲁宾孙付出 2500 美元以获得布朗与琼斯的合伙商行的 1/3 股份时，他所投的资金是值得的。因此在鲁宾孙入伙之前，该商行的股份总值应为 7500 美元。由于布朗所掌握的股份是琼斯的 1.5 倍，所以他的股份应是 4500 美元，而琼斯为 3000 美元（解 $x+1.5x=7500$，$x=3000$）。鲁宾孙的这 2500 美元的分配应使这 3 位合作伙伴股权相等，或者说，大家的投资额都应是 2500 美元。所以布朗应分到鲁宾孙投资额中的 2000 美元，而琼斯应分到 500 美元。

也就是说，这里实际上等于布朗和琼斯一起拿出 2500 美元的股份转让给鲁宾孙，鲁宾孙拿出 2500 美元贴补给布朗和琼斯。按照股份相等的要求，布朗削减投资 2000 美元，琼斯削减投资 500 美元。削减的投资从鲁宾孙贴补的投资中收回。说得更明白些，这里所谓的投资，实际上只是对于鲁宾孙而言的。对于商号和两位原股东而言，只不过是调整了股权结构而已，股本并没有增多，所以实际上也无所谓投资。

三 角 债

甲、乙、丙、丁 4 个中学生是好朋友。有一天，甲因为要办点事情，就向乙借了 10 元钱，乙正好也要花钱，就向丙借了 20 元钱，而丙自己的积蓄实际上也并不多，就找丁借了 30 元钱。而丁刚好在离甲家附近的地方买书，又去找甲借了 40 元钱。

有一天 4 人一起出去逛街，决定乘机也将欠款一一结清。请问：他们 4 人该怎么做才能动用最少的钱来解决问题呢?

答案是，只要让乙、丙、丁各拿出 10 元钱给甲就可以了，这样只动用了 30 元钱。否则，每个人都按照顺序还清的话就要动用 100 元钱。为什么可以这样做呢?

其实，这是一个三角债问题。虽然涉及四个方面，然而其中的道理是一样的。

在三角债中，相等金额的债务是可以通过债务划转来冲抵的。比如，A 欠了 B10 元，B 欠了 C10 元，C 又欠了 A10 元，A 就可以把欠 B 的 10 元划转给 C，要求由 C 还给 B，而 B 本身欠 C10 元，于是账务全部冲抵完结。

在四方债务中，等额的债务也可以通过债务划转来冲抵。在上述的债务关系中，每人都有一个 10 元的等额债务。因此，甲可以把欠乙的 10 元债务划转给丁，要求由丁还给乙，乙同样可以把这 10 元的债务划转给丙，要求由丙还给乙，而乙本身欠有丙的债务，于是债务冲抵完结。或者乙收到丁的 10 元后还给丙，丙收到 10 元后再还给丁，于是账务同样冲抵结清。现在剩下的就是每个人债务中多出来的部分。乙需要拿出 10 元交给丙，丙再加 10 元交给丁，丁再加

10交给甲，因此，实际上跟乙、丙、丁各拿出10元交给甲是一样的。

三角债问题及其解决方法如图1和图2所示。四方债务的解决方法如图3所示。

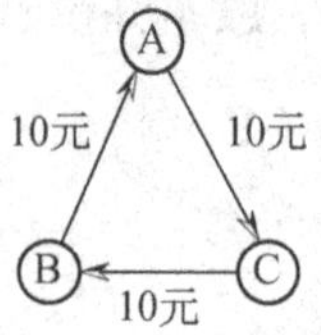

图1　三角债示意图

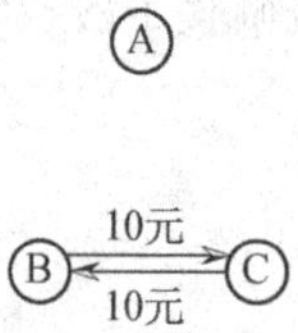

图2　三角债的化解

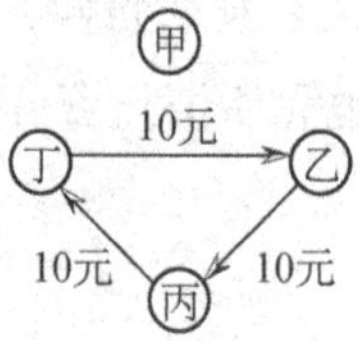

图3　四方债务化解

料事如神

小明做作业的时候经常假装睡着了，好偷懒休息一会儿。不过他发现每次妈妈都能发现他在装睡，每次他装睡时，妈妈便说：喂，你又在装睡了。

当然，小明也有确实因为疲劳而真的睡着的时候。可是小明不明白，妈妈为什么能料事如神，每次都发现他在装睡呢？

事实上，任何猜测都不可能百分之百准确。小明的妈妈之所以能够“料事如神”，其中的道理看起来有些玄妙，其实却很简单。如果小明妈妈猜错了，那么小明就是真的睡着了；而小明真的睡着了，他就不会知道妈妈猜错了；小明不知道的概率恰好等于他的妈妈猜错的概率。这样小明妈妈的猜测才能“百发百中”。

有这样一个真实的案例。一个骗子总是给好几千个参与足球博彩的人发信，向他们预测周末球赛的胜负。他对其中的一半人宣称主队会胜，而对另一半人则说客队会胜。如果主队胜了，那么他就抛弃后一半人，而给前一半人继续发信。5周以后，对于剩下的几百个收信人来说，骗子已经成了料事如神的“预测大师”。然后骗子说，还想知道下一场比赛的胜负吗，那就要先交钱。于是就真的有人上当了。

这个题目非常简单，却可以蒙骗那些不懂得概率知识的人，他们往往会认为彩票的号码是真有规律可循的。

还有一个案例是这么说的，有一个人在婚姻的问题上总是下不了决心，不知道该如何去选择。于是，他决定去听听算命先生的意见。一天他来到大街上，街上有两个算命先生甲和乙，甲告诉他说："我说的话有 60%都是正确的。"乙告诉他说："我说的话，只有 20%是正确的。"这个人想了想，选择乙给他算命了。你知道这是为什么吗？如果是你，你会如何选择呢？

答案是，这位先生运用了反向思维的方法。因为乙的错误概率可达到 80%，因此如果按照乙的意见的相反方向去办，那么正确率比甲的显然要高。

翻 牌 游 戏

这是一种翻牌猜数游戏，你的对手是庄家。庄家将 4 张不同数字的牌（连续不连续无关紧要）背面朝上放在桌子上，但是你不知道这 4 个数字究竟是什么。先由你从左到右依次将牌翻开，直到你认为你所翻开的牌是这 4 张牌中最大的一张为止。余下的由你的对手翻开。如果你最后翻开的这张牌是最大的，那么你就算赢了。

假如现在你已经翻开了两张牌，且第二张牌比第一张大，为了取得胜利，你是否应该继续翻下去？

为说明方便起见，我们不妨将这四个数字设为 1、2、3、4（对于庄家而言，这 4 个数是最好的选择）。它们的全排列情况有 24 种可能性（4!=24），如表 1 所示。

表 1　四个数字的全部可能排列

1432	1423	1342	1324	1243	1234
2431	2413	2341	2314	3421	3412
4321	4312	4231	4213	4132	4123
3241	3214	3142	3124	2143	2134

在表 1 中容易看出，其中第二个数字大于第一个的有 12 种可能，其中有 6 种组合是第二个数为最大的 4。第三次翻牌要得到最大数，只有在第三次大于第二次的条件下才是可能的，第三位大于第二位的组合也是 12 种，在第三位是最大数 4 的组合是 5 种，所以如果继续翻下去的话，只有 5 种情况可以得到最大

数，赢的概率为 5/12，而不继续翻下去，赢的概率就是 6/12，大于继续翻的概率。因此，为了赢的希望大些，就不应该再翻牌了。

生 儿 育 女

因为一场残酷的战争，某个国家的男性人口锐减，很多妇女都没有了丈夫。为了增加男性人口，使性别比例平衡，有位议员决定提出一项法案，一位母亲在生了她的第一个女儿以后，她就不可以再生孩子了，只有生了男孩的母亲才可以继续怀孕。

这位议员认为，通过这种办法，某些家庭就会有几个男孩而只有一个女孩，但是任何家庭都不会有一个以上的女孩，这样用不了多长时间，男性人口的比例就会上升了。

你认为这个法案有实际的效果吗？如果你的意见与这位议员相同，那就错了。

因为按照概率，全部妇女所生的第一个孩子都趋向于男孩女孩各占一半。

生女孩的母亲们不能再有孩子，而生男孩的母亲们可以有她们的第二个孩子，但是所有生第二胎的母亲仍然一半是男孩一半是女孩。接下来，一半生育女孩的母亲们退出生育的队伍，其余的母亲可以有第三个孩子。但是在第三胎孩子里面，女孩的数目总是趋向于与男孩的数目相等，因此男孩与女孩的比例是永远也不会改变的。既然在任何一轮的生育中，男孩与女孩都各占一半，那么把各轮生育的结果全部加起来，新生儿的性别比例将始终保持在 1∶1。所以这个法案不会产生任何实际的效果。

事实上，只要新生儿是自然生产的，性别比例都会在 1∶1 附近。但是根据统计规律，随着人口正常的增加，男性在全部人口中的比例也会逐渐提高。所以只要鼓励生育，男性人口的比例就会上升。

在这里，一个相关的问题是，一个母亲在生了五个儿子之后，下一个肯定是女儿吗？错了！下一个是男是女的概率仍然是 1/2。还有，假如你在投掷一枚硬币，掷了 5 次都是国徽向上，这时再扔一次，国徽一定会向下吗？错了！国徽向下向上的概率还是完全与以前一样，一半对一半，钱币对于它过去的结果是没有记忆的。也就是说，母亲的每一次生育，每一次投掷硬币，都是独立事件，它们是互不相干的。

四只猫的性别

一个小屋里面有四只猫在活蹦乱跳地嬉戏，有两位先生就四只猫的性别问题在进行猜测。

A：你猜猜有几只雄猫？

B：很难说，我也不知道呢。

A：四只猫都是雄的不大可能吧？

B：也不可能四只都是雌猫。

A：也许只有一只是雄猫。

B：或许只有一只是雌猫。

A：这也不是很难猜出来的。每只猫是雄是雌的机会是一半对一半，所以很明显，最有可能的结果是两个雄的，两个雌的。你不能把它们算出来吗？

A 先生的理由对不对呢？究竟哪一种情况的可能性更大些呢？

让我们来检验一下他依据的理论。我们用 B 表示雄猫，用 G 表示雌猫，这就很容易列出 16 种同等可能的情况，即 BBBB，BBBG，BBGB，BGBB，GBBB，BBGG，BGGB，GGBB，GBBG，GBGB，BGBG，BGGG，GBGG，GGBG，GGGB，GGGG

在 16 种可能的组合中只有两种组合是所有猫都具有同样性别，即 BBBB 或 GGGG，所以，这种情况发生的概率是 2/16，即 1/8。A 先生认为这种情况具有最低概率是对的。

现在，让我们检验一下 2∶2 的分布。A 先生认为这是可能性最大的一种，这种情况有 6 次（即上述全部组合中中间的 6 个），所以其概率是 6/16，即 3/8。这显然比 1/8 高，所以 A 先生说的依然可以算是对的。

可是，我们还有一个更大可能的情况需要考虑，即 3∶1 的分布，即三个性别相同。由于这种情况有 8 次，其概率是 8/16，即 1/2。这就比 2∶2 的分布高。

我们大概都搞错了吧！

如果我们算的概率是对的，它们相加的和应等于 1。1/8+3/8+1/2，结果果然为 1。这就向我们说明，三种情况都会发生，A 先生猜错了，最大可能的情况是 3∶1，而不是 2∶2。

同样地，一家四个孩子中最可能的情况是三个孩子是一种性别，另一孩子是另一种性别，而不是两个男孩，两个女孩，这一点使大多数学生感到惊讶。

两枚骰子的奇偶性

一个立方体的骰子有 6 个面，上面分别是数字 1～6。同时掷出两个骰子，得到的两个点数的和是奇数的情况有 5 种（3、5、7、9、11），而得到两个点数的和为偶数的情况有 6 种（2、4、6、8、10、12）。请问，同时掷出两个骰子，得到两个点数的和是奇数的概率是多少？

这道题目其实并不难，但也并不像有些人想象的那么简单，因为正确的答案绝对不是 5/11。这是因为两个点数的和是某个特定数字的概率是不同的。比如说，投出“2”的组合只有 1 种，而投出“7”的组合有 6 种，所以要把投出 5 个奇数的组合全部加起来，才能得到正确答案。

不过有一种更加直接的方法可以让我们一眼看到真相。大家都知道，奇数加上奇数，或者偶数加上偶数，都得到偶数；而偶数加上奇数，才会得到奇数。在下面的图 1 中，白色方格代表偶数，黑色方格代表奇数。

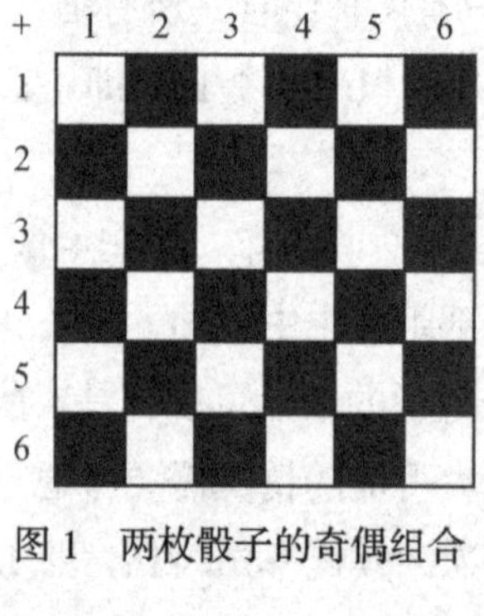

图 1　两枚骰子的奇偶组合

显而易见，黑色方格和白色方格一样多，也就是得到奇数的可能和得到偶数的可能相同，都是 18 种。那么得到 2 个点数的和是奇数的概率应该是 50%。

用三枚硬币赌博

聪聪和明明是两个聪明的孩子，有一天聪聪向明明提议说："我向空中扔 3 枚硬币，如果它们落地后全是正面朝上，我就给你 100 元。如果它们全是反面朝上我也给你 100 元。但是如果它们落地时是其他情况，你得给我 50 元。你肯赌吗？"假如是你，你觉得这种挑战可以接受吗？

明明想了想，认为打这个赌是不明智的。

为了弄清 3 枚硬币落地时完全相同或不完全相同两种情况发生的可能性，明明列出 3 枚硬币落地时的所有可能的结果。总共有 8 种情况，即正正正、正正反、正反正、反正正、正反反、反正反、反反正、反反反。

每种结果出现的可能性都与其他结果相同，即概率都是 1/8。注意只有两种结果是 3 枚硬币情况完全相同，3 枚硬币落地时情况不完全相同的结果有 6 种，这意味着 3 枚硬币情况完全相同的可能性是 1/4，其他结果发生的概率是 3/4。

也就是说，从长远的观点（或者说从多次试验的结果）看，聪聪平均每扔 4 次硬币就会赢 3 次。聪聪赢的 3 次，明明总共要付给他 150 元，而明明赢的那一次，却只收到 100 元。这样平均每扔 4 次硬币，聪聪就获利 50 元。如果他反复打这个赌，就有相当可观的盈利。所以，聪明的明明明智地拒绝了这次打赌。

公 交 车

某先生每天都要到公共汽车总站乘车。从总站始发的公共汽车有两种——1 路汽车和 2 路汽车。两种汽车的数目相同，都是每隔 10 分钟发车一辆。这位先生每天去车站的时间不一定，但是无论哪辆车都可以到达他的目的地，所以他等到哪辆就坐哪辆。因为坐两种车的机会是相等的，按照概率推算，他乘坐 1 路汽车和 2 路汽车的次数，应该分别是总次数的 50%。但是几个月以后，他发现乘坐 1 路汽车的机会占到总次数的 70%，而乘坐 2 路汽车的机会只占到总次数的 30%。

你能解释这种奇怪的现象吗？

其实这种现象一点也不奇怪，出现这种情况，肯定与这两路车的发车时间有关。经调查了解我们知道，1 路汽车的同一趟车发车时间比 2 路汽车要早 3 分钟。也就是说，虽然两路公共汽车都是每隔 10 分钟发车一次，但是每次 1 路汽车发车之后，只隔 3 分钟就有一辆 2 路汽车，即每次 2 路汽车发车之后，要隔 7 分钟才有一辆 1 路汽车，所以在车站等车时，总有 7 分钟在等 1 路汽车，而只有 3 分钟在等 2 路汽车。也就是说，在 10 分钟的时间内，有 70%的机会会乘 1 路汽车，有 30%的机会会乘 2 路汽车。

举例来说，比如 1 路汽车的发车时间为 9：00、9：10，2 路汽车的发车时间为 9：03、9：13，那么在 9：00 到 9：03 这段时间内到达车站会坐 2 路汽车，而 9：03 到 9：10 这段时间内到达车站就会坐 1 路汽车。因此，坐 1 路汽车的机会就比坐 2 路汽车机会大得多。经过长时间的统计积累，就会出现了题中所述的现象。

弹子游戏

不知道大家是否在公园里的游乐场见过这种游戏。

在一个如图 1 所示的直立的三角形木盒子里面，按三角形排列着一些短木棍，由上往下每一排的短木棍都比上一排多 1 根。前面是透明的玻璃，盒子顶上有个开口，可容玻璃弹子球通过。盒子底是一个个用木板隔开的小格子，格子内摆放着各种奖品。

弹子从盒子口投入，遇到短木棍的时候，可能从左边下落，也可能从右边下落。弹子落入盒子底的某个格子里，便可得到该格子内的奖品。这个游戏来自于 19 世纪由弗朗西斯·高尔顿所设计的著名的概率机。虽然我们说不准弹子会落到哪一个格子，但我们可以预测弹子的分布情况。虽然一个随机事件的结果不能确定，但一系列随机事件一般都符合概率规则。你可以从盒子口不停地投入弹子，尽管投入的不是很多，但也能让你感觉到这个装置的作用。

不知你是否注意到，在这种游戏中，贵重的奖品往往被放在两边，而中间格子里的都是一些廉价的奖品，其价值肯定低于你购买一次机会所花的钱。这是为什么呢？

木盒口只有 1 条通道，通过的方式有 1 种，通过的概率是 1。弹子下落时第一次遇到木棍，或者向左或者向右的可能性都是 1/2，即弹子下落时第一次遇到木棍有 2 条通道，经过每条通道的路线都有 1 种，通过的概率是 1/2；第二层木棍是 2 根有 3 条通道，经过每条通道的路线分别有 1 种、2 种、1 种，经过每条通道的概率依次为 1/4、1/2 和 1/4。依此类推，我们发现经过每条通道的路线数目会形成一个三角形，如图 2 所示。这个三角形有个特点，由边上的数字 1 开始向里，每个数字都是上一行相邻 2 个数字的和。由这个图我们就不难知道，弹子从每一个通道下落的概率，比如在第 4 行（第三层棍）的 4 个通道中，概率分别为 1/8、3/8、3/8 和 1/8；在第 5 行的 5 个通道中，概率分别为 1/16、1/4、3/8、1/4 和 1/16 等。

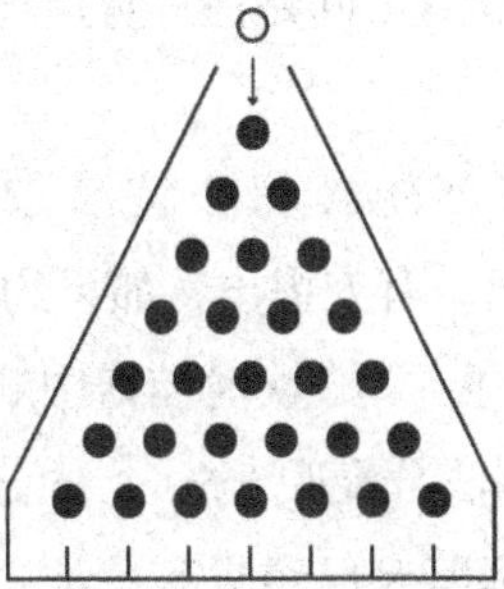

图 1　弹子游戏盒

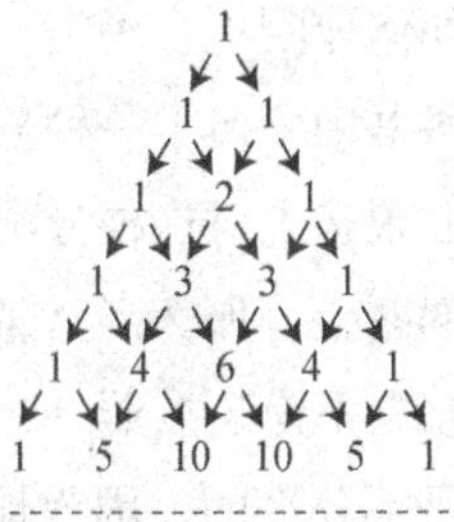

图 2　杨辉三角

由此可见，弹子到达盒子底的路线，从中间向两边越来越少。也就是说，弹子落入中间的机会多，而落入两边的机会少。所以贵重的奖品往往放在两边，这样组织者才不会赔钱。

如图 2 这样的三角图形，曾出现在宋朝数学家杨辉所著的《详解九章算法》一书中，因此人们就称它为“杨辉三角”。在西方，人们叫他“帕斯卡三角”，因为它是著名数学家帕斯卡发现的。“杨辉三角”不是仅仅用来帮助设计游戏，而是用来确定类似于（$a+b$）^{n} 这样的二项式展开后各项的系数，在代数学中有重要的用途。

现假定有 16 个弹子由盒子顶部投入，根据概率规则，如果由盒子口算起盒子共 5 层（第四层棍），问在每个通道中落入的弹子各是多少？它们平均各落几个到底部的每个格子里？

答案是，在第二层分别是（8，8），第三层分别是（4，8，4）第四层分别是（2，6，6，2），第五层分别是（1，4，6，4，1）。在一个完整的概率机里，若有足够多的弹子被投入，那么最后弹子的分布将构成著名的高斯曲线，也叫作钟形曲线。

赌 注 分 配

15 世纪末，意大利的一本讲计算技术的教科书中提出了这样一个问题，两个赌徒在赌博时约定，谁能累计赢够 6 次，谁就获得全部赌注。但不巧的是，当 A 赢了 5 次、B 赢了 2 次后，赌博意外地中断了，问赌注究竟应该如何分配？

你觉得如何分配更合理呢？

有的教科书中提出了一种分配办法，两个赌徒 A 和 B 按 5∶2 的比例分配全部赌金。但很多人对这种分配办法不以为然。有人提出，如果约定累计赢 16 次才获得全部赌金，那么当 A 赢了 15 次、B 赢了 12 次时赌博中断，赌金又应如何分配呢？是不是还按照 15∶12 的分配办法分配呢？5∶2 的分配比例对于前者很显然是不公平的，因为他距离得到全部赌金已经只有一步之遥了，而后者差距还很大。如果在第二种情况下，按照 15∶12 的比例进行分配，前者更吃亏。

这是一个相对有些专业的问题，曾引起了不少数学家的关注。

数学家卡丹诺认为，着眼点不应该是已经赌过的次数，而应该是剩下的次数。这种说法无疑是有道理的。因为，最终谁会获得全部赌金，不取决于已经赌过的次数，而取决于剩下的次数，取决于未来或最终谁最有可能获得全部赌金。在这个问题中，对于 A 而言，再赢 1 次即可获得全部赌金，对于 B 而言，则需要再赢 4 次才能获得全部赌金。在以后的 4 次赌博中，只有 5 种可能的结果，即前一个赌徒赢第一次，或赢第二次，或赢第三次，或赢第四次，或四次全部输掉。于是卡丹诺认为，赌注应该按照（1+2+3+4）：1 即 10：1 的比例分配更合适。

法国数学家帕斯卡和费尔马也曾分析和研究过这个赌博中断问题。他们认为，按照概率论原理，应该考虑以后四次赌博的所有可能结果。很显然，这种可能性一共有 $2^4=16$ 种，其中除了一种可能性是已经占优势的赌徒 A 连输 4 局，其余的都是赌徒 A 获胜。因此，赌注应该按照更加悬殊的比例即 15：1 进行分配。

分配的比例究竟哪一个更合适呢?

公平地说，卡丹诺的分析更有道理，但分配比例似乎不应该是 10：1，而应该是 4：1 更合适。因为这里的 5 种结果（假定为 A，BA，BBA，BBBA，BBBB）实际上是 5 个互斥事件，互斥事件的概率等于概率的和，而这里每一事件发生的概率应该说是等可能的，即 1/5。所以，赌金分配的比例应该是 4：1 才对（因为如果前 4 种结果发生，全部的赌金将归 A，只有最后一个结果发生全部赌金才归 B）。尤其重要的是，在卡丹诺的分析中，1+2+3+4 让人难以理解，理由也是不充分的。

这一案例说的是赌博，赌博是我们不提倡的。如果把这一案例改为某个总公司为他的两个独立核算的子公司做出规定，谁的年创利达到 6000 万元，谁将获得价值 1000 万元的奖金，同样假定年终时甲创利 5000 万元，乙创利 2000 万元，那么这 1000 万元的奖金应该如何分配呢（假定总公司同意分配）？在这里如何分配这 1000 万元奖金，毫无疑问对调动子公司的积极性具有非常重要的作用。

王 子 求 婚

A 国的王子出使 B 国，迷上了 B 国的公主，决定要向公主求婚。公主为了考验王子的智慧，就让仆人端来两个盆，其中一个装着 10 枚金币，另一个装着 10 枚同样大小的银币。然后要仆人把王子的眼睛蒙上，并把两个盆的位置随意调换，请王子随意选一个盆，从里面选出 1 枚硬币。如果选中的是金币，公主就嫁给他；如果选中的是银币，那么王子就再也没有机会了。王子听了以后，说："那能不能在蒙上眼睛之前，任意调换一下盆里的硬币组合呢？"公主同意了。

王子该怎么调换硬币组合才能确保他能有更大把握获胜并娶到公主呢？你知道答案吗？

王子的做法是，在金币盆里留下 1 枚金币，把另外 9 枚金币放入另一个盆里。这样一个盆里就只有 1 枚金币，另一个盆里就有 10 枚银币和 9 枚金币。如果他选中的是那个放 1 枚金币的盆，选中金币的概率是 100%；如果选中放 19 枚钱币的盆，摸到金币的概率是 9/19。王子选中两个盆的概率都是 1/2。所以，把前面的两项结果加起来，得出选中金币总的概率就是：100%×1/2+9/19×1/2=14/19。这个概率运远地大于原来未调换之前的 1/2。

看来，王子还是够聪明的。

囚犯活命

这是一道真正难倒亿万人的智力题。 问题说的是，有 5 个囚犯，警方决定要处死其中 2 个，究竟谁死？警方让他们通过抓阄方式先确定一个 1 到 5 号的顺序，然后在装有 100 颗绿豆的麻袋中随机抓取绿豆，规定每人至少抓一颗，而抓得最多、最少或数量相同的人将被处死，而且，他们之间不能交流，但是在抓阄的时候，允许摸出剩下的豆子数（即允许有一定的时间估算和思考）。问他们分别应该如何抓取更好？5 人中第几号的存活概率最大？

给定的条件是：①他们都是绝顶聪明的人；②他们的原则是先求保命，再去排挤别人；③100 颗绿豆不必都抓完 ；④若有重复的情况，一并处死。

由题目中条件可知：摸到最大绿豆数的囚犯必死，摸到最小绿豆数的囚犯必死，摸到重复绿豆数的囚犯必死。 整体来看，至少有两个囚犯必死。因此，5 个囚犯的策略显然应该是：5 个囚犯必须使摸到的绿豆数不重复，这样才会有最多存活机会；又必须使自己摸到的绿豆数居中，才会有最大存活机会。 明确了这一点，就可以往下分析了。

设 1 号囚犯摸到的绿豆数为 N。则 2 号囚犯摸到的绿豆数或为 $N+1$ 或为 $N-1$。因为 2 号囚犯可以通过摸剩余绿豆的方法得知 1 号囚犯摸到的绿豆数，2 号囚犯摸到的绿豆数为 N 的话就会重复，是找死，如果摸到的绿豆数与 N 相差大于 1 的话，又会使得 3 号囚犯有机会使摸到的绿豆数居中。3 号囚犯也会使自己摸到的绿豆数与 1、2 号的紧密相邻，即或者使自己摸到的绿豆数比 1、2 号之中最大的大 1，或者比最小的小 1。因为 3 号囚犯可以通过摸剩余绿豆的方法得知 1、2 号囚犯摸到的绿豆总数，又知 1、2 号囚犯摸到的绿豆数相差为 1，从而可判断出 1、2 号囚犯各自摸到的绿豆数。4、5 号囚犯与 3 号囚犯想法基本相同，即或者使自己摸到的绿豆数比自己前面所有的数中最大的大 1，或者比最小的小 1。

综上所述，5 个囚犯摸到的绿豆数为 5 个连续整数最好。

（1）1 号囚犯存活概率。1 号囚犯有两种情况必死：摸到的绿豆数最大或最小。1 号摸到的绿豆数究竟是最大还是最小，只能由后 4 位囚犯决定，由上述的分析可知，后 4 位囚犯摸到绿豆数的位置都只有两个，即一组连续整数的两边，究竟是哪一边概率都是 1/2。因此 1 号囚犯摸到的绿豆数为最大只能发生在后面 4 位所选的数均小于他所选的数时，因此其概率为$(1/2)\times(1/2)\times(1/2)\times(1/2)=1/16$，同样最小的概率也为 1/16，最大和最小为互斥时间，因此 1 号囚犯存活概率为 $1-(1/16)\times2=7/8$。

（2）2 号囚犯存活概率。由对称性可知 2 号囚犯存活概率与 1 号相同，也为 7/8。因为 2 号囚犯和 1 号囚犯构成了最初的两个连续数字。

（3）3 号囚犯存活概率。3 号囚犯摸到的绿豆数为最大时的概率为$(1/2)\times(1/2)\times(1/2)=1/8$，最小时的概率也为 1/8，所以 3 号囚犯存活概率为 $1-(1/8)\times2=3/4$。

（4）4 号囚犯存活概率。4 号囚犯摸到的绿豆数为最大时的概率为$(1/2)\times(1/2)=1/4$，最小时的概率也为 1/4，4 号囚犯存活概率为 $1-(1/4)\times2=1/2$。

（5）5 号囚犯存活概率。5 号囚犯摸到的绿豆数不是最大就是最小，必死无疑。5 号囚犯存活概率为 0。

至于 1 号的 N 应该是多少，可能性就比较多了。策略一点讲，N 最好不要超过总数的 1/5，在 1/10 左右比较好。N 宁可小点，不要大点。N 大了，剩余豆数的判断就比较容易，N 小了，剩余豆数的准确判断相对就比较难。

合作攻关

某研究所接到了一项研究课题，为了保证这个攻关项目能顺利完成，决定让 3 个研究员各自独立攻关。根据 3 个研究员的能力，他们各自解出难题的概率分别是 1/3、1/4 和 1/5。

请问，难题被成功破解的概率是多少？

3 个人独立地解题，按照概率论的语言来说，“事件的发生是独立的”，但不是“互斥”的，所以不能把每个人破解的概率简单相加。同时，也不能把它们简单相乘，因为不是求 3 个人“同时破解难题”的概率。

仔细地分析问题，可以发现，只要有 1 个人解出了难题，就算成功了。“至少 1 个人成功破解难题”的相反事件是“3 个人都没能成功破解难题”，那么，3 个人都没能成功破解难题的概率是多少呢？是$(1-1/5)\times(1-1/4)\times(1-1/3)=0.4$。

由于“3 个人都没能成功破解难题”是“至少 1 个人成功破解难题”的对立事件，所以难题被成功破解的概率有 60%，比单独 1 个人成功破解难题的概率要高（3 个人单独解出的概率依次分别为 20%、25%和 33.3%）。

双色球赌局

有个人摆了这样一个赌局，当着所有人的面，把 12 个玻璃球（其中有 6 个黑球和 6 个白球）装进一个普通的布袋中。然后要你从这个装有 12 个球的布袋中，随便摸出 6 个球来。当然不能打开袋子看着摸。这位摆摊的人设立了这样的奖励方案，如果你摸出了“6 个黑球”或“6 个白球”，可以得到 300 元；如果摸出“5 黑 1 白”或者“5 白 1 黑”，可以得到 200 元；如果摸出“4 黑 2 白”或“4 白 2 黑”，可以得到 100 元；但是如果摸出“3 黑 3 白”，那么摸球者必须付给摆摊者 300 元。

请问，这是一个公平的赌局吗？你敢参与吗？

这个赌局其实是一个骗局。看起来赢钱的机会多，但事实并非如此。

这里需要懂得一些关于排列组合的知识。

从 12 个球中摸出 6 个球，其中“6 黑”或“6 白”的情况，都仅有唯一的 1 种，照概率论方法计算，就是$1/C_{12}^{6}=1/924$的出现概率，其中C_{12}^{6}是 12 个球中拿出 6 个进行组合的组合数。“5 黑 1 白”或者“5 白 1 黑”的情况加起来有$2C_6^1C_6^5=72$种，也就是出现总概率为 72/924，也就是 6/77。出现“4 黑 2 白”或“4 白 2 黑”的情况加起来是$2C_6^2C_6^4=450$种，出现总概率为 75/154，接近 1/2。不过这两种情况每次都只能赢 100 元。摸到“3 黑 3 白”的情况是$C_6^3C_6^3=400$，概率是 400/924，也是接近一半的可能性，但是一次就会损失掉 300 元。

一般来讲，如果摸了四次，其中的两次往往都是“3 黑 3 白”（共赔 600 元），另外各有 1 次是“4 黑 2 白”和“4 白 2 黑”（共嫌 200 元）。4 次摸球的结果，一般要损失 400 元。

这样的结果你愿意接受吗？

山羊还是汽车

“山羊还是汽车”是美国电视节目《让我们做一笔交易》（*Let's Make a Deal*）里的一句台词。节目快要结束时会上演的最后一幕：当晚的获胜者会看到自己面前有三扇门，门前挂有幕布，某一扇门背后有一个特别奖———辆汽车；另两扇门背后奖品的价值微不足道——都是一只山羊。获胜者要在三扇门中选择一扇门，并将获得门后的奖品：山羊或汽车。

获胜者需要做出自已的选择，比如挑选了门 1 后，知道各扇门背后是什么的节目主持人蒙特·霍尔为了制造紧张气氛并不直接打开获胜者选择的门，而是去打开另外两扇门中的一扇，比如说门 3，那里藏有一只山羊。现在还剩下两扇门，一扇门背后可能藏有汽车。此时，主持人问获胜者：现在你可以重新选择，你要不要改变一下选择？你愿意保持最初的选择（门 1）还是换成另一扇没打开的门（即门 2）？

如果是你，你的答案是换还是不换？

许多人面临这一挑战时会坚持他们原来的选择。理由看来是充分的：在剩下的两扇门中肯定有一扇门后有汽车，不管换还是不换碰上好运的机会都是1/2。既然这是一种一对一的选择，干吗要换？况且如果换了，却发现原来选择的门后面就是汽车的话，那不要后悔死吗？ 这个“山羊还是汽车”问题，后来也常以节目主持人蒙特·霍尔的名字命名为“霍尔问题”。

究竟是换还是不换？曾经以 IQ228 而获得吉尼斯智商世界纪录的玛丽莲对此进行了回答。她说如果重新选择，中奖的概率会从 1/3 提高到 2/3，所以，重新选择会更有利。数学家认为，玛丽莲的说法是正确的。

很显然，在最初的决定下选小汽车的概率是$\frac{1}{3}$，因为要在三个门中随机选择。

同样显然，在最初的选择下选中山羊的概率是 2/3。当这种情况发生（即最初选中的是山羊）时，在剩下的两扇门背后一边是山羊，另一边是汽车。了解情况的主持人别无选择，他只有一个选择，即打开背后是山羊的门。于是，剩下的两扇门中未被主持人打开的那扇门背后一定是汽车。因此，改变最初的决定，就一定可以获得汽车。我们已经知道，这种情况发生的概率是 2/3，所以如果改变最初的决定，成功的概率能增加一倍，由 1/3 变成 2/3。

上面的论证可简化为：假定你的原始选择是正确的，然后主持人打开一个有山羊的门，此时你改变选择你亏了；假定你的原始选择是错误的，然后主持人打开一个有山羊的门，此时由于主持人只能从剩下的两个门中选择背后有山羊的那个，而他没有打开的一定背后是汽车，此时你改变选择你将一定可获得汽车。想一下，你一开始的选择正确与错误的可能性分别是多少？

如果觉得这种简短的解释力度不够的话，下面我们对这个问题详细讨论一下。

3 扇门中，1 扇门后面有汽车，其他 2 扇门后面有山羊，共有 3 种等可能的情况。如果坚持选择门 1 不换，如表 1 所示，只有第一种情况下可以获得汽车，而第二种与第三种情况下都将得到山羊。因此，得到汽车的概率是 1/3。

表 1 “山羊还是汽车”坚持的三种可能

门 1	门 2	门 3	坚持选择门 1 的结果
汽车	山羊	山羊	得到汽车
山羊	汽车	山羊	得到山羊
山羊	山羊	汽车	得到山羊

如果获胜者选择门 1，当主持人打开门 2 或门 3 中有山羊的一扇门后，他在剩下的门中选择一个，就会出现表 2 所示的结果。

表 2 “山羊还是汽车改变”的三种可能

门 1	门 2	门 3	主持人开的门	获胜者的选择	重新选择的结果
汽车	山羊	山羊	门 2 门 3	门 1 换为门 3 门 1 换为门 2	得到山羊
山羊	汽车	山羊	门 3	门 1 换为门 2	得到汽车
山羊	山羊	汽车	门 2	门 1 换为门 3	得到汽车

可以看到，重新选择另一扇门，得到汽车的概率将会变成 2/3。因此，重新选择更有利。

如果这种解释仍然不能令你信服，我们可以换个角度继续说明。

比如，现在摆在我们面前的有 100 扇门，只有其中一扇门后是汽车，而其他的 99 扇门后都是山羊。好了，你先选择其中一扇门。自然，你选中汽车的概率只有 1/100。

然后，知道汽车存放处的主持人一口气打开了 99 扇门中的 98 扇，其后面都是山羊。此时你可以坚持最初的选择，也可以改变选择。你是否应当改变选择？你是否还认为你最初选择的门与其他 99 扇门中唯一没打开的那扇门背后有汽车的概率是相同的？

事实是，如果你拒绝改变，你只有在一开始就选择了正确的门的情况下才能获取汽车，这个概率只有 1%。在另外 99%的情况下，你最初选择的是一个后面有山羊的门，而另外的 98 扇已经打开。你这时改变最初的选择就可以成功。所以，在 99%的概率下，改变选择是正确的。如果你能接受这个例子，为什么你不能接受最初的例子呢？

另一种解除疑惑的好办法是通过实验来搞清楚。下面介绍一种模拟实验的方法。

请你的一位朋友来发三张牌，其中有一张黑桃 A，另两张是红桃 A，一开始牌面都朝下。要求你挑出黑桃 A。

在你选定后，心中有数的朋友翻转一张他肯定知晓不是黑桃 A 的牌。随后，他问你，换一张，还是坚持原来的？在你做出决定后，再把牌翻过来，查看一下结果。把这个游戏多玩几次，你就会慢慢地明白，换与不换的结果确实是不一样的。

追究次品责任

某工厂有4个生产车间生产同一种产品，其产量分别占到总产量的15%、20%、30%和35%。各车间的次品率通过试验检测分别为5%、4%、3%和2%。有一家用户购买了该厂一批产品，经查有一件是次品，用户按规定进行了索赔。现厂长决定要对生产车间追究次品责任，但是该次品是哪个车间生产的标识已经脱落，问厂长应该如何追究各生产车间的责任才比较公正？

对这个问题的合理解答如下。

由于不知道该产品是哪个车间生产的，所以每个车间都应该承担相应的责任。各个车间所负责任的大小应该正比于该次品所属相应车间的概率。现假定：

A_j表示“该产品是j车间生产的”，j=1，2，3，4；

B表示“从该厂的产品中任取一件恰好取到次品”。

于是，第j个车间所负责任的大小即比例就是条件概率：$P(A_j|B)$，j=1，2，3，4。这个概率就表示了在次品发生的条件下，次品属于每个车间的概率。括号里竖线后面给出的通常都是条件。

这由贝叶斯公式不难算出：

$$P(A_j|B)=\frac{P(A_j)P(B|A_j)}{\sum_{i=1}^{4}P(A_j)P(B|A_j)},\quad j=1,2,3,4$$

贝叶斯公式的分母叫作全概率公式，在这里实际上就是该工厂4个车间的平均的次品率。很容易算出：

$$\sum_{i=1}^{4}P(A_j)P(B|A_j)=0.15\times0.05+0.2\times0.04+0.3\times0.03+0.35\times0.02=0.0315$$

即该厂平均的次品率是3.15%。贝叶斯公式所计算的，实际上就是由分母所表示的加式中每个加项在总和即均值中所占的百分比。

由此，就不难算出：

$$P(A_1|B)=\frac{0.15\times0.05}{0.0315}=0.238$$

$$P(A_2|B)=\frac{0.2\times0.04}{0.0315}=0.254$$

$$P(A_3|B)=\frac{0.3\times0.03}{0.0315}=0.286$$

$$P(A_1|B)=\frac{0.35\times0.02}{0.0315}=0.222$$

容易看出，每个车间所应承担的责任分别为23.8%、25.4%、28.6%和22.2%。

交换红包

有一年过年，一位老先生给他的两个读中学的孙子每人发了一个红包作为压岁钱，并告诉他们，这两个红包中的金额一个是另一个的2倍，如果你们想撞撞运气的话，可以考虑互相交换。

现在的问题是，这两位中学生在知道自己红包中的金额之前和之后应该如何决策？假定老大拿到的红包是200元，下面我们来进行分析。

先假定两个中学生在拿到爷爷给的红包之后均未打开红包，这时正确的决策应该是交换。我们可以这样分析，假定其中某个人红包里的金额为 x 元，这时另一个人红包中的金额为 $2x$ 或为 $(1/2)x$ 的可能性即概率各为0.5，如果对方是 $2x$，则自己增加一个 x；如果对方是 $(1/2)x$，则自己减少 $(1/2)x$，于是可得到期望收益 $(1/4)x$。即

$$0.5x-0.5(1/2)x=(1/4)x$$

期望收益为正数是增加的，值得交换。

当然，这只是我们的分析。现在的问题是，如果你交换了红包压岁钱就一定能增加 $(1/4)x$ 吗？

如果你的回答是肯定的，那就大错特错了。因为交换的结果只能是两个，要么增加，要么减少。如此说来有读者就一定会问，这样说我们的分析又有什么意义呢？有意义！因为这里我们面对的是一个风险决策问题。处理风险决策

问题的基本方法是期望值方法。期望值是以概率为权数的一个加权平均数。我们知道，概率是在大量实验的基础上得出的，它只是一件事发生的可能性，不等于必然性，必然事件发生的概率为 1。就像我们说投掷一枚硬币得到正反面的概率各为 0.5 是一样的，它是在大量实验的基础上得出的。上述的结论意思是说，如果这种交换要进行很多次的话，最终你的收益是会增加的。

现在，话又说回来了。红包是否需要交换只是一个一次性游戏，我们不可能进行很多次。那么究竟换还是不换，这就要看你对待风险的好恶了。如果你是风险喜好型的，就换；如果你是风险厌恶型的，就不换。当然，你也可以参考上述期望值分析所提供的信息，即如果这种交换多次进行的话，预期的收益是增加的，因而选择交换也不失为明智之举。

接下来我们假定两个中学生都分别打开了自己的红包，且均已知道自己红包里的金额，那么这时是否一定要交换呢？这就另当别论了。假如老大已经知道自己红包里的金额是 200 元，那么老二红包里的金额要么是 100 元，要么是 400 元。老二的红包里究竟是多少呢？如果是 400 元，爷爷的总开支就是 600 元；如果是 100 元，则爷爷的总开支是 300 元。那么爷爷的总开支究竟是多少呢？这并不难确定。①可以根据爷爷往年给他们压岁钱的多少进行判断；②可以根据爷爷平时对他们的严格或宠爱程度进行判断；③可以根据爷爷当年的收入情况进行判断。假如综合判断结果，爷爷的总开支 600 元的可能性（或概率）是 0.7，总开支是 300 元的可能性（或概率）是 0.3，这就是后验概率。这时每个人收益增加和收益减少的概率都将不再是 0.5∶0.5，而是根据后验概率进行修正后的概率，比如 0.35∶0.15。

这里的决策需要用到一个条件概率公式——贝叶斯公式。

在生活实践中我们知道，不确定性经常是由信息的不完备造成的。决策的过程实际上是一个不断收集信息的过程，当信息足够完备时，决策人便不难做出最后决策。因此，当收集到一些有关决策的进一步信息 Y 后，对原有的各种状态 X_i 发生的概率的估计可能会有所变化，变化后的概率记作 $P（X_j|Y）$，这是一个条件概率，表示在得到追加信息 Y 后，对原有的先验概率 $P（X_j）$ 的修正，故称作后验概率。由先验概率得到后验概率的过程，也称作对概率的修正，这种修正经常需要用到贝叶斯公式，所以，这种方法通常也叫作修正概率方法或贝叶斯方法。这里涉及的问题更加复杂一些，从趣味运筹学编写的目的出发，这个问题我们留给感兴趣的读者去进一步探讨，这里不再赘述。

教学效果评价

A、B两位教师分别教授甲、乙两个班的高等数学课，A上学期和本学期都在甲班任课，B 是本学期才接替另一位教师担任乙班的高等数学任课教师，两个班两学期高等数学的考试平均成绩分别是甲班（86.61，82.29），乙班（80.78，80.33），依平均成绩看，似乎甲班比乙班要好，然而这样评价实际上是不公平的。对教学效果的评价，需要从动态角度看，如果从动态的角度看，结论可能会完全不同。

所谓动态角度，就是说必须从两个学期中每个学生成绩的变化情况看。两个班的总人数分别为28人和27人，上学期两个班考试成绩的优异（90及以上）、良好（80～89）、中等（70～79）、及格（60～69）、不及格（60以下）的分布分别为：甲班（0.429，0.429，0.070，0.036，0.036），乙班（0.222，0.333，0.333，0.074，0.038）。经过统计分析，本学期两个班考试后的转移矩阵（转移矩阵可用于反映多种状态条件下由一种状态到另一种状态转移变化的情况）分别为

$$\boldsymbol{P}_1=\begin{pmatrix} \frac{2}{12} & \frac{7}{12} & \frac{3}{12} & 0 & 0 \\ \frac{3}{12} & \frac{8}{12} & \frac{1}{12} & 0 & 0 \\ 0 & 0 & \frac{1}{2} & \frac{1}{2} & 0 \\ 0 & 0 & 1 & 0 & 0 \\ 0 & 0 & 0 & 1 & 0 \end{pmatrix} \qquad \boldsymbol{P}_2=\begin{pmatrix} 0 & 1 & 0 & 0 & 0 \\ 0 & \frac{8}{9} & \frac{1}{9} & 0 & 0 \\ 0 & \frac{5}{9} & \frac{3}{9} & \frac{1}{9} & 0 \\ 0 & \frac{1}{2} & \frac{1}{2} & 0 & 0 \\ 0 & 0 & 0 & 1 & 0 \end{pmatrix}$$

试分析A、B两位老师究竟谁的教学效果更好。

对教学效果的动态评价，需要用到马尔科夫过程。马尔科夫过程就是把一个随机过程看作一系列状态不断转移的过程。其基本原理是，在某一动态系统中，认为各种客观状态不是一成不变的，而是从一种状态到另一种状态不断变化的，不同时期状态转变的可能性可以用概率描述，称作状态转移矩阵（状态转移矩阵描述了系统从一个状态到另一个状态转移的百分比）。这种状态转移矩

阵不需要依据大量历史数据进行分析推导，仅根据短期数据即可获得。这一系列过程的整体就被称之为马尔科夫过程。因此可以通过获取系统在不同状态之间的转移概率，从而预测某动态系统状态的变化趋势，达到预测的目的。

马尔科夫预测模型用数学方法可以描述如下。

首先，假设系统有 n 个互不相容的初始状态。这里的初始状态（n=5）向量 $\boldsymbol{P}(0)$为

甲班（0.429，0.429，0.070，0.036，0.036）

乙班（0.222，0.333，0.333，0.074，0.038）

经过 k 步状态转移后的系统状态向量 $\boldsymbol{P}(k)$与系统的状态转移矩阵 $\boldsymbol{P}$ 有关，有了状态转移矩阵，根据全概率公式，一般的马尔科夫预测模型就可以表示为

$$\boldsymbol{P}(k)=\boldsymbol{P}(k-1)\cdot\boldsymbol{P}=\boldsymbol{P}(k-1)\begin{pmatrix} p_{11} & p_{12} & \cdots & p_{1n} \\ p_{21} & p_{22} & \cdots & p_{2n} \\ \vdots & \vdots & & \vdots \\ p_{n1} & p_{n2} & \cdots & p_{nn} \end{pmatrix}$$

$$=\boldsymbol{P}(0)\cdot\boldsymbol{P}^k=\boldsymbol{P}(0)\cdot\begin{pmatrix} p_{11} & p_{12} & \cdots & p_{1n} \\ p_{21} & p_{22} & \cdots & p_{2n} \\ \vdots & \vdots & & \vdots \\ p_{n1} & p_{n2} & \cdots & p_{nn} \end{pmatrix}^k$$

状态转移矩阵中的元素 p_{ij} 反映了系统由状态 i 转移到状态 j 的百分比。该矩阵的基本特点是，每一行的和为 1，而每一列的和不为 1。当某一列的和大于 1 时，经过 k 步转移后相应状态的概率会增大；当某一列的和小于 1 时，经过 k 步转移后相应状态的概率会减小。

状态转移矩阵还具有一个非常重要的特性就是，经过若干时期的转移以后，系统的状态会稳定在某一个状态上保持不变，这在数学上称作马尔科夫过程的遍历性，即假定 n=3，在 $k\to\infty$ 时，有

$P(\infty)=(x_1 \quad x_2 \quad x_3)$，于是得到

$$(x_1 \quad x_2 \quad x_3)\begin{pmatrix} p_{11} & p_{12} & p_{13} \\ p_{21} & p_{22} & p_{23} \\ p_{31} & p_{32} & p_{33} \end{pmatrix}=(x_1 \quad x_2 \quad x_3) \tag{1}$$

在（1）的基础上加上 $\sum_{j=1}^{3}x_j=1$，即可得到系统的稳定状态概率。在这里，

$P(\infty)=(x_1 \quad x_2 \quad x_3)$ 就称作系统状态的极限分布。

求解方法，如果有条件，可以先求解转置矩阵 $\boldsymbol{P}'$ 的特征值为 1 的特征向量［因为（1）式转置后即 $\boldsymbol{P}'\boldsymbol{X}=\boldsymbol{X}$（$\boldsymbol{X}$ 为行向量 $\boldsymbol{x}$ 的转置），亦即 $(\boldsymbol{I}-\boldsymbol{P}')\boldsymbol{X}=0$］，然后再进行归一化处理（用特征向量的和去除每个元素）。

在应用中需要注意的是，由于实际应用中常常可能会出现转移矩阵中包含 0 元素，马尔科夫遍历性要求转移矩阵的主对角线上及其两侧的元素都必须是大于 0 的，满足这一条件的马尔科夫过程才具有遍历性，才有极限分布。

了解了马尔科夫预测方法，就可以着手对两个老师的教学效果进行分析了。

本学期五个不同等级成绩的分布无须使用马尔科夫预测方法计算，根据实际考试的结果使用统计方法就可得到。重要的问题是，按照现有的转移方式（转移矩阵），最终会稳定在一个什么样的结构上。

经计算得知，转移矩阵 $\boldsymbol{P}_1$ 转置后特征值为 1 的特征向量是（0，0，0.894，0.447，0），所以，归一化后得知，x_3=2/3，x_4=1/3，即中等 2/3，及格 1/3。

转移矩阵 $\boldsymbol{P}_2$ 转置后特征值为 1 的特征向量是（0，0.984，0.179，0.02，0），所以，得知，x_2=0.832，x_3=0.151，x_4=0.017，即良好 83.2%，中等 15.1%，及格 1.7%。

取五个不同等级的中位数，即 95、85、75、65 和 55，计算两个班稳定后的加权平均数，结果得到：甲班 $\bar{X}_1=71.67$，乙班 $\bar{X}_2=83.15$，即按照两个班目前的变化趋势，最终甲班的平均成绩是 71.67，乙班的平均成绩是 83.15，显然乙班比甲班的效果要好。

由以上分析不难看出，教学效果的评价，实际上与学生成绩的最初分布没有关系，只与状态转移方程有关。

马尔科夫预测不仅可以用于教学效果的评价，在产业结构变动预测、企事业单位的技术人员结构变动预测及不同商品市场占有率预测中都有着重要的应用。

回形诗与莫比乌斯环

我国宋朝著名诗人秦少游写过一首回形诗：“赏花归去马如飞，去马如飞酒力微，酒力微醒时已暮，醒时已暮赏花归。”这首诗首尾相接，循环成趣。这样的诗因为首尾相接，我们也把它叫作“接龙诗”。

现在的问题是，要你省去二四句，只留下一三句，并能够连续循环地读出整首诗来，不是背出，读时允许字的重复，但必须首尾相接，不允许折返。应该怎么做？

其实，达到这个要求并不难。只要把诗的二四句写在一个纸条上，将纸条首尾相接，做成一个纸环，有字的一面朝外即可。

现在的问题是，要你一面只写七个字，把二四句这 14 个字写在纸条的正反两个面上，并能连续循环地读出整首诗来（不是背出），又应该怎么做？这就有点难了。

其实，如果你知道“莫比乌斯环”这个概念，做起来也不难。

你可以先裁一张纸条，两端如图 1 所示那样剪成斜角。在纸条的正面，等距离地写上 7 个字——“赏花归去马如飞”，然后把纸条翻转过来，在纸条的背面，再等距离写上另外 7 个字——“酒力微醒时已暮”。写好以后，把纸条的一端扭转 180°，使两端黏在一起，也就是使斜角正好对齐。这时，顺着这个圈，就可以反复无穷地读出秦少游的这首诗。

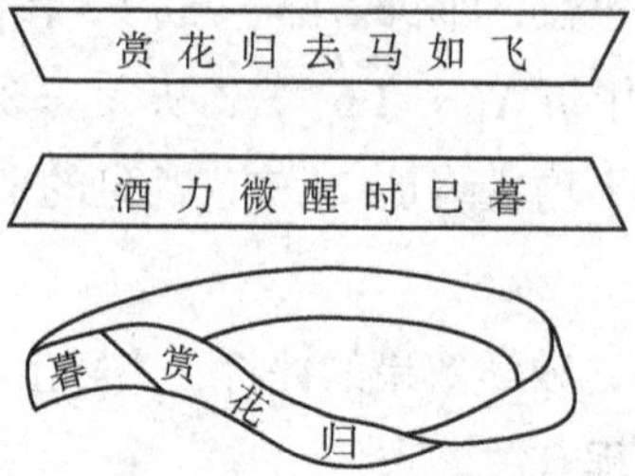

图 1　制作莫比乌斯纸环

这个圈很有意思，它把正面和背面连在一起，也就是说，它没有正反面的区别。假如你要把这个圈的一面涂上红色，另一面涂上绿色，那么这是绝对办不到的。这个圈在数学中很有名，它是 1858 年由德国的数学家莫比乌斯发现的，因此就叫作莫比乌斯环。

莫比乌斯环是一门叫“拓扑学”的数学分支的研究对象。莫比乌斯环不含正面和反面，所以也叫“单侧曲面”。正是由于这一原因，一只甲虫可以不跨过纸条的边缘而由纸环上一面的 A 点到达纸环另一面的 A'点。

莫比乌斯环具有很多有趣的特点。它可以小环变大环，也可以一环变两环且两环相套。普通的环由中间剪开会一分为二，而莫比乌斯环由中间剪开不是一分为二，而是小环变大环。同时，普通的环由中间剪开一分为二后是分开的，不可能套在一起成为连环，而莫比乌斯环则很容易做到这一点。怎么做呢？

我们已经知道了莫比乌斯环，一环变两连环其实就很容易了。在如图 2 所示的莫比乌斯环上先画上两条三等分线，沿着其中一个等分线用剪子剪，这一剪需要转两个圈，当第一圈完成后会与另外一个等分线相接，第二圈完成后就得到一大一小两个环且两环相套。你可以用这种办法动手试试，就很清楚了。

如果想得到一般大小的两个环，又应该怎么做呢？

答案是，需要先画出三条四等分线，绕环剪三圈即可。也可以将沿二等分线得到的小环变大环再等分。这时得到的两个同样大小的环且两环相连。但注意，这两个同样大小的环是绞在一起，而不是套在一起。是怎么绞的呢？你自己动手做一做，就知道了。

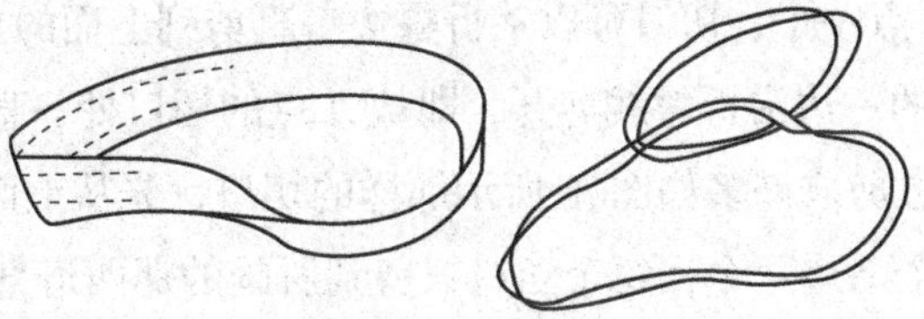

图 2　把莫比乌斯纸环一分为二

身穿明信片

这个游戏要求你用一张明信片剪一个足以让一个人能穿过去的孔，你能做到吗？

有难度是吧？如果觉得有难度，那就一起来看看我的兄弟是怎么做的。

我的兄弟拿来一张明信片和一把剪刀，要求我在明信片上剪一个最大的孔。

那还不好办？我用剪刀在明信片上戳一个洞，然后细心地沿着明信片纸边剪了一个长方形的孔，为了让孔尽可能地大些，纸边尽量留得窄些。

这是许多孔中最大的一个孔，没有比它更大的孔了，我得意地说。

显然，我的兄弟不以为然，他有别的看法。

他说这个孔太小了，只能刚刚通过一只手。

你难道能让这个孔大到一个人头那么大？我讥讽道。

这个孔要大到头和身子那么大，以至于你整个身体都可以穿过去，那才是我们要求得到的孔！

哈哈，难道你能得到一个比明信片本身还要大的孔？

当然是这样，要大许多倍。

难道这里有什么诀窍可以帮助你吗，我认为这是不可能的事。亲爱的读者，你觉得这可能吗？

的确，不可能的事有时候它就是会变成可能。我的兄弟说着，并准备动手剪了。

然而我确信这是在开玩笑。我好奇地瞧着他怎么剪。只见他将明信片顺着长边对折成两层，靠近纸片长边用铅笔画两条直线，在折叠边两头各剪一个切口，*A* 点一个，*B* 点一个，切口可以从折叠边一直剪到上面的直线处，然后从 *A* 处到 *B* 处把折叠的一边沿折叠线剪开，即从 *A* 点的切口处一直剪到 *B* 点的切口处，再从两个长边剪成许多如图 1 所示那样的切口，先从上面开始剪，再从下面剪，即上边一个下边一个，每个切口只剪到所画的那两道直线处即可。

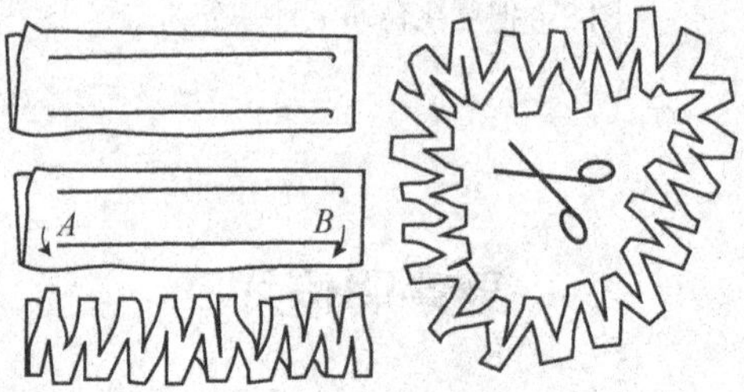

图 1　给明信片穿孔

“好了！”我的兄弟宣布道。

什么？好了？我看不出孔在哪里。

再仔细瞧瞧！

我的兄弟抖开这张纸，想想看，它会变成什么样？这张纸立马变成了一个长长的项圈了。他毫不费力地把它抛在我头上，一直下垂到脚下，成“之”字形弯弯曲曲地挂在我的身上。

托尔斯泰的题目

大文豪托尔斯泰曾经以“一个人需要很多地吗”为题，描述了这样一个故事：一个酋长张榜公开出售他所有的土地，明码标价是每一天 1000 卢布，即买地的人跑一天圈下来的地为 1000 卢布。有一位名叫巴霍姆的青年，按规定要求从太阳离开地平线跑到太阳没入地平线，跑出了如图 1 所示的一个梯形。他原本是准备跑出一个矩形的，但当他跑到 D 点时，因太阳已经开始西斜，所以他才不得不改变方向。因为按照规定，如果在太阳没入地平线以前，他不能按时跑回到起点 A，他的 1000 卢布就要白扔了。在改变行进路线后，他虽然按要求在太阳没入地平线以前按时赶到了 A 点，然而当他精疲力竭地赶到 A 点时，却因为 40 俄里（1 俄里＝1.0668 公里）的长途跋涉，一头栽倒在地再也没有能够起来。

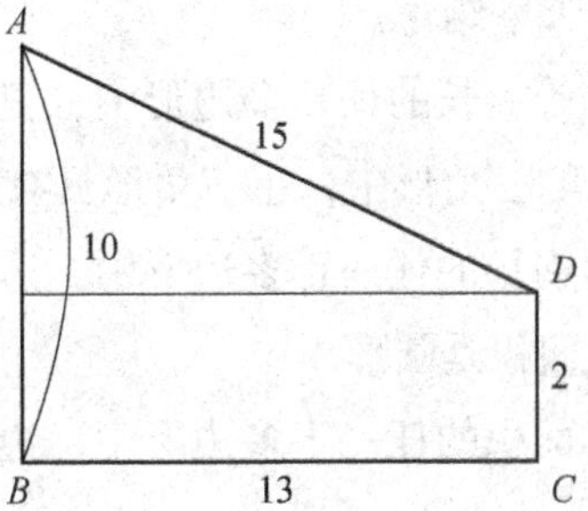

图 1　巴霍姆跑出的梯形（单位：俄里）

我们先来算一下巴霍姆一天跑出来的土地面积究竟有多大。这可以有两种算法：

$$2\times13+(1/2)\times8\times13=78\text{（俄里}^2\text{）}$$

$$[(10+2)/2]\times13=78\text{（俄里}^2\text{）}$$

在这里我们要讨论的问题不是巴霍姆死的值不值得，而是另外一个问题，即为了获得 78 俄里^{2}的土地，他完全没有必要跑出那么多的路以使得自己精力衰竭而死。我们已知他跑出的路程的全长为 40 俄里。而周长为 40 俄里的多边

形的可能情形和组合是很多的。别的多边形可以先撇开不谈，仅就矩形来看，周长为 40 的不同组合就有

$$1\times19=19\text{（俄里}^2\text{）}$$
$$2\times18=36\text{（俄里}^2\text{）}$$
$$3\times17=51\text{（俄里}^2\text{）}$$
……
$$8\times12=96\text{（俄里}^2\text{）}$$
$$9\times11=99\text{（俄里}^2\text{）}$$
$$10\times10=100\text{（俄里}^2\text{）}$$

显然，边长越是接近于相等面积就越大。这一点是不难证明的。

所以，我们不难得出结论，就矩形而言，在周长相等的各种矩形中，正方形的面积最大。反过来，在所有面积相同的各种矩形中，正方形的周长最短。

我们不难算出，巴霍姆为了得到 78 俄里^{2}的土地，如果能跑出一个正方形的话，实际只需要跑 35 俄里多一点的路就可以了（$4\sqrt{78}=4\times8.832=35.327$）。但是，反过来，100 俄里^{2}却并不是巴霍姆跑 40 俄里的路所能够得到的最大土地面积。类似地，我们还有如下结论。

（1）在所有的具有相等周长的任一多边形中，正多边形具有最大面积。比如，在所有具有相等周长的三角形中，正三角形具有最大面积。

（2）在所有具有相等周长的任一正多边形中，边数越多，所包括的面积也就越大。一定周长的最大面积是圆形。

（3）在所有具有相等面积的任一正多边形中，边数越多其周长越短。面积一定的圆周长最短。

关于（2），我们无须做严格的证明，只需要做几个比较计算就可以说明问题。比如，当一定周长等于 40 时：

对于正三角形，其面积为

$$S_3=\frac{\sqrt{3}}{4}a^2=\frac{\sqrt{3}}{4}\left(\frac{40}{3}\right)^2=77\text{（俄里}^2\text{）}$$

对于正五边形，其面积为

$$S_5=\frac{a^2}{4}\sqrt{25+10\sqrt{5}}=\frac{1}{4}\left(\frac{40}{5}\right)^2\times6.881\ 91=110.11\text{（俄里}^2\text{）}$$

对于正六边形，有

$$S_6=\frac{3}{2}\sqrt{3}a^2=\frac{3}{2}\left(\frac{40}{6}\right)^2\sqrt{3}=115（俄里^2）$$

对于一个圆，有

$$S=\pi\left(\frac{40}{2\pi}\right)^2=127（俄里^2）$$

我们再来看上述的（3）。假如巴霍姆跑出的不是一个梯形而是一个圆形地块，那么78俄里^{2}的土地实际只要跑31俄里多一点路就够了。因为，面积为78俄里^{2}的圆其周长为

$$C=\sqrt{\frac{78}{\pi}\pi}=2\sqrt{78}=31.31（俄里）$$

很显然，如果巴霍姆为了得到78俄里^{2}的土地跑出的不是原来的梯形，而是一个圆形或者正方形的话，他也不至于因精力衰竭而死。

与托尔斯泰的题目相映成趣的是，最早提出最优化问题的古罗马维吉尔在他的著作中记录的一个最大化问题——王后蒂朵（Dido）的难题。王后获准可以获得用一张公牛皮围起来的全部土地。王后经过思考后，把这张牛皮剪成细细的窄条，且把它们连接在一起，组成了一个半圆。在这半圆范围内，她围住了以地中海海岸为直径的相当大的一部分土地。后来阿基米德猜想她的数学解是最优的，即固定长度的曲线与直线一起围住的最大可能面积是一个半圆。这个猜想能用变分法（最优化的一个分支）加以证明，也可以通过计算予以证明。

这位聪明的王后肯定懂得圆在所有具有相同周长的多边形中面积最大的原理。现假定所有牛皮条接起来的长度为a，如果是一个圆的话，面积应为

$$S=\left(\frac{a}{2\pi}\right)^2\pi=\frac{a^2}{4\pi}$$

但如果能利用海岸线作为一边（当然不需要用牛皮条围起来），则这时$a=\pi R$，R为半圆的半径，即$R=a/\pi$。于是得到半圆的面积为

$$S=\frac{1}{2}\left(\frac{a}{\pi}\right)^2\pi=\frac{a^2}{2\pi}$$

很显然，后者比前者要大一倍。

王后的确聪明，难怪她取名为Dido，或许她的这个名字汉语音译为“地多”更贴切一些。

最大容积

与确定周长的正多边形具有最大面积的原理相似，在表面积相同的条件下，正多面体具有最大体积；在表面积一定的各种不同形体中，圆球的体积最大。反过来，在具有相同表面积和一定体积的多面体中，正多面体的表面积最小；在具有一定体积的不同形体中，圆球的表面积最小。这一原理可以通过代数式进行严格证明，为避免烦琐，此处从略，仅以实际问题为例予以说明。因为，在生活实践中，这一原理有着多方面的应用。

建筑学问题

假定建筑物的高度为已知，在可用的建筑材料一定的情况下，建筑物做成什么形状才能获得最大使用面积和空间？这是建筑中经常会遇到的现实问题。

现假定某单位欲修建一座高 10 米的大厅，墙体材料（砖石）经计算只有 400 米^2 可用，问该大厅做成什么形状才能获得最大使用面积和空间？

这需要分两种情况来讨论。一是最大面积问题。由于围墙的高度和表面积一定，所以围墙的周长实际也就给定了，其周长 C 应为

$$C=\text{表面积}/\text{高}=400/10=40\text{（米）}$$

根据确定周长的最大面积原理，显然，该大厅如果做成圆形，可获得最大使用面积 127 米^2，如做成正六边形，可获得最大使用面积 115 米^2；如做成正五边形，可获得最大使用面积 110 米^2；如做成正方形，可获得最大使用面积 100 米^2。

二是最大空间问题。建筑中除了追求最大使用面积，还常常要求有最大的使用空间，如大厅要求宽敞明亮，库房要求有最大库容等。根据柱体的体积公式，不管是什么形状的柱体，其体积都等于底面积乘高。因此，在高度一定的情况下，最大空间问题实际就归结为最大底面积问题（表面积和高度一定，周长也一定），这是不难理解的。

正是由于圆柱体在表面积一定的情况下具有最大容积，所以桶一般做成圆形而不做成方形。

铁钉问题

假定有三枚钉子，它们的横截面一个是三角形，一个是圆形，一个是正方形，设三枚钉子的长度和质量（重量）相同，且都钉入了相同深度的木器之中，问最难拔出的是哪一枚？

显然，由于钉子的体积（容积）和长度相同，所以根据柱体的体积公式，这三枚钉子也必然具有相同的横截面面积。根据最大面积原理，在具有相同面积的多边形中，圆具有最小周长。现假定正方形的一边长为1，则这三枚钉子的横截面周长应分别为

$$C_{\triangle}=3\sqrt{\frac{4}{\sqrt{3}}}=\frac{6}{\sqrt[4]{3}}\approx 4.559$$

$$C_{\square}=4$$

$$C_{\bigcirc}=2\pi\sqrt{\frac{1}{\pi}}=2\sqrt{\pi}=3.545$$

不难看出，由于三枚钉子长度相等，所以与周围材料具有最大接触表面积的肯定是三角形钉。由于受摩擦力的作用，显然与周围材料接触面积越大，钉子夹持得就越牢固，所以也就越难以拔出。所以，这三枚钉子中最难拔出的应是三角形钉，其次是方形，最容易拔出的是圆钉。鞋钉通常做成三角形或棱形而不做成圆形，其道理就在于此。

茶壶问题

假定有两个相同容量的茶壶，一个是方形的，另一个是圆形的（底部有小块平底）。现两个壶中都盛有相同温度的热茶，问哪个壶中的热茶更容易变凉？

显然，茶壶的散热是通过茶壶的表面与外界的热对流进行的，因此，散热较快的无疑应是与外界具有较大接触表面积者。由于两个茶壶的容量相同，所以具有较大表面积的只能是方形茶壶。所以，容易变凉的肯定是方形茶壶。

实际上，上述不管是最大面积问题还是最大容积问题，都可以归结为一点，即求定和乘数的乘积。一般情况下，具有定和的若干个乘数的乘积，可在这些乘数都相等时取得最大值。这一结论换一种说法，实际上也就是代数定理，算

术平均数大于等于几何平均数。在这里，相等的条件是 n 个数都相等。换言之，即几何平均数在 n 个数都相等时取得最大值。

最大张角

假如你是一位射击爱好者，突然看到有一只大雁从你的头顶飞过，你想把它射下来，你应该选择一个什么位置射击最好？这个问题就与张角的概念有关。

给定一条直线和在这条直线同一侧的两点，要求你在这条直线上找出一点，使它对所给的两点具有最大的张角。

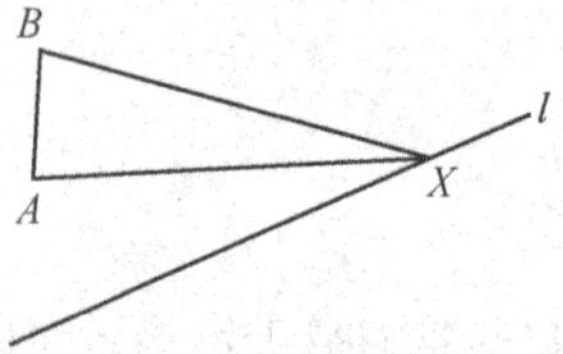

图 1　张角示图

这就是我们要解决的问题。首先画一个图，如图 1 所示，并引入必要的符号。

令 l 为给定的直线，A、B 为给定的两点，X 是直线 l 上的一个动点。我们现在的任务就是要找出点 X 的位置，使得$\angle AXB$ 有最大的值，$\angle AXB$ 就叫作张角。

可以想象 l 是一条大路。你正徘徊在大路 l 上要射击一个物体 AB，假定 AB 就是盘旋在远空的一只大雁，当然你希望在大路 l 上能找到一个位置，在这里射中的机会最大，在这种情况下你所要找的位置就是问题中要找的那一点。

这个问题的解不是一下子就可以看出的。不过，虽然我们还不知道这一点在哪里，但对有这样一点存在我们是毫不怀疑的。我们来考查一下，当点 X 在道路 l 上移动时，$\angle AXB$ 变化的情形。当 X 在直线 l 与直线 AB 的交点时，$\angle AXB$ 是 0。当 X 点沿 l 逐渐向右移动时，张角$\angle AXB$ 逐渐增大，但当 X 到达直线 l 右端很远的地方时，张角又很小了。在这两个极端情形当中一定有一个极大值存在。达就是我们相信所要求的点一定存在的理由。

如果我们任意地在 l 上取一点 X，我们如何能够很清楚地判断它是或者不是那个要求的最大张角位置呢？我们有一个非常简单的方法，从图 2 可以很容易地看出，如果一个点不是最大张角位置，那么在最大张角位置的另一边必然还有一点，它与这一点有相同的张角，因此，为了判断一点是不是最大张角位置，我们只需要问，是不是在直线 l 上还有另外一点与它有相同的张角。为此我们就需要知道究竟哪一些点是有相同的张角的。从平面几何我们知道，过 A、B 两点作圆，同一圆周上的点都有相同的张角，并且凡是有相同张角的点必在同一圆周上。这样一来，问题就清楚了。我们过 A、B 点作圆（让 A、B 均位于圆周上），如果所作的圆与直线 l 交于两点 X 与 X'，那么 X 与 X'有相同的张角，但这个角不是最大值，因为一个在 X 与 X'之间与 l 相交的圆就给出了更大的角。这就是说，与 l 交于两点的圆不可能给出最大角。达到最大值的点必在与 l 相切的圆上，如图 2 中虚线所示的圆。这样我们就圆满地解决了这里所提出的问题。

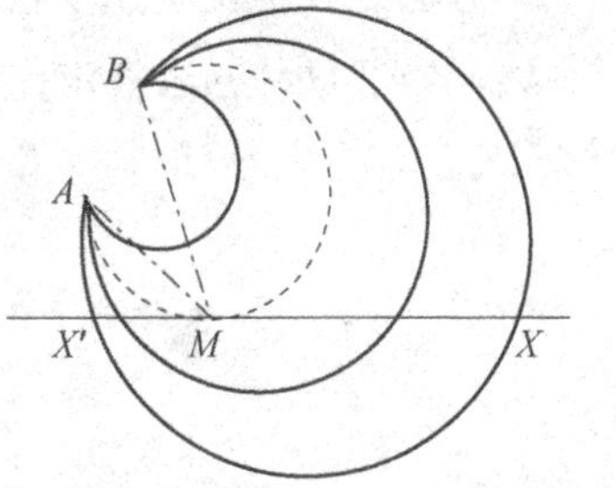

图 2　找张角

找到了最大张角，你站在张角所在点上射击，命中目标的概率就要大得多。因为在这一点上，目标相对于你的视线，长度最大。

登陆湖心岛

两个小朋友放飞的模型飞机不小心掉在了人工湖的湖心岛上。人工湖是圆形的，半径 25 米左右，湖心岛只有 2 米见方。此时湖面风平浪静，湖边有一条小船，船上只有一根长 40 米的绳子，没有船桨。你有什么办法能帮助他俩把模型飞机取出来呢？

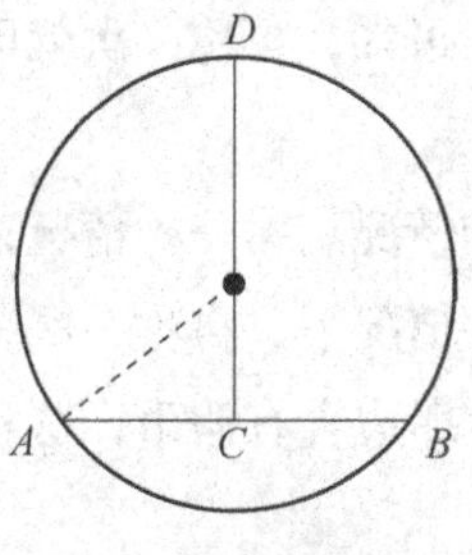

图 1　登陆湖心岛

一种办法是可以利用船上的绳子，这需借助于图 1 来说明。

首先将绳子对折，找到中点并且做个记号。将绳子拴在船上，让小朋友甲坐上船，把船固定在岸边图 1 中的 A 点。小朋友乙拿着绳子的一端绕着湖边走，走到绳子拉直不能再走的时候（B 点），两人相距 40 米。

此时乙用力拉绳子，使小船向 B 点靠拢，当绳子拉到中点时停止。这时小船前进了 20 米，到达 C 点。我们可以很容易地计算出 C

点距离岸边最近的地方有 10 米（$\sqrt{25^2-20^2}=15$，$25-15=10$）。

接着，乙拿着绳子继续绕湖边走，走到与小船、湖心岛成一条直线的 D 点。C、D 的距离有 40 米，绳子刚刚够长。

这时继续拉绳子，小船必定会经过湖心岛，船上的人就可以将模型飞机取到手。最后小船被拉到岸边。

方法二，两位小朋友也可以用手代替桨，将船划到湖心岛边，或许更简单一些。当然这种办法肯定比方法一要慢一些。

找 假 币

有 m 个从外形上无法区别的硬币，里面隐藏了一枚假币，假币除较轻外，其他方面跟真币没有不同。现要求：

（1）如果 $1<m\leqslant 3$，在天平上至多称 1 次（不用砝码）就可找出假币；

（2）如果 $3<m\leqslant 9$，则在天平上至多称 2 次（不用砝码）就可找出假币。

解（1）：当 $m=2$ 时，在天平两边各放 1 个，显然较轻的那个就是假币。

当 $m=3$ 时，在天平两边各放 1 个，如果两个不一样重，较轻的那个就是假币；如果两个一样重，则第三个，即未放天平上的就是假币。

因此，当 $1<m\leqslant 3$ 时，至多称 1 次就可以找出假币。

解（2）：当 m 值的组成集合为（4，5，6，7，8，9）时。

当 $m=4$ 时，在天平两边各放 1 个，若两边不一样重，较轻的那个就是假币；若两边一样重，则未放天平上的 2 个中含有假币，由（1）可知，再称一次就可找出假币。

当 $m=5$ 时，可先在天平两边各放 1 个，必然出现两种情况。第一种情况，若两边一样重，则未放天平上的那 3 个中包括假币。这种情况下，再称一次，即可确定假币。第二种情况，若两边不一样重，则较轻的那边含有假币，这种情况下，称一次便可确定假币，无须称第二次。

当 $m=6$ 时，在天平两边各放 3 个，则较轻的那边含有假币，由（1）可知，再称一次就可找出假币。

当 m=7 时，可先在天平两边各放 3 个，必然也是两种情况。第一种情况，若两边一样重，则第 7 个即未放天平上的就是假币。这种情况下，一次即可确定假币，无须再称第二次。第二种情况，两边不一样重，则较轻的一边含有假币，由（1）可知，再称一次就可找出假币。

当 m=8 时，先在天平两边各放 3 个，也是两种情况。第一种情况，若两边一样重，则未放天平上的 2 个中包含假币，由（1）可知，再称一次就可找出假币。第二种情况，若两边不一样重，则较轻的那边含有假币，由（1）可知，再称一次就可找出假币。

当 m=9 时，可先在天平两边各放 3 个，也是两种情况。第一种情况，若两边一样重，则未放天平上的 3 个中含有假币，由（1）可知，再称一次就可找出假币。第二种情况，若两边不一样重，则较轻的一边的 3 个中含有假币，由（1）可知，再称一次即可找出假币。

因此，当 $3<m\leqslant 9$ 时，至多称 2 次就可找出假币。

查找次钢珠

某商场进了 10 箱钢珠，根据标准，这类钢珠每颗 10 克。但到货后发现，这 10 箱钢珠中，混进了一箱次品。次钢珠的外观与正品没有区别，只是每颗少了 1 克。怎样才能迅速简便地把这箱次钢珠找出来呢？

按一般思路，需一箱箱检查。这样的话，10 箱要称 10 次才能检查出结果来。现在的要求是，要你只称一次就可以确定哪箱是次品，应该怎么做呢？

可以这样做。从第一箱中取 1 颗钢珠，从第二箱中取 2 颗钢珠，……，从第十箱中取 10 颗钢珠。然后把取出的这些钢珠，即 1+2+3+…+10=55 颗钢珠一起过秤。如果它们全是正品，应为 550 克，现混有次品自然要比 550 克轻些。

如果 55 颗钢珠为 549 克，即比 550 克轻了 1 克，这说明其中混进了 1 颗次钢珠。进一步可以推断，第一箱钢珠是次品。

如果 55 颗钢珠为 548 克，即比 550 克轻了 2 克，这说明其中混进了 2 颗次钢珠。进一步可以推断，第二箱是次品。

依此类推，如果 55 颗钢珠为 540 克，即比 550 克轻了 10 克，这说明其中混进了 10 颗次钢珠。进一步可以推断，第十箱是次品。

这种问题属于组合数学范畴。依上述方法检查，是不是省事多了！

再查次钢珠

与上面的问题相类似，现假定这十箱钢珠中混进了若干箱次品，即不止一箱，能否只称一次就查出这些次品钢珠箱呢？

这也是可以的。

可以从第一箱中取 1 颗珠，从第二箱中取 2 颗珠，从第三箱中取 4 颗珠，从第四箱中取 $2^3=8$ 颗珠，……，从第 10 箱中取 2^9 即 512 颗珠。然后将这些取出的钢珠，即 $1+2+2^2+\cdots+2^9=1023$ 颗钢珠一起过秤。如果它们全是正品，每颗 10 克，应为 10 230 克。现混有次品，当然总要比 10 230 克轻些。

如果称的值为 10 229 克，即比 10 230 克轻 1 克，那么，说明混进了 1 颗次钢珠，显然，第一箱是次品。

如果称的值为 10 228 克，轻了 2 克，说明混进了 2 颗次珠，显然，第二箱是次品。

如果称的值为 10 227 克，轻了 3 克，说明混进了 3 颗次品。因为我们从多箱中取珠的数目数目是 1，2，4，8，…，512，不难推出，第一箱和第二箱都是次品。

随意地，如果称得值比 10 230 克轻了 30 克，说明混进了 30 颗次品。30 可以看成是 30=16+8+4+2，可以推出，第二箱、第三箱、第四箱、第五箱是次品。

这样，称一次就可以把次品钢珠箱全部查出来。

这里，我们用到了二进制数的原理：任何一个正整数都可以表示为唯一的一个二进制数。如 31 可以表示为

$$31=2^0+2^1+2^2+2^3+2^4$$

由于这种拆分是唯一的，所以总可以找出对应的次品箱来。

聪明的商人

有一个商人，经销瓷器盘子。盘子属于易碎商品，必须注意包装。现假定买家的要求是，不管购买的数量多少，都必须是原始包装，不能拆开包装箱，你会怎么做?

其实，商家比你想得更周到。因为，反复地拆开包装，不仅容易因破碎造成损失，也徒添了很多麻烦。所以，这位聪明的经销商，总是把他要销售的盘子分装在 10 种箱子里。他分装得非常巧妙，只要你买的盘子不超过 1000 只，他总是拿包装好的整箱给你，从来不需要打开箱子一只只地数，而这些箱子里面的盘子，正好跟你所要买的数目一样多。你想想看，他是怎样分装的。

这位聪明的商人，他把 10 种箱子分别标上（1）～（10）10 个号码，再在这 10 个箱子里，分别装进 1、2、4、8、16、32、64、128、256、489 只盘子，这样，10 个箱子总共可装 1000 只盘子。

这样，如果你要买 1 只盘子，他从（1）号箱子拿就行了。如果你要买的盘子数少于 4 只，他就在（1）和（2）号箱子里拿。如果少于 8 只，他只要在（1）～（3）号箱子算一下，就可以如数地拿给你了。依此类推，如果少于 512 只，只要在（1）～（9）号箱子算一下就行了。不信，你可以试试看。

你有没有发现，这个问题的答案还不止一个呢。比如，把（9）号箱子改成装 245 只，（10）号箱子改成装 500 只，其余的不变，也是一个正确的答案。

尽管答案相当多，然而道理是一样的。因为每一个自然数都可以用 1、2、4、8、16、32，…，这些数中的若干个数的和来表示。

根据这一道理，再计算一下：

$$1+2+4+8+16+32+64+128+256+489=1000$$

无疑，把第 10 个箱子的装箱数改为 512 也是一个不错的方案，只是这时候 10 个箱子的装箱总数是 1023，而不是 1000。

当然，作为一个商人，要经销的盘子的总数并不只有 1000 个。所以，10 种箱子中每一种的数量，根据销售的情况，可以数量不等，比如如果是零售，小数量的包装就可以多一些；如果是批发，大数量的包装就可以多一些。

我们知道，常用的计数制度，都是采用逢十进一的十进位制，因此只要用数码 1～9 再加上一个 0，就可以表示出任何一个自然数。而上述计算式中的这些加数，不论是其中的一个还是多个，都是可以用二进制数唯一表示的。

可见上面这个问题中的数学原理，其实就是个计数制度问题，与前面的《再查次钢珠》中讲的道理是一样的。

搜索与黄金分割比

搜索问题是运筹学研究的一项重要内容，搜索论是运筹学的一个重要分支学科。

假设在区间[0, 1]内有一个连续函数 $f(x)$，它只有一个最大值 $f(x_0)$，如何求出这个 x_0 呢？由于这里的 $f(x)$ 没有具体的表达式和函数图像，所以必须寻找一种方法进行搜索。这个问题具有非常大的实用价值。

举例来说。假如埋在地下的热水管或输气管断裂，或者埋在地下的电缆线或者光缆线短路，要找到断裂点或短路点。假定根据某些信息判断，断裂点或短路点就在某个区间的 1000 米范围内，我们应如何找到断裂点或短路点呢？

再比如，炼钢需要用某种化学元素来加强其强度，太少了不好，太多了也不好。究竟每吨要加入多少某种元素才能达到强度最高？假定根据经验已经估出或从理论上推知，每吨加入量为 1000～2000 克。普通的方法是用试验法，即逐次加入 1001 克，1002 克……做 1000 次试验以后，才能发现最好的用量。做 1000 次试验既浪费时间、精力，又浪费原材料。为了迅速找出最优方案，可采用对分法。对分法是首先寻找中点，然后对中点两边的试验结果进行比较，留下好的一边，再在留下的区间找中点，如此一直继续下去，把不是最大值的点逐一淘汰。但是对分法的计算量太大。

还可以按照 0.618 法。第一个试验点应该是在试验范围总长度的 0.618 倍的地方。如果将试验点定在区间的 0.618 左右，那么试验的次数将大大减少。试验统计表明，用 0.618 法做 16 次试验，就可取得“对分法”做 2500 次试验所达到的效果。1953 年，美国的基弗提出 0.618 法并获得大量应用，特别是在工程设计方面最佳。我国著名数学家华罗庚成功地在中国推广了 0.618 法。

0.618 就叫作“黄金分割比”。为什么给它这样一个称呼呢？

现假定有两条完全等同的金条，每一条都分割成两部分。一条割下它的 0.618；另一条割下它的 0.618^2。把割下来的部分放在一起，剩余的部分放在一起，究竟是哪边多？

我们来算一算。设每条金条的长度都为 x（若粗细均匀，也可理解为重量为 X），于是有

$$0.618x+0.618^2X=0.618(1+0.618)X=X$$

由此可见，割下的部分放在一起，正好等于一整条金条，如图 1 所示。

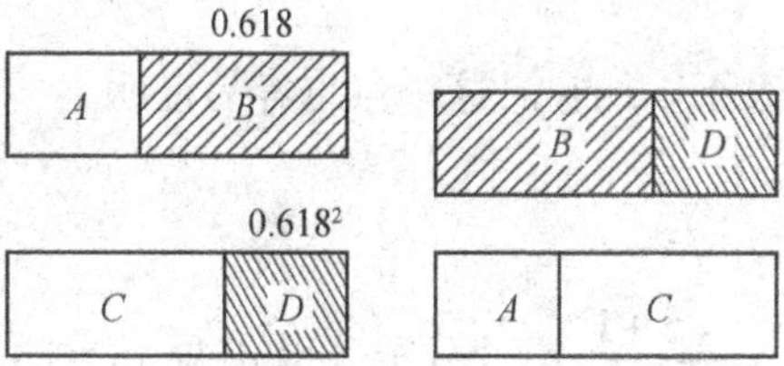

图 1　黄金分割比

这种分割黄金的办法，在数学中有一个专用的名称，就叫作“黄金分割”。

“黄金分割比”给人一种和谐的美的感受，如门窗、书籍、纸张都是按照这种比例给出的。据说，著名的维纳斯雕像之所以美，就是因为她的上半身和下半身（以肚脐为中点）的长度是按黄金分割比分配的。

“黄金分割”是这样表达的，将一条线段分成两段，使较长的线段成为较短线段与整条线段的比例中项。这时较短线段与较长线段之比就称为黄金分割比。

比例中项即如果有 $\frac{a}{b}=\frac{b}{c}$，则 b 就是 a 和 c 的比例中项。现假设线段 AB 的长度为 a，黄金分割点为 C，较长的一段长度为 x，请你求一下黄金比的比值是多少？

显然，较短线段为 $a-x$，由黄金分割的定义知道：

$$\frac{a-x}{x}=\frac{x}{a}$$

亦即

$$x^2+ax-a^2=0$$

解之，$x=\dfrac{-a\pm\sqrt{a^2+4a^2}}{2}=\dfrac{\pm\sqrt{5}-1}{2}a$。

取正值：$x=\dfrac{\sqrt{5}-1}{2}a$，即$\dfrac{x}{a}=\dfrac{\sqrt{5}-1}{2}$。

黄金比的定义即$\dfrac{x}{a}$或$\dfrac{a-x}{x}$。

通常情况下都取 a=1，于是就有$x=\dfrac{\sqrt{5}-1}{2}$。这是一个无限不循环的无理数，其值为 x=0.618 033 988 749 894 8……这个数虽然是一个无限不循环的无理数，但它却具有两个非常有趣且非常重要的性质。

第一，它的平方等于它的补数，即等于 1 减它。这用它的定义式就能证明（注意 a=1）。

第二，它的倒数等于 1 加它。这一点也容易证明。

$$
\begin{aligned}
\frac{1}{x}&=\frac{2}{\sqrt{5}-1}\\
&=\frac{\sqrt{5}+1}{2} \quad \text{（分子分母同乘 }\sqrt{5}+1\text{）}\\
&=1+\frac{\sqrt{5}-1}{2} \quad \text{（改分子中的 }1=2-1\text{）}\\
&=1+x
\end{aligned}
$$

这两个性质是任何数字都不可能具备的。这也正是“黄金分割比”之所以为学者们所重视和关注的原因。

公元前 6 世纪时，古希腊的毕达哥拉斯学派曾研究过正五边形和正十边形，正五角星就是他们学派的秘密标志。这些正多边形与黄金分割关系极其密切。他们还发现，音阶也跟黄金分割有关。因此人们猜测，毕达哥拉斯学派已经了解了黄金分割方面的知识。公元前 4 世纪，大数学家欧多克索斯在研究比例问题时，又注意到了黄金分割。公元前 3 世纪问世的堪称数学第一书的《几何原本》是第一部流传至今的提到黄金分割的著作。欧几里得在论述立体几何的时候，也不时提到黄金分割。可见，当时的希腊人已经非常重视这个比例。

1753 年，格拉斯哥大学的数学家西摩松发现，随着数字的增大，著名的斐波那契数列（即 1，1，2，3，5，8，13，21，…，其最初两个数为 1，从第三位起，每个数都是前两个数的和）相邻两数间的比值越来越接近黄金分割比，

即随着 n 的无限增大，F_{n+1}/F_n 越来越接近于$(\sqrt{5}+1)/2$，或倒过来，有 F_n/F_{n+1} 以$(\sqrt{5}-1)/2$ 为极限。这启示我们，斐波那契数列是一个与“黄金分割比”关系异常密切的数列。

其实，斐波那契数列的通项公式为

$$F_n=\frac{1}{\sqrt{5}}\left[\left(\frac{1+\sqrt{5}}{2}\right)^n-\left(\frac{1-\sqrt{5}}{2}\right)^n\right]$$

也就是说，斐波那契数列原本就是用“黄金分割比”表达的。18 世纪中叶，著名数学家迪莫佛和欧拉已经知道这个公式。

雅典有座大理石砌成的神庙，其中有一尊雅典娜神像，由象牙、黄金雕制而成，姿态优美。研究发现，从肚脐到脚底的距离与身高的比值恰好约等于 0.618。芭蕾舞演员虽身材修长，但该比例平均约为 0.58，只有在踮起脚尖时方能展现 0.618 的魅力。

还有如报幕员在报幕时，往往不会站在舞台正中，而是站在舞台的黄金分割点上，给观众留下更为协调的印象。就连我国国旗图案中的正五角星也蕴含着“黄金分割比”，正五角星的每条边恰好被与之相交的另外两边黄金分割。五角星是大家都熟悉和喜爱的图案。大家为什么都喜欢五角星，就是因为它具有很多有趣的比例。比如，在如图 2 所示的五角星上，我们运用几何方法容易证明：$BC:AC=AB:AC=AC:AD$。进一步的计算还可以证明，这些比值都等于 0.618。

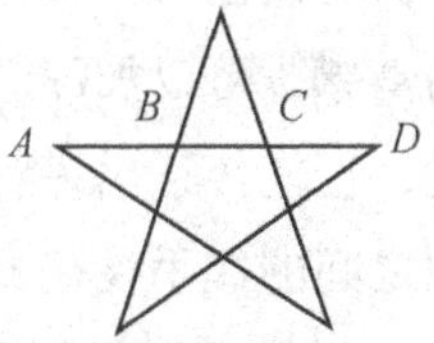

图 2　五星上的黄金比

黄金矩形就是长与宽之比为“黄金分割比”的矩形。如果你从中切掉一个正方形（边长等于原短边），剩下的部分仍是黄金矩形。依次继续切割，你就会得到越来越小的黄金矩形。黄金矩形被这样切割后，它内部的很多矩形顶点恰好落在一条螺线上，如图 3 所示。斐波那契数列与此相似，你可以用边长为 1 的正方形做反向操作。加上一个同样的正方形，得到一个新的长方形。若不断在长边上添加正方形，新产生的长边就会遵循斐波那契数列，每一个比前一个的形状更为接近黄金矩形。

现代建筑与黄金分割的关系也十分密切。巴黎的埃菲尔铁塔，当今世界最高建筑之一的加拿大多伦多电视塔（高 553 米），都是根据斐波那契数列或黄金

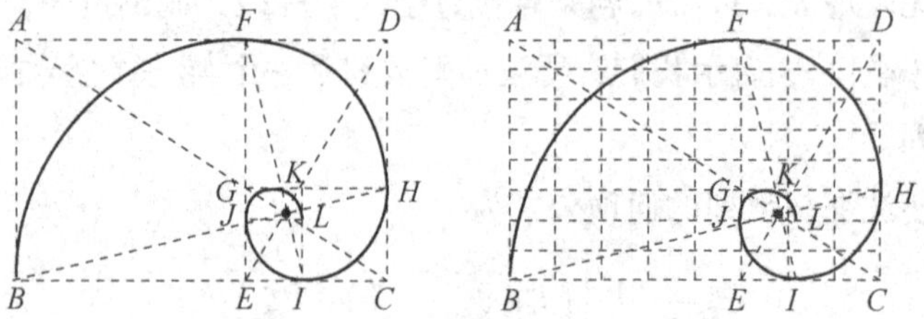

图 3 黄金矩形与黄金螺旋

分割的原理来建造的。上海的东方明珠电视塔，高 468 米，为美化塔身，设计师巧妙地在上面装置了晶莹耀眼的上球体、下球体和太空舱。上球体所选的位置在塔身总高度 5∶8 的地方，即从上球体到塔顶的距离，同上球体到地面的距离大约是 5∶8，使塔体看上去匀称挺拔。

握 手 问 题

握手是一种礼仪。人与人间、团体间、国家间的交往都赋予了这个动作以丰富的内涵。一般说来，握手往往表示友好，是一种交流，可以沟通原本隔阂的情感，可以加深双方的理解、信任，可以表示一方的尊敬、景仰、祝贺、鼓励，也能传达出一些人的淡漠、敷衍、逢迎、虚假、傲慢。国家元首、团体领袖之间的握手往往象征着合作、和解、和平。握手的次数也许数也数不清，印象深刻的可能只有几次——第一次见面的激动、离别之际的不舍、久别重逢的欣喜、误会消除后或恩怨化解后的释然等，都会给人留下深刻的印象。

初次见面，通常以握手示礼，适当的握手时间与力度，会让人有种舒服亲切的感受。新学期开学了，新生班第一次班会，老师为了让全班新同学互相认识，请班上 41 位同学彼此握手为礼，并同时介绍自己。在一阵喧哗后，同学们完成了老师提议的事项。老师提出一个问题：“谁知道，刚才全班同学总共握手几次？”有同学举手抢答说 820 次，请你回答他说的对吗？

解决握手问题，通常需要具备一些图论方面的知识。图论所研究的图都是由点和边的集合构成的点线图。假若用点代表参加聚会的人，点之间的连线图论叫作边，边的数目，就可以用以表示握手的次数。于是，我们可以作一个由点和线段组成的图来进行分析。

假设会场有 n 个人，你是其中的一个。那么你要和其他所有的人都握一次手。于是你得握 $n-1$ 下，减的那个人就是你自己，因为你不能和自己握手啊。对于其他人来说也是一样的道理，所以每个人都会握 $n-1$ 次。但是，你跟别人握过之后，按这个算法，别人又跟你握了一次，实际上等于两个人握一次手重复计算了一遍，所以公式就是 $n\times(n-1)/2$。其实，这个公式是组合数的一个计算公式，即每 n 个元素中拿出 2 个进行组合的组合数，即 $n\times(n-1)/2$ 个。

此外，这里我们还需要明确一下握手次数的概念。“握手次数”即一个人与几个人握过手，因此，握手总次数，就是所有握手人握手次数的总和。懂得了这些，我们就会知道，上述的新生聚会问题中，握手的总次数应该不是 820 次，而是 1640 次，因为按照惯常的说法，应该是 41 个人中，每个人都握了 40 次手，因此总次数应该是 41×40=1640 次，而不是 820 次，820 实际上只是握手人的组数或对数，即有多少对或多少组人握了手。

关于握手问题，图论中有几个重要定理，我们需要知道。

握手定理一：在任何一次集体聚会中，握手的总次数一定是握手人组数或组合数的 2 倍。这里所说的组合数是指聚会中的每个人都与其余的所有人握手一次，这种情况形成的点线图在图论中叫作完全图，即每个点之间都有连线。这里所说的组数即握手人的对数，即有多少对人握了手。

现在我们假定有 5 个人参加聚会，每个人都要握手一次。于是，我们可以得到一个如图 1 所示的完全图（完全图即每个点之间都有一条边相连的图）。在这里，握手人的组数是 10 组（或 10 对），也就是 5 个元素拿出 2 个进行组合的组合数。而实际上，握手的总次数是 20 次，因为每个人都要握手 4 次，即 4×5=20 次，也就是握手人组数的 2 倍。

握手定理二：在任何集体聚会中，握过奇数次手的人数一定是偶数。这个定理有人也叫作定理一的推论，因为它是直接由定理一通过证明得到的。

握手定理三：在一次有奇数个人参加的聚会中，如果每个人握手一次，则必有一个人至少握过两次手。

这个定理也很容易理解。如图 2 所示，假定聚会中有 7 个人，其中 6 个人都完成了一次握手，那么第 7 个人和谁握呢？这个人不管和谁握手，都会有一

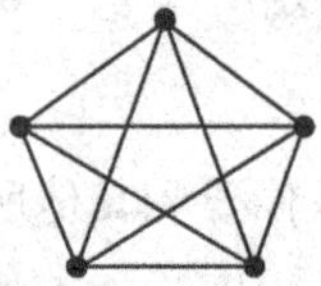

图 1　完全图 K_5

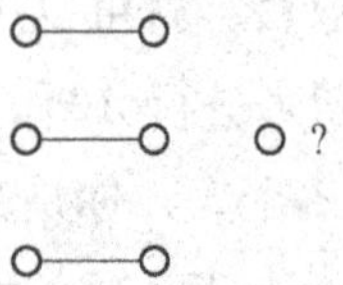

图 2　七人握手

个人握过两次手。

这些定理都可以用数学方法证明。感兴趣的读者，可以回到前面讲过的“植树问题”中，把这里的树（点）看作人，连线（边）数就表示了握手人的组数。前两个定理都可以在那里得到验证。

了解了这些定理，我们再来看一个有趣的握手问题。

一位先生和我聊天时说起：“前些日子，我同我太太一起参加了一个宴会，酒席上还有另外四对夫妻。见面时，大家相互问候，亲切握手。当然，没有人会去同自己的太太握手，自己也不会同自己握手，与某一个人握过手之后，也不可能再同他或她进行第二次握手。”

“彼此之间的握手全部结束之后，我好奇地询问在座的各位先生和女士，当然也包括我太太在内，每人各握过几次手？”

“使我惊奇的是，每个人报出的握手次数竟完全不一样。请你告诉我，我太太同别人共握了几次手？其余的 8 个人中谁跟谁是一对夫妻呢？”

为了使这个问题的叙述更为严密，还需作如下两点说明。

（1）甲与乙握手，在计算握手次数时，甲算一次，乙也算一次。

（2）握手并不要求一个都不漏，可握而未握的情况也是有的。例如，行注目礼，双手合掌，拍拍肩膀，对方正在与别人握手不便越位等，这当然不算不礼貌。不过，这样一来就大大地增加了问题的复杂性，使问题似乎变得无从求解了。

解决这个问题，主要是运用逻辑推理。既然宴会上共有 10 人，任何人都不同自己握手，也不同配偶握手，所以任何一个人握手的次数最多只能等于 8。由于这位先生已问过各位宾客，得知他们每人握手的次数都不一样，可见这 9 个人的握手次数必定是 0，1，2，3，4，5，6，7，8。显然握手次数为 8 的那一位已经同除了自己的配偶的每个人都握过了手，所以这个人（无法判定这个人是先生或女士）的配偶必定就是那个握手次数为 0 的人。由于这两个人的关系已被确定，于是就可以请他们退到“圈子”以外。

接着可以推定，握手次数为 7 的人必定与握手次数为 1 的人是一对夫妻；握手次数为 6 的人必定与握手次数为 2 的是一对夫妻；如此等等。

最后只剩下握手次数为 4 的人，可以断定，此人肯定是提出问题的那位先生的太太。

解决问题之后，让我们再来回顾这道题目，对称性、递归性、消去法都从这道题中得到了很好的体现，怪不得一些评论家们说：这样的数学题目，真是太“艺术化”了。

此题的发明权，属于当代美国数学科普大师——马丁·加德纳。

走出迷宫

图 1 画的是一个供人娱乐的迷宫，现在它保存在英国伦敦汉普顿公园里。

图上黑线表示篱笆，白的空隙表示通道。图中央 Q 处有两根高柱，下面有椅子，可供游人休息。A 是迷宫的进口。

问题是，你应该怎样从 A 走到 Q 呢？

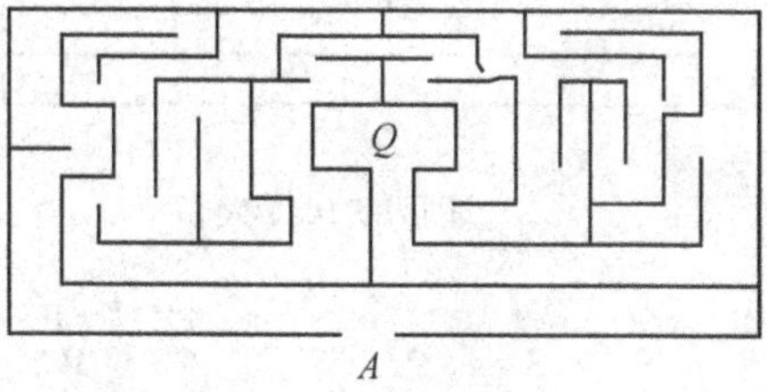

图 1　伦敦汉普顿迷宫

你也许会和大多数人一样，采取一种“碰”的方法，就是说从 A 进入迷宫以后，沿着图上的岔路随意走，碰到死胡同就返回来，另选一条路走下去，直到走进 Q 为止。

采用这种“碰”的方法，当然最后也总能“碰”出一条从 A 到 Q 的路来，但是，这种走法盲目性很大。盲目地走，往往要走进死胡同，一次成功的机会很少。而且，迷宫越是复杂，碰壁的次数可能就越多，走起来就越费劲。

有没有一种方法，使我们不碰壁，从 A 一次成功地走到 Q 呢？

回答是"有"！

我们可以给图 1 中迷宫的各"路口"（道路分叉的地方）和"死角"按顺序标上数字 1、2，…，14，如图 2 所示。然后，再画出对应于这些路口的一个图，如图 3 所示，它有 16 个顶点，其中顶点 A、Q 分别对应迷宫的大门和中央，而其余 14 个顶点分别表示迷宫的 7 个路口和 7 个死角。然后，根据迷宫的构造，在能直接到达的（不经过其他的路口就可以到达的）两路口之间，或者路口和死角之间，各连上一条边。现在，我们对这个图进行观察。

从图 1 我们可以很清楚地看到，在 A 到 Q 之间，存在一条顺序经过路口 2、4、6、8、11、13 的通路，这条路就是从 A 走到 Q 的最直接的通路。顶点 1、3、5、7、9、10、12、14 对应着迷宫的死角，我们根据图 3 选择进入迷宫的最近通路的时候，是不会去光顾这些死角的。但是，我们从图上也可以看出，即使走进了死角，只要按原路返回到出发的路口，再从另一个岔道走下去，也总能走到 Q 点，当然，这样的路就不是从 A 到 Q 的最近通路了。

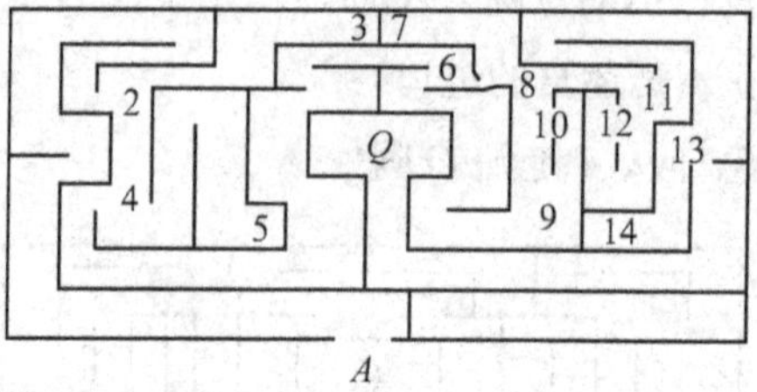

图 2　迷宫的 14 个路口

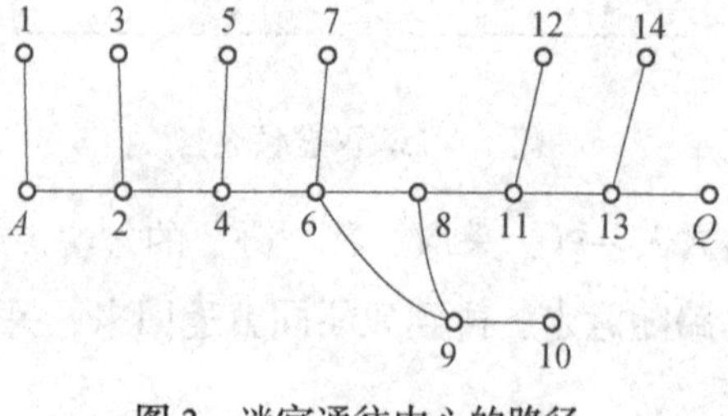

图 3　迷宫通往中心的路径

七桥难题新解

18 世纪时，德国的哥尼斯堡城（现在属于俄罗斯的加里宁格勒市）中流过一条河，叫作普雷格尔河，河上有七座桥连接着两岸和河中心的两个小岛，如图 1 所示。那里的人们热衷于这样的游戏：一个人怎样才能一次连续走过这七座桥，且每座桥只走一次，最后再回到原出发点。没有人想出走法，但又不能说明走法不存在， 这就是著名的“七桥难题”。数学家欧拉将这个问题归结为如图 2 所示的问题，他用 A、B、C、D 四个点分别表示河的两岸和两个小岛，用两点间的连线表示桥。于是七桥问题变为从 A、B、C、D 任一点出发，能否通过每条边一次且仅一次再回到原点。欧拉证明了这样的走法是不存在的，并给出了这类问题的一般结论。

关于图论的第一篇论文就是瑞士数学家欧拉在 1736 年发表的，他由于解决了“哥尼斯堡七桥难题”而被公认为图论的创始人。1736 年被确认为图论的元年，那一年欧拉只有 29 岁。

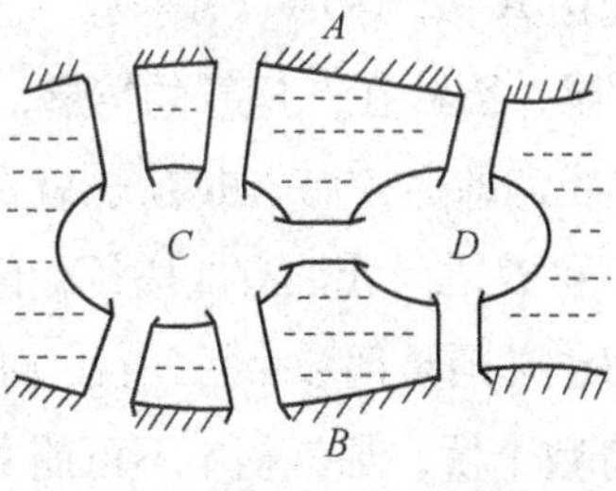

图 1　哥尼斯堡城的七座桥

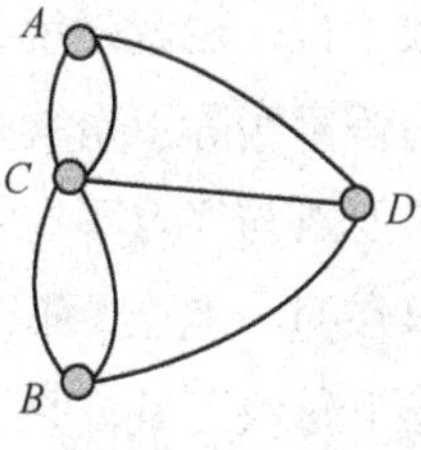

图 2　欧拉抽象的七座桥

其实，欧拉的证明很简单。他给出的一般结论是，一个无向连通图中有欧拉回路，当且仅当图中无奇点。这个一般结论也叫作欧拉定理。这里有几个图论概念，需要先予以明确。所谓的无向连通图即图中线段没有方向且每个点都连通的图如图 2 所示，所谓的欧拉回路，是指一个连通图中，若存在一条回路（起点与终点相同），经过每边一次且仅一次，则这条回路被称作欧拉回路，欧拉回路也就是我们通常所说的一笔画。所谓的奇点、偶点，是指每个点关联的边数，关联奇数个边即为奇点，关联偶数个边即为偶点。欧拉定理的证明很简单。假定图中有一奇点，如果以该点作为起点，则必不能回到此点；若以该点作为中间点，则必有某一关联边要重复经过。

欧拉定理说明，欧拉回路中的各点一定都是偶点。

我们再来看看图 2，图中的所有点都是奇点，难怪找不到欧拉回路。

一个类似的例子是说，如图 3（a）所示，*A*、*B*、*C*、*D* 是水上公园的四块草坪，彼此间有 6 座桥相连。游人想沿 6 座桥都走一遍而不重复（也就是说，每座桥不能通过两遍）应该走什么样的路线？

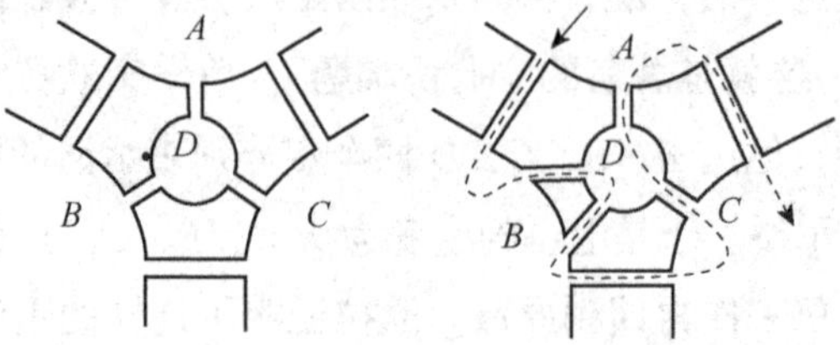

(a) (b)

图 3 水上公园里的六（七）座桥

答案是，6 座桥的情况下不可能有这样的路线。假如是如图 3（b）那样的 7 座桥，那么可以实现。这是为什么呢？因为四块草坪都是割裂开的，彼此间独立，因此必须从每一个草坪走出来才能到达另一个草坪。对于每一区域，进出必须成偶数才行，也就是说要有偶数个桥梁，因此在 7 座桥的情形，*B* 和 *D* 都满足。因为桥梁实际上也就是图论中的连线，即边，而 *ABCD* 也就是图论中的点。由于出发点与终点不在一起，所以 *A* 和 *C* 之间允许有 3 座桥，假如出发点与终点要求在同一地点，那么 *A* 与 *C* 之间也必须是偶数个桥才行。由此可见，6 座桥的情形下每块区域都是 3 座桥，即奇数个桥，那就根本不可能实现沿每个桥走一次的愿望。但是，如果对两个图略作改造，把左图中的 6 座桥改为 4 座（去掉 *A*、*B* 和 *C*、*D* 之间的桥，或去掉 *B*、*C* 和 *A*、*D* 之间的桥，或者去掉 *A*、*C* 和 *B*、*D* 之间的桥），把右图中 7 座桥改为 8 座（*A*、*C* 之间可再增加一座桥），即可构成欧拉回路，实现起点和终点同一。

虽然，欧拉关于七桥难题给出了一个伟大的定理，但是后来人们发现，他却做错了这个具体的题目。原因是，有一条隐蔽的路线被他疏忽了。

我们知道，任何河流都是有源头的。而在河流的源头，河的两岸实际上是连在一起的，也就是说，欧拉少画了一条直接连接 A 和 B 的线段，如图 4 中的虚线。这样，网络图就只剩下 C 和 D 两个奇点。从一座岛（C 或 D）出发，途中绕过河的源头，到达另一座岛（D 或 C）就可以一次走完所有七座桥而不重复。这就是所谓的七桥难题新解。

完整的欧拉定理实际上是这样的，要走完一条路线而其中每一段行程（边）只许经过一次，只有当奇点数是 0（要求回到出发点时即回路条件下）或 2（不回到出发点时）时才是可能的。在所有其他情况下，如果不走重复的路（边），就不能一次走遍整个网络。如果有两个奇点，那么经过整个路线的行程必须从一个奇点开始，到另一个奇点为止。图 3 中的（b）就是这样。

当然，肯定不会有哥尼斯堡人散步一直散到大河的源头去，但是在题目给定的条件下，这是一个合理的解答。

考古人员曾经在希腊进行过发掘工作，经过发掘使一批奇异的古代遗迹重见天日。他们发现很多纪念碑的碑文上反复出现如图 5 所示由圆形和三角形组成的符号。不难看出，这个图中的每个交点都是偶点，因此是可以一笔画出的。大三角形边上的顶点的次数均为 4，中间三个顶点的次数均为 6。

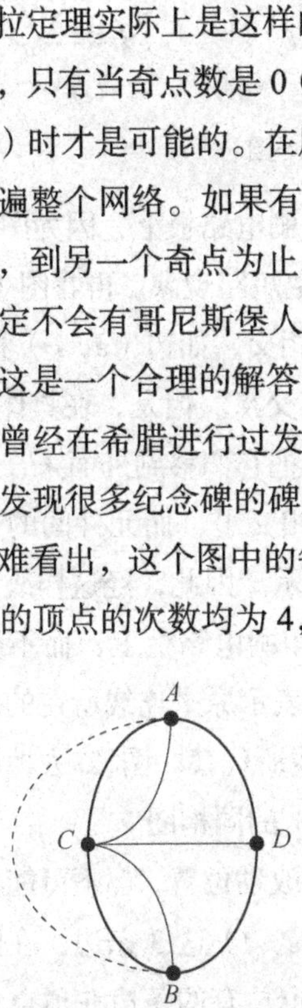

图 4　欧拉遗漏了的一条边

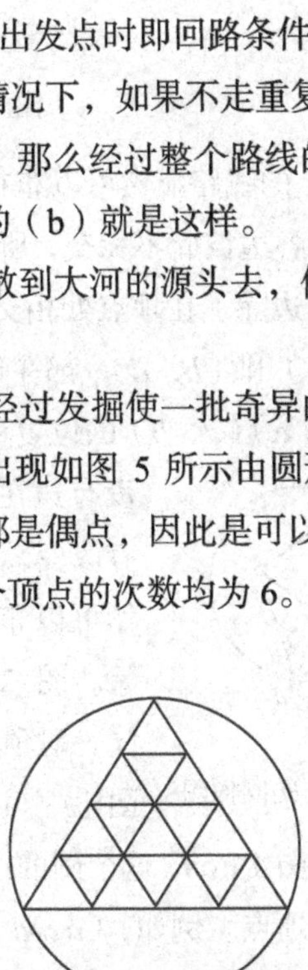

图 5　纪念碑上的图案

平 面 图

在印刷电路板设计过程中，经常遇到的问题是怎样才能使印在同一层板上的线路不会发生短路现象？为了回答这个问题我们先来看看图 1 里的几个图。这几个图表示的都是实际线路，图的顶点表示元件，边表示元件间的连线。现在要问：这几种线路是否都能布在同一层印刷电路板上？我们分别讨论如下。

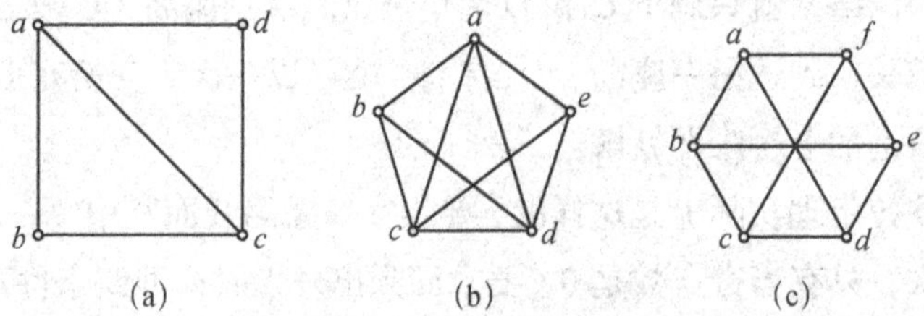

图 1　不同的三个图

图 1（a）的线路显然可以布在同一层印刷电路板上，因为图上各边只在顶点处相交，而各边彼此不相交，所以不会发生短路现象。再看图 1（b），这个图表面看起来，边除了在顶点处相交，彼此还相交，如边（e，c）和（a，d）（d，b），边（a，c）和（b，d），都在顶点之外有交点。但是，在具体布线的时候，只要把边（a，d）（d，b）的位置稍加改动，把它们移到外面来，这样，图上就没有边在顶点之外相交了，而元件间的连接关系并没有改变，如图 2 所示。因此，经这样改动后的线路仍然可以布在同一层印刷电路板上，而不会发生短路现象。图 2 里的虚线表示原来连线所在的位置，它已被同一对顶点间的实线所代替。图 2 去掉图中的虚线在图论中叫作图 1（b）的同构图。

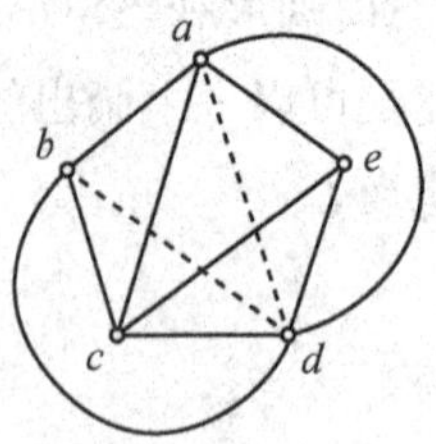

图 2　图 1（b）的同构图

最后再看图 1（c）。这个图的边任你怎样改动位置，都不可能使图上所有的边都只相交于顶点。例如，（a，d）（b，e）（c，f）这 3 条边，在图上相交于非顶点的一点。现在，无论怎样移动这几条边也总有两条边在顶点之外相交，如图 3 所示。所以，图 1（c）所对应的线路是不能布在同一层印刷电路板上的，否则就会短路。

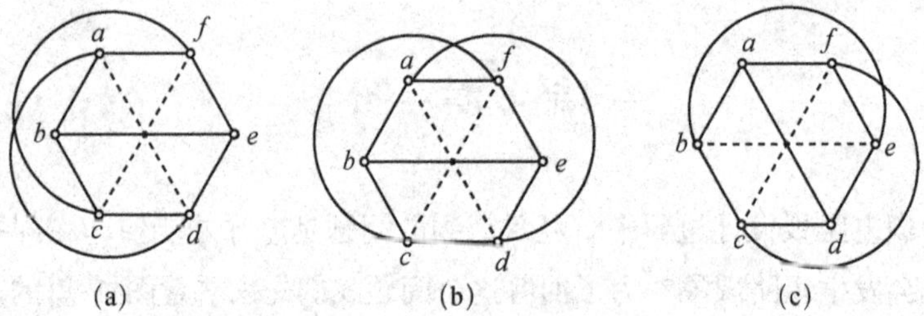

图 3　图 1（c）的三个同构图

图 3 中的三个图去掉虚线都是原图 1（c）的同构图。

从上面的例子我们可以看出，同是画在平面上的图，有的可以画成边在顶点之外不相交，有的就没法画成。根据这一个特点，图论就引入了一个新的概念，叫“平面图”。所谓“平面图”，就是可以画成在顶点之外没有交点的图。例如，图 1（a）和图 1（b）。如果图上的边无论怎样移动总在顶点之外有交点，那么这样的图就叫作“非平面图”，如图 1（c）。

在平面图中，有这样一类图叫作“极大平面图”，它的特点是，在它任意两个不相邻的顶点之间加上一条边后，得到的图就不再是平面图，而是非平面图了。例如，图 1（b），它只有顶点 b、e 不相邻，如果加上边（b, e），它就变成了一个非平面图了，如图 4 所示。所以图 1（b）就是一个极大平面图。

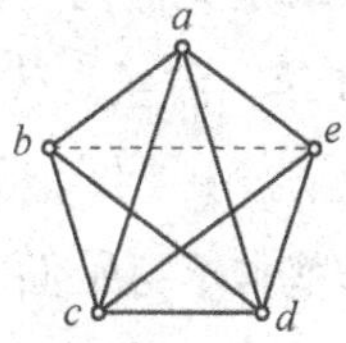

图 4　变换后的 1（b）

接下来的问题就是，怎样判断一个图是不是平面图了。

欧拉在这里给我们了一个现成的结论。他发现平面图有这样一个性质，对于任何连通的平面图，有 $v-e+r=2$。这里 v、e、r 分别表示图的顶点数、边数和区域数。这个公式就叫作平面图“欧拉公式”。这个公式，对于我们所能够看到的现实中的任何一个多面体都是适用的。在多面体中，区域数就是面数，边数即棱数。

所谓平面图的区域就是平面图中的一块。它包括平面上面积有限的区域，叫作“有限区域”，还包括平面图边界之外的一块面积无限的区域，叫作“无限区域”。例如，在图 5（a）所示的平面图中，有 4 块有限区域和 1 块无限区域，分别如图 5（b）和图 5（c）的阴影线所示，所以图 5（a）总的区域数是 5。

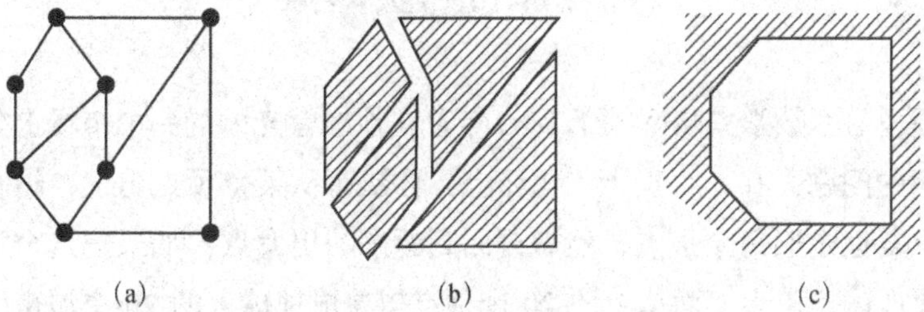

(a)　　(b)　　(c)

图 5　平面图的识别

由图 5 可以验证欧拉公式。这里 $v=8$，$e=11$，$r=5$，$8-11+5=2$。

欧拉公式给出的是连通的平面图所具有的性质，也就是判断一个连通的图是不是平面图的必要条件。如果一个图是连通的平面图，那么它必然具备这些性质，反过来如果一个图不具备这些性质，那么它必然不是一个连通的平面图。可是另一方面如果一个图具备这些性质我们也并不能就得出这个图一定是平面图，因为它还不是充分条件。

欧拉公式虽然可以用来否定一些图是平面图，但是它对于肯定一个图是平面图却是无能为力的。判断平面图的充要条件一直是个悬而未决的问题，直到1930年，波兰现代数学家康拉托夫斯基就这个问题提出了一个很重要的定理。这就是，一个图是平面图，当且仅当它不包含 K_5 或 $K_{3,3}$ 这两种图形。K_5 和 $K_{3,3}$ 称作基本不可平面图，其中 K_5 表示如图 4 所示的一个完全图，$K_{3,3}$ 表示一个 3 阶的完全二分图如图 6 所示［一个完全二分图 $G=(V_1, V_2)$，若 $|V_1|=m$，$|V_2|=n$（符号 $|V_1|$ 随示集合 V_1 中元素的个数），则这样的图可记作 $K_{m,n}$。二分图中的两个点集中任何点都互不相邻，图 6 中的三个二分图是同构图］，这就是康拉托夫斯基定理。

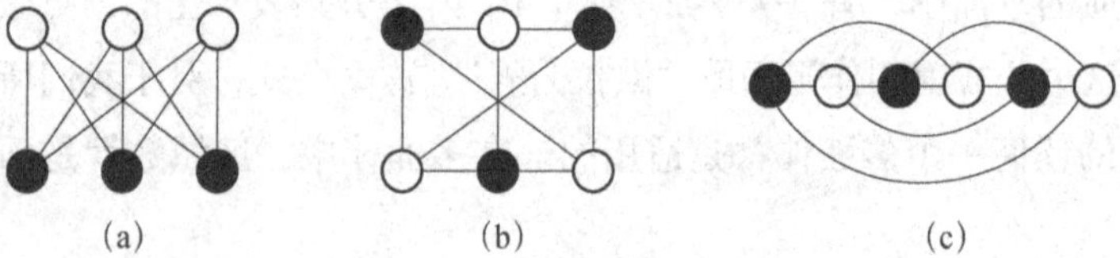

图 6　三个同构的完全二分图

环球旅行与货郎担

英国爱尔兰数学家哈密顿于1859年曾在他经常光顾的一个市场上公开有奖征答下面的问题：在一个正十二面体上，你能否从某个顶点出发，沿着它的一个棱不重复地走遍每个顶点，然后再回到原来的出发点？如果把这个正十二面体想象成地球，正十二面体上的 20 个顶点想象成地球上的 20 个城市，比如伦敦、巴黎、北京等，这个问题就是著名的哈密顿环球旅行问题。题目一经公布立刻引来大批爱好者跃跃欲试，然而得到的解答却都不能令人满意，不久哈密顿公开了自己的解法：他首先将如图 1 所示的这个正十二面体想象成一个由橡皮面做成的东西，然后将它沿某个面拉伸铺平而成为一个平面图形，这样原问题就转化为一个与之等价的平面问题，从而只需在此平面图形上操作（寻找），如此一来显然简便多了。图 2 中的粗黑线所示即为其中一解（图中的 O 点为起点，向哪边走都可以。问题的解答不唯一，读者不妨想一想，试一试，看看你能否想到其他的方案），余下的问题只需将它还原到正多面体上即可[①]。

这种方法在数学上后来就被称为拓扑变换，而具有上述性质的回路，即不重复地遍历图中所有结点的回路就被称为哈密顿回路。货郎担问题实际上就是寻找具有最短距离的哈密顿回路，因此货郎担问题后来也常常被称为最小哈密顿回路问题。

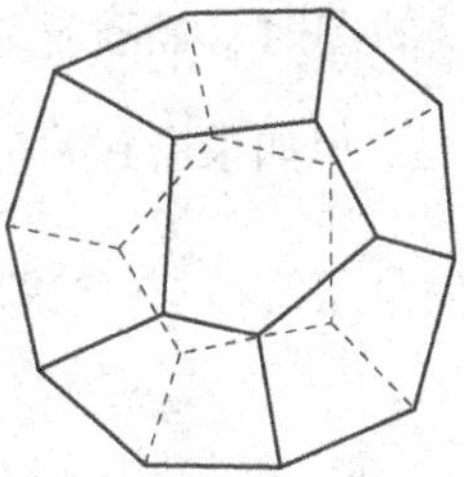

图 1　拓展后的 12 面体

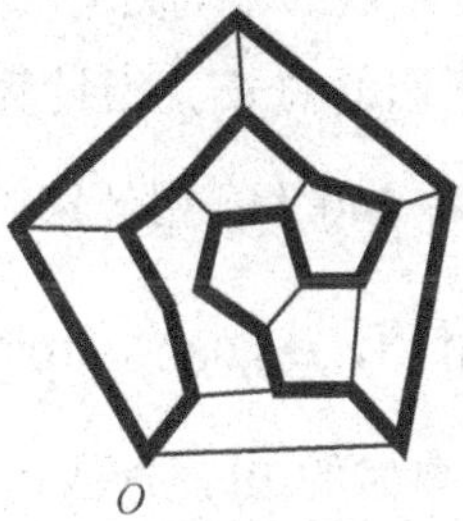

图 2　一条哈密顿回路

货郎担问题又称旅行推销商问题（Traveling Salesman Problem，TSP），其一般提法是：有一个旅行推销商要由某一个城市出发，到若干个城市去销货，他只能经每一个城市一次且仅一次，最后仍回到原来出发的城市，问应如何选择旅行路线才能使得总的行程最短？这是运筹学中一个非常著名的应用问题，实际中很多问题都可以归结为这类问题。

一般地说，通常 n 个城市的 TSP 问题其解共有（n−1）!/2 个，其解的空间非常大。自这一问题提出至今，很多人热衷于研究这一问题，真可谓“引无数英雄竞折腰”。但迄今为止仍然没有提出切实可行的解决办法，以至于该问题成了运筹学界一个世界性的难题。

在 1954 年，美国数学家线性规划之父丹齐格（Dantzig）等曾提出过一种方法（叫非多项式算法），求出了一个有 42 个城市的 TSP 最优解。到了 20 世纪

① 参见吴振奎. 1998. 货郎担问题，(6)：24-26

60 年代，不少人用分支定界法解决了许多有几十个城市的 TSP。还有人提出了一些近似的方法，也解决了许多有几十个城市的 TSP，但找到的只是近似解。值得注意的是，从 20 世纪 70 年代中期开始，Grotschel 与 Padberg 等曾获得了一种解 TSP 的新算法，可以解一些 100 多个城市的 TSP，且都在不长的时间内找到了最优解（参见马良：《高级运筹学》）。然而，总起来说，TSP 问题至今尚没有公认的精准科学的算法。

在 TSP 各种可能的算法中，唯一可行的精准算法只有穷举算法。然而，这里遇到的主要难题是速度和时间问题。虽然现代计算机的运算速度已经可以达到毫微秒（10^{-9}）级（即每秒运算 10^9 次），但对于许多图论问题或任何组合数学上的问题，如果不考虑计算方法，很快就会发现速度还是不够快。例如，要找出一个有 n 个点的完全图上的最短哈密顿回路，如果用穷举法列出所有回路并逐个比较它们的总长，当计算只有 10 个点的图时，需要比较的回路就有 $\frac{1}{2}(10-1)!=181\ 440$ 个，用计算机计算问题不大。但如果遇到的是有 20 个点的图，则有 $\frac{1}{2}(20-1)!=6.082\ 3\times10^{16}$ 条路线，即使是用每秒 10 亿次的计算机，只考虑每条路需要做的 19 次加法运算也要连续计算

$$\frac{6.08\times10^{16}\times19}{10^9\times3.15\times10^7}\approx36.67\text{年}$$

这里尚没有考虑这 1016 条路线需要做的比较运算（每年是 3.15×10^7 秒）。由此可见，不管计算机的速度有多快，如果不借助于数学工具的帮助，往往能如期得到所需要的数值答案，所以必须把计算机的力量与数学方法的技巧很好地结合起来。

这里举一个简单的例子，试求一个具有 4 个村庄的货郎担问题，相互间的距离可用矩阵表示为

$$\boldsymbol{A}_1=\begin{pmatrix}0&6&7&9\\8&0&9&7\\5&8&0&8\\6&5&5&0\end{pmatrix}$$

货郎担问题的最终目的是要求出一条具有最短路长的哈密顿回路，用运筹学中 Bellman 算法中的术语，实质就是要求解 $P_{11}^{(n)}$（该符号表示最多经过 n 步

由 1 点到达 1 点）。因此，可对该方法作如下修改。

（1）令 $L_{ii}=\propto$，即必须严格避免从某一点出来再进入某一点；

（2）在最后计算 $P_{11}^{(n)}$ 之前，每一次迭代中都令 $P_{11}^{(k)}=\infty$，或者可完全省略 $P_{11}^{(k)}$ 的计算，因为在没有遍访所有的 $n-1$ 个村庄以前是不允许回到出发点的。

相应的计算过程如下。

第一步，确定初始值即由 V_1 点一步到达各点（不经过任何点）的最短路长。

$P_{12}^{(1)}=6 \quad P_{13}^{(1)}=7 \quad P_{14}^{(1)}=9$

第二步，计算两步到达各点（经过一个点）的最短路长。

$$P_{12}^{(2)}=\min(P_{13}^{(1)}+L_{32},P_{14}^{(1)}+L_{42})=\min(7+8,9+5)=14$$
$$P_{13}^{(2)}=\min(P_{12}^{(1)}+L_{23},P_{14}^{(1)}+L_{43})=\min(6+9,9+5)=14$$
$$P_{14}^{(2)}=\min(P_{12}^{(1)}+L_{24},P_{13}^{(1)}+L_{34})=\min(6+7,7+8)=13$$

第三步，计算三步到达各点（经过两个点）的最短路长。

$$P_{12}^{(3)}=\min(P_{13}^{(2)}+L_{32},P_{14}^{(2)}+L_{42})=\min(14+8,13+5)=18$$
$$P_{13}^{(3)}=\min(P_{12}^{(2)}+L_{23},P_{14}^{(2)}+L_{43})=\min(14+9,13+5)=18$$
$$P_{14}^{(3)}=\min(P_{12}^{(2)}+L_{24},P_{13}^{(2)}+L_{34})=\min(14+7,14+8)=21$$

第四步，计算四步回到 V_1 点（经过三个点）的最短路长。

$$P_{11}^{(4)}=\min(P_{12}^{(3)}+L_{21},P_{13}^{(3)}+L_{31},P_{14}^{(3)}+L_{41})=\min(18+8,18+5,21+6)=23$$

运用反推法可知，最短路线为 $V_1\to V_2\to V_4\to V_3\to V_1$。

这种求解货郎担问题的方法，可以叫作准 Bellman 算法。

指 派 问 题

在生活现实中，经常会遇到这样一类问题，某单位有 n 项任务需要完成，每一项任务只能由一人来承担。由于每个人的专长不同，所以完成不同任务的效率（时间或费用）不同。因而指派哪个人完成哪项任务才能使总的效率最高（所需时间或费用最小），这类问题通常就称作为指派问题（Assignment Problem）。

举一个例子来说。有一份项目说明书，分别要由汉语译成英、日、德、俄四种文字，交由甲、乙、丙、丁四个译员去完成，因各人的专长不同，所以译成不同文字所需的时间不同，假定各人完成各项工作的时间如表 1 所示，问应如何分配才能使完成四项给定任务的总时间最少？

表 1　四个译员完成四项工作的效率

	汉译英	汉译日	汉译德	汉译俄
甲	2	10	9	7
乙	15	4	14	8
丙	13	14	16	11
丁	4	15	13	9

指派问题，运筹学里有专门的求解方法，比较专业，这里不做介绍。这里介绍一种简单的方法，可以叫作表上作业法。具体可分两步做。

第一，用查行法或查列法确定初始方案，即找出每行或每列的最小元素，加上圆括号。仍以上述的例子为例（用查行法），得到表 2。

表 2　初始方案

	汉译英	汉译日	汉译德	汉译俄
甲	(2)	10	9	7
乙	15	(4)	14	8
丙	13	14	16	(11)
丁	4	15	(13)	9

每圈定（用圆括号）一个元素即划去相应的列，表示相应的工作已经安排，即不再考虑别人。

第二，计算检验数，调整方案。

检验数的计算方法是，针对每一个圈定元素，两两组合，可计算一个检验数。计算的方法是，以两个圈定元素为对角，可构成一个矩形，用圈定元素的效率和减非圈定元素的效率和。这样总共可求得 $n\times(n-1)/2$ 个检验数，如所有的检验数都小于等于 0 即方案为最优方案。

如上述，初始方案的检验数有 $\Delta12=-19$，$\Delta13=-7$，$\Delta14=2$，需调整方案（注意，这里检验数的下标均为行组合，因为每一行只有一个圈定元素，所以这种表示方法不会产生歧义）。调整后的方案（调整的方法就是将圈定元素交换位置）如表 3 所示。调整后的检验数是：△12=−11，△13=−3，△14=−2，△23=−7，△23=−22，△34=−7，故已得最优方案。调整后的方案如表 3 所示。

表 3 调整后的方案

	汉译英	汉译日	汉译德	汉译俄
甲	2	10	(9)	7
乙	15	(4)	14	8
丙	13	14	16	(11)
丁	(4)	15	13	9

表 3 表明，甲做汉译德，乙做汉译日，丙做汉译俄，丁做汉译英，总用时 28 小时。

表上作业法虽然简单，但有时候可能会出现假性最优。如表 4 的例子，试用表上作业法予以求解。

表 4 效率矩阵

	1	2	3	4
甲	7	4	3	2
乙	6	5	4	3
丙	8	6	2	1
丁	7	6	5	3

按照表上作业法（查行），该问题的初始方案如表 5 所示。计算检验数后，发现△13=3，调整后如表 6 所示。再计算检验数，已全部小于等于 0，已没有了可调整的余地，但该方案并非最优，最优方案是 $X12=X21=X33=X44=1$，$Z=15$。而表 7 的方案是 $Z=16$，这就是假性最优。

表 5 表 4 的初始方案（查行）

	1	2	3	4
甲	7	4	3	(2)
乙	6	5	(4)	3
丙	8	(6)	2	1
丁	(7)	6	5	3

表6　表4的调整方案

	1	2	3	4
甲	7	(4)	3	2
乙	6	5	(4)	3
丙	8	6	2	(1)
丁	(7)	6	5	3

为什么会发生这种情况？原因是该问题比较特殊，特殊就特殊在它的行最小元素都集中在最后一列。对这种情况初始方案改为查列（最小）法即可纠正。应用查列的方法，初始方案的所有检验数均小于等于0，一次就得到了最优方案，如表7所示。

表7　表4的初始方案（查列）

	1	2	3	4
甲	7	(4)	3	2
乙	(6)	5	4	3
丙	8	6	(2)	1
丁	7	6	5	(3)

所以，用表上作业发求解指派问题，最好查行和查列并用。

汉方诊所的问题

日本也有“中医”，不过他们不叫“中医”，称作“汉方医药”。有一天，日本仙台市藤野先生的诊所里来了五位病人，藤野先生一看，认为毛病不大，只要分别在患处贴上一种特制膏药，便可见效。无奈这种膏药用得只剩一张了，但藤野先生认为这不碍事，因为它是家传秘方，十分灵验，对于小毛病，只用一小部分就足够了。

这张膏药是正方形的，为了表示对五位就诊者不分彼此，一视同仁，他必须设法把大膏药分拼成五张一样大小的正方形。为了拼合容易，当然不能把大膏药剪得太碎，而且剪出的形状要力求简单、对称。

亲爱的读者，你有办法吗？

只见藤野先生眉头一皱，计上心头。他用剪刀只剪了四下，便干净利落地解决了问题。你知道他是怎么剪的吗？

他的办法是把正方形每边的中点分别与正方形的顶点相连接，画出四条线，把正方形分作九块，如图 1 所示，中间一块就是一个小正方形，四周八块按一大一小搭配，正好能拼成四个小正方形，其中每一个的面积都与中间一块一样大。

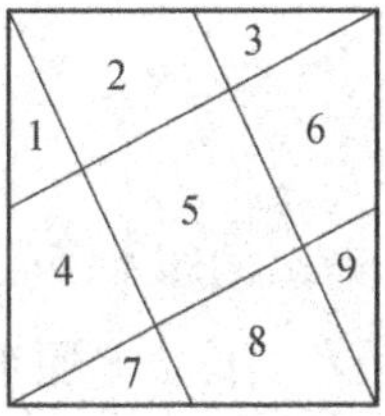

图 1　把正方形一分为五

红十字变矩形

有一个红十字，它由五个全等的正方形组成，如图 1 所示。你能把它切成三块，拼成一个长是宽两倍的矩形吗？

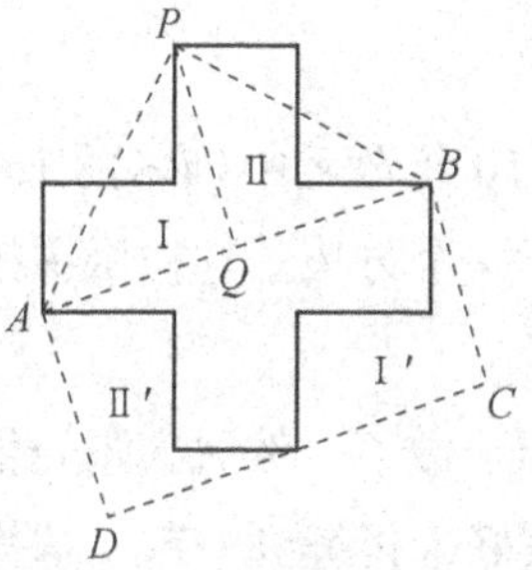

图 1　红十字变矩形

设每个正方形的边长为 a，则十字形的面积为 $5a^2$。令拼成的矩形的长为 x，则宽为 $x/2$。它们的面积相等，即

$$\frac{1}{2}x^2 = 5a^2$$

所以 $x = \sqrt{10}a$。

可见矩形的长恰为一排三个正方形所组成的矩形对角线 AB 之长（依勾股定理，$\sqrt{9a^2 + a^2} = \sqrt{10}a$）。由图形的对称性知，图中十字形的一角顶点 P 与 A、B 恰是一等腰直角三角形的顶点，故 AB 的中点 Q 到 A、B、P 三点的距离都等于 $x/2$。所以沿 AB、PQ 将十字形切开成三块，并将图中 I 与 II 这两块，分别移至 I′与 II′处，就可拼成一个长是宽两倍的矩形。

地 毯 裁 剪

著名的魔术师张先生有一块长和宽都是 130 厘米的地毯，他想把它改成宽 80 厘米、长 210 厘米的地毯。

这一天，张先生就拿着这块地毯找他的好朋友地毯匠赵师傅去了。张先生说：“你帮我把这块地毯改一下吧。只要把它裁成四块，再把它们缝在一起，就能变成一块正好 80 厘米 × 210 厘米的新地毯。”

赵师傅以为张先生在和自己开玩笑，于是他说：“对不起，张先生，你这个伟大的魔术师，数学怎么这样差，130 乘 130 是 16 900，而 80 乘 210 是 16 800。差着 100 呢，你让我怎么办得到呢？”

张先生自负地一笑，说：“我亲爱的朋友，伟大的魔术师是从不会错的。现在，你就照我说的做吧。”随后他递给赵师傅一张图，让赵师傅先把地毯照着样子裁成四块。

如果是你，你能找到恰当的裁法吗？

当然，最简单也是最直接的方法，就是把地毯裁成 10 厘米 × 10 厘米的 169 个正方形，然后拼成 80 厘米 × 210 厘米的长方形，剩下一个方块。这样做拼接太麻烦。毫无疑问，分割的小块越少拼接起来就越方便。

张先生拿出的图纸如图 1 所示。赵师傅按图纸的样子做了。然后，张先生又拿出另一张图，他请赵师傅将裁好的地毯块按样子摆好，再缝到一起，这样就得到了一块 80 厘米 × 210 厘米的地毯。

亲爱的读者，如果是你，你能知道这第二张图是什么样吗？

第二张图如图 2 所示。

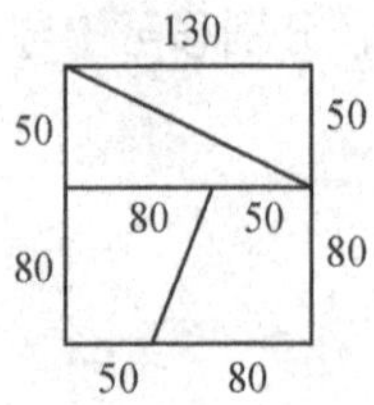

图 1　正方形变长方形（一）

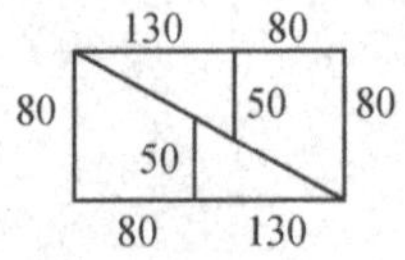

图 2　正方形变长方形（二）

赵师傅觉得这事太奇怪了。他想，这怎么可能呢？就这么一裁一缝，地毯的面积就从 16 900 厘米^{2}缩小到 16 800 厘米^2，那 100 厘米^{2}到哪里去了呢？

这个古老的故事是这样的令人惊奇和难以解释，值得我们花费一些时间动手按照所说的方法做一做。我们在图纸上画一个正方形，把它剪成四块，重新安排一下，拼成一个长方形。除非这个图很大并且作图和剪裁都搞得十分准确，人们会发现拼接成的长方形在主对角线附近发生了微小的重叠。正是沿对角线的这点不完美的重叠导致丢失了 100 个单位的面积。

关于地毯，魔术师还有另一个故事。

几个月后，张先生又来到赵师傅这里。这回，他拿来的地毯是个长和宽都是 120 厘米的正方形地毯。

张先生摆弄着这块地毯，对赵师傅说道："老伙计，你看我多倒霉呀，电熨斗倒下来，偏偏掉在我这心爱的地毯上。瞧，这里烧出了一个洞，多可惜。不过我算过了，只要把它裁剪一番再缝上，就能既补上这个窟窿，又不缩减地毯的大小。你就帮帮忙吧。"

赵师傅对张先生的话将信将疑，但他还是按照张先生所教的方法做了。

他先按图 3 将地毯裁剪，再按图 4 把裁好的几块地毯缝合在一起。好奇怪，缝好的地毯仍然是个长宽都是 120 厘米的正方形地毯，但那个窟窿却没了。

这到底怎么回事呢？补上这个窟窿的 100 厘米^{2}是从哪里来的呢？两个边长相同的正方形怎么会有不同的面积呢？

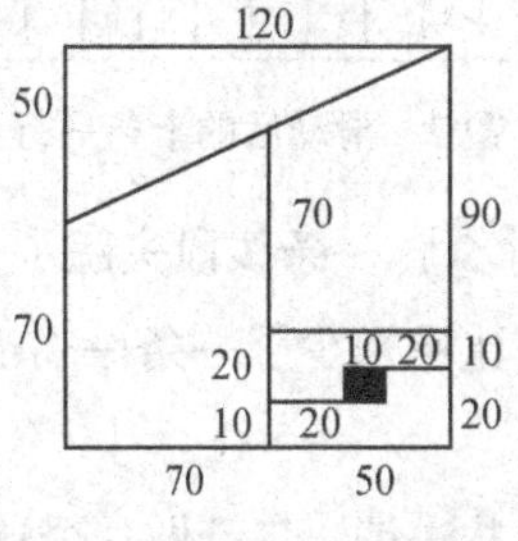

图 3　补上正方形中的窟窿（一）

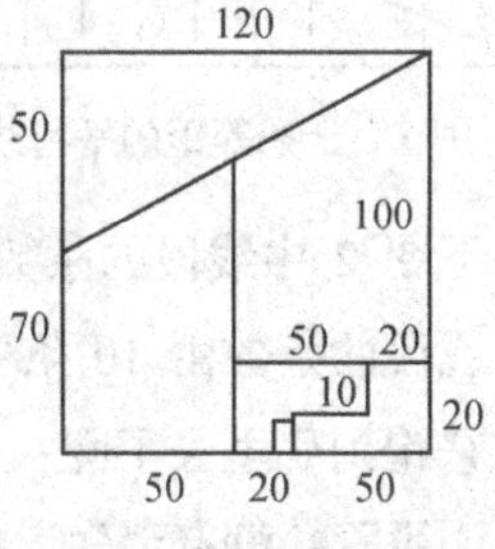

图 4　补上正方形中的窟窿（二）

在这个地毯悖论中所丢失的面积是一个实实在在的窟窿。与前一问题不一样的是，这里的两个图形在各自的那条斜线上都是完美地接合在一起，并无重叠和空隙。那个不见了的 100 厘米^{2}正方形到哪里去了呢？

为了弄清这是怎么回事，让我们一起来做两个全等的、上面没有孔洞的正方形吧，做得越大越好。先把其中的一个按图 4 中的式样精确地剪成所需要的五块，然后把它们重新安排一下拼成那个带孔的图形，见图 3，最后把它放到未经剪切的正方形上边。待两者的上边和两侧边都重合后，我们就会发现那个带孔的图形不是真正的正方形。它实际上是个长方形，比正方形高 1/120 厘米，于是它的底部就多出一个 120 厘米 × 1/120 厘米的窄带，其面积恰好与地毯上的孔洞面积一样。

这就解释了地毯上那个窟窿是如何消失的。

失踪的线段

如图 1 所示，先在一块长方形的纸片上画出对角线，然后画 10 条平行相等且等距的竖直线段，注意对角线与最左边和最右边两线交点的位置（最左边的下端和最右边的上端都在对角线上）。现在沿对角线把纸片剪开，然后把下半部分向左下方滑动，使两小块纸片上的竖线错开一格对齐，得到图 2。

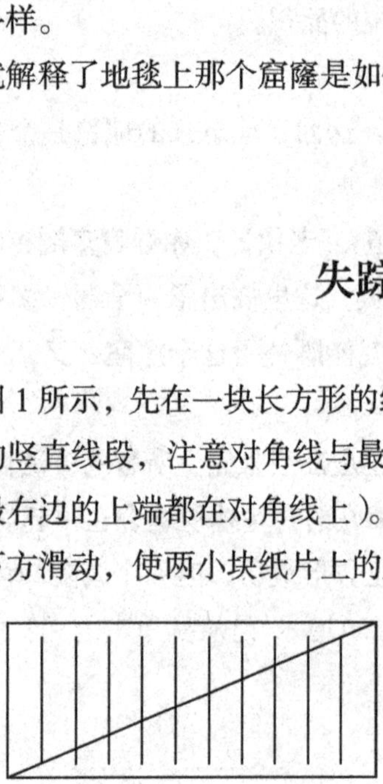

图 1　十条等距的平行线

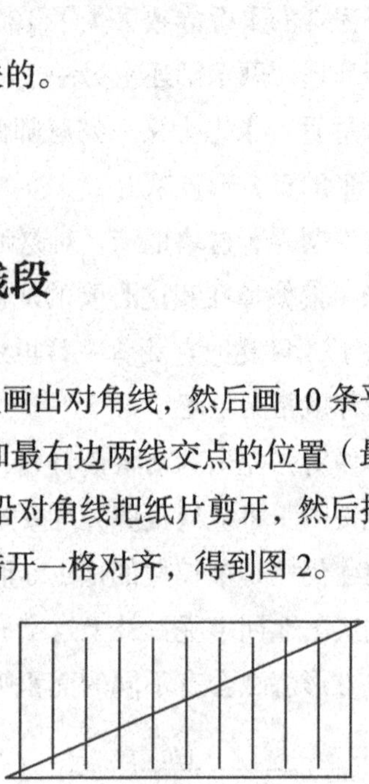

图 2　滑动后的十条平行线

重数一下图 2 中线段的条数，你会发现什么？一条线段失踪了，你知道它去哪了吗？线段的条数由 10 条变成了 9 条，比原来少了一条!一条线段似乎不翼而飞了。它跑到哪里去了呢？

实际上，线段并没有消失。找到它的一个办法是，自己做一个这样的纸片，实际操作一下，就会很快明白其中的奥秘。

当然了，我们也可以通过详细计算来解释它。

设每条线段的长度为 1，并把线段从左到右编号为 1，2，…，9，10。因为各线段平行，利用平行线截得的线段成比例，从左到右，10 条线段下半部分的长度分别为 0, 1/9, 2/9, …, 8/9, 1。而其上半部分的长度分别为 1, 8/9, 7/9, …, 1/9，0。

最左边线段的下半部分与最右边线段的上半部分长度都是 0, 除去它们, 现在 10 条线段被分成 18 份。按上面介绍的操作方式，把下半部分向左下方滑动，使两小块纸片上的竖线错开一格对齐后。可以看到，最右边的第 10 条线段与第 9 条线段的上半部分接在了一起；第 9 条线段的下半部分与第 8 条线段的上半部分接在了一起，…，第 2 条线段的下半部分与第 1 条线段的下半部分接在了一起。这样，一共得到 9 条新的线段，并且容易明白，重接后的 9 条线段长度相同，都是 10/9，即比原来的线段长度都增加了 1/9。

至此，线段失踪之谜完全解开了。线段并没有消失，它不过是被平均分配给了其余 9 条线段，而使它们都增长了 1/9 而已。因为新的 9 条线段是原来的 10 条线段重排后得到的，因此追问哪一条线段失踪了是无意义的。

如果进行反操作，即把图 2 中下半部分往回滑即向右上方滑动，我们会发现第 10 条线段又出现了，此时所得到的每一条线都较操作前短了 1/9，而多出的一条线段相当于是从原来的 9 条线上每条截取 1/9 合成的。

折纸与包络

给你一张长方形的纸，假如就是一张 A4 打印纸，要求你通过多次折叠，使得折叠后的印痕为抛物线，你知道怎么做吗?

或者，给你一张圆形纸片，要求你通过多次折叠，使得折叠后的印痕为椭圆，你又该怎么做呢?

这里涉及数学里面一个重要概念，即包络。

如图 1 所示，把一张长方形的纸片 *ABCD* 的一个角，即 *C* 角斜折，使得 *C* 点老是落在对边 *AB* 上，这样经过多次折叠，那么折叠后留下的印痕的光滑曲线便是一条抛物线，这条抛物线也就是刚才多次折叠后留下的所有直线的包络。

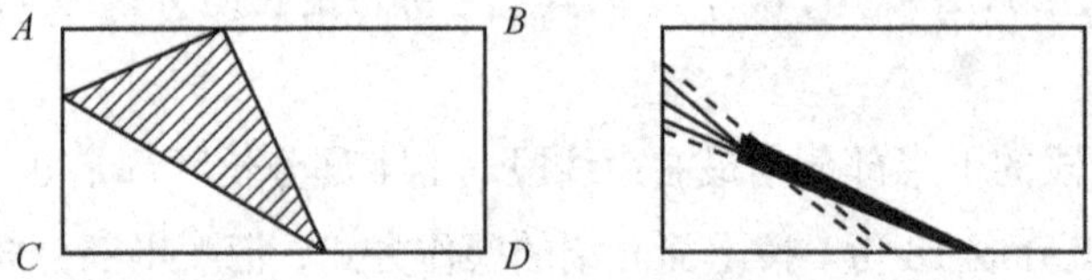

(a)　　　　　　(b)

图 1　折出抛物线

如果使用一张圆形纸片，在这个圆内任意取一个不是圆心的点 A，然后把纸片折叠起来，在折叠的时候要使得翻转过来的圆弧正好通过 A 点，折好一个折痕后就把纸摊开，再选一个地方折叠，这样反复地折下去，当折叠的次数足够多时，椭圆就显露出来了，椭圆就是这些折痕的包络，如图 2 所示。

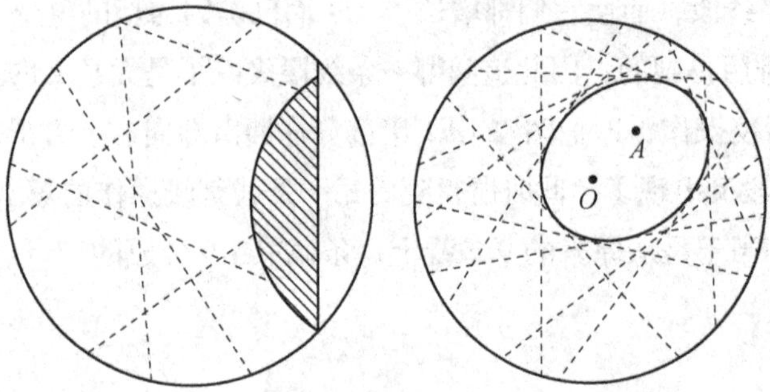

(a)　　　　　　(b)

图 2　折出椭圆

它是以 O、A 为焦点，长轴为 R 的一个椭圆，其方程是

$$\frac{(x-a/2)^2}{(R/2)^2}+\frac{y^2}{(R/2)^2-(a/2)^2}=1$$

其中的参数 a 等于 OA 的距离。

所谓包络，就是以某种方式与一族曲线（或直线）相切的曲线。铁轨上滚动的车轮在不同时刻的位置就构成了一个圆心在一条直线上的等半径圆族，而铁轨与这族圆相切，所以铁轨就是这族圆的包络。

包络问题是数学里的一个重要分支，即微分几何的研究对象，与生活中的许多问题都密切相关。

池塘改造

有一口正方形的池塘如图 1 所示，池塘的每个角各有一棵古树，非常漂亮。现需要对这口池塘进行改造，要求改造后的池塘比原来面积扩大一倍，正方形的形状不得改变，古树不得毁掉，也不得被水淹没。应该如何改造？

亲爱的读者，你有办法吗？

要使池塘的面积增加一倍，而池塘的形状不变，古树原地不动，这是可能的。图 2 给出了这个问题的一个解决方案。你可以很容易地看出，新增加的池塘面积正好是原来面积的 1 倍。只要按原来池塘的两条对角线各画两条平行直线，然后计算直线围成的面积即可。

图 1　一个正方形池塘

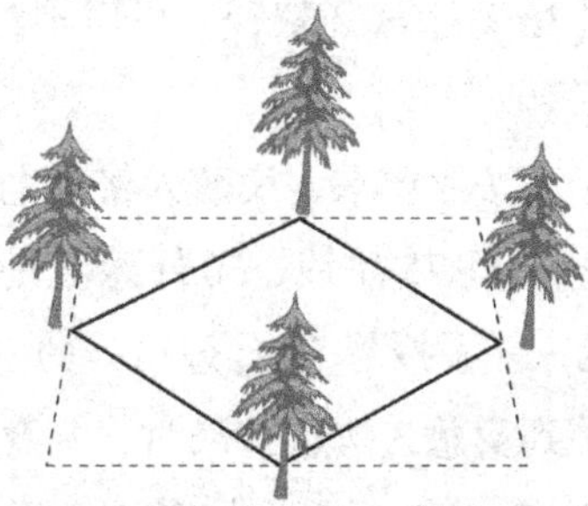

图 2　改造后的正方形池塘

综合计价

小英和小兰是两个农村子弟，在同一所学校上学。星期天两人各自在家里拿了 30 个鸡蛋去赶集。临走的时候，小英的爸爸关照说：“这 30 个蛋都是挑选出的特大蛋，1 元钱 2 只，共卖 15 元。”而小兰的爸爸叮嘱说：“这些鸡蛋都很小，1 元钱 3 只，共卖 10 元钱。”

来到集市，小英把鸡蛋交给了小兰，让她代卖，自己找同学玩去了。一个顾客问了价格后，买去了全部 60 个蛋，按每 5 个蛋 2 元计算共付了 24 元。

当小英和小兰分钱时，发现需要 25 元才够分，怎么会少了 1 元呢？买主的计算方法错在哪里呢？

顾客的钱的确付少了。这个错误是由于把价格不同的蛋混在一起计费所造成的。按 5 只蛋 2 元计价，应该是每 2 元买 3 个小蛋和 2 个大蛋，30 个小蛋只能搭配 20 个大蛋，这 50 个蛋应付 20 元。而其余 10 个全是大蛋，并无小蛋可以搭配，应以 1 元 2 只计价共 5 元。因此顾客总共应付 25 元，而不是 24 元。

这是一个非常有趣的综合计价问题，与综合计价问题相对应的是如何将整体产品分割分别计价，这类问题在现实中还真不少。

记得还在读小学的时候，我们村的一位老先生就给我讲过这样的一个故事。说的是，有一个人卖葱，价格是 2 块钱 1 斤。有一个顾客给卖主说，你可不可以把葱叶和葱白分开卖，葱叶我给你 5 毛钱 1 斤，葱白 1 块 5 毛钱 1 斤，合在一起还是 1 斤葱 2 块钱，可以不？卖葱的人想了想，这样不亏呀，于是爽快地答应了。

于是按照要求，卖葱人将他的全部 100 斤葱分成葱白 50 斤，葱叶 50 斤，50 斤葱白是 75 块钱，50 斤葱叶是 25 块钱，总共 100 块钱。买葱人给了卖葱人 100 元，一手拎着 50 斤葱白，另一只手拎着 50 斤葱叶，高高兴兴地走开了。

等到卖葱人醒过神来时，买葱人已经走远了。

其实，100 斤葱应该卖 200 元才对，1 斤葱白加 1 斤葱叶应该是 2 斤葱，2 斤葱应该卖 4 块钱才对。

当然，如果买葱人给的价钱是葱白 3 块钱 1 斤，葱叶 1 块钱 1 斤，那就不会少付 100 元，就是合理价格。但是，我们需要知道，说这个价格合理是有条件的，即葱白和葱叶的比例是 1∶1，如果葱白和葱叶的比例不是 1∶1，而是 2∶1 或 3∶1 或 4∶1，那么这个价格就不是合理价格。假如葱白和葱叶的比例是 4∶1，那么 100 斤葱按我们所说的合理价格，买葱人就要付 260 元钱，而不是 200 元钱，这显然是有问题的。

那么，在葱白和葱叶的比例不同的情况下，应该如何确定两者的价格呢？

在这里，按照数量和价格等比例分配的原则，我提出一种计价方法，是否可行，大家可以一起探讨。

以葱白和葱叶 4∶1 为例。按照这一比例，即 5 斤葱有 1 斤叶，这 1 斤葱叶应该是整卖价格的 1/5，即 0.4 元 1 斤。那么葱白的价格如何确定呢？已知 5 斤葱中有 4 斤葱白，5 斤葱整卖应该是 10 元，葱叶已得到 0.4 元，剩下 9.6 元应该由 4 斤葱白实现，故葱白的价格应该是 2.4 元 1 斤。

再看葱白和葱叶 3∶1 的情况。按照这一比例，即 4 斤葱中有 1 斤叶，所以这 1 斤葱叶的价格应该是整卖价格的 1/4，即 0.5 元 1 斤。使用与上述类似的方法，葱白的价格就应该是 2.5 元 1 斤。

其他比例条件下的合理价格我们无须再用上述的方法确定了。现在我们只要观察一下上述 1∶1、3∶1 和 4∶1 条件下合理价格的特点，就不难看出，合理定价的方法是，低值部分即葱叶降价，高值部分即葱白加价。那么降价的降多少，加价的又加多少呢？不难看出，这个额度的确定需要按比例等分，4∶1 就 5 等分，3∶1 就 4 等分，1∶1 就 2 等分，如此等等。等分之后，4∶1 者就减 4 加 1，即低值的减 4，高值者加 1，3∶1 者就减 3 加 1，1∶1 者就减 1 加 1，自然 2∶1 者就减 2 加 1。

我们可以对上述几种情况做个简单的证明。

为此，我们设整卖的价格为 p，卖出的总量为 q，因为，销售收入=销量×价格，于是应该有

4∶1 时，$\frac{4q}{5}\times\frac{6p}{5}+\frac{q}{5}\times\frac{p}{5}=qp$

3∶1 时，$\frac{3q}{4}\times\frac{5p}{4}+\frac{q}{4}\times\frac{p}{4}=qp$

2∶1 时，$\frac{2q}{3}\times\frac{4p}{3}+\frac{q}{3}\times\frac{p}{3}=qp$

上述结果表明，我们提出的方法应该是可行的。

综合计价问题在现实生活中具有重要的意义。比如，在市场上的水果摊点，我们常常会看到，一些精明的卖家，总是会把他的水果，比如苹果、桃子等分成两堆，一堆是比较好的，一堆则是比较差的，好的无疑可以卖个好价钱，差的因为价格较低，也可能会卖得更快些。在这里，好的和差的如何计价，就可以参考上述方法。如果好的和差的是 1∶1，就可以在均价上加 1 减 1，如果好的和差的是 2∶1，就可以减 2 加 1，等等。当然也可以在如此确定的价格基础上均适当地加点，因为分拣是需要付出劳动的。

再进一步，现代市场营销中的市场细分，也存在着一个如何将整体市场分割，对不同的市场商品分别计价的问题。毫无疑问，上述的方法具有重要的参考价值。

看来，综合计价问题的确需要慎重，既要防止其中可能的陷阱，也要避免可能出现的不公和得不偿失。

卡车寿命

汽车在行驶的过程中，车轮会磨损，载货卡车尤其磨损更快。如何设法降低磨损程度，延长载货卡车的使用寿命，是个值得研究的重要问题。

已知货车的一个前轮胎的耐磨里程是 15 000 公里，一个后轮胎的耐磨里程是 25 000 公里，因为卡车通常前面有 2 个车轮，后面有 4 个车轮。根据这种情况，你能有什么招数，以便卡车在轮胎完全磨损以前行驶的距离最长，最长距离是多少呢?

我们先算算卡车轮胎在完全磨损之前，能行驶的最大距离。

我们将 1 个轮胎作为 1 个橡胶单位，那么在卡车的整个寿命周期中共有 6 个橡胶单位供使用。按条件每行驶 1 公里前轮胎磨损 1/15 000 个橡胶单位，后轮胎磨损 1/25 000 个橡胶单位。每行驶 1 公里 6 个轮胎共磨损 $2/15\,000+4/25\,000=11/37\,500$ 个橡胶单位。假设货车行驶了 x 公里，那时轮胎总共磨损了 $11x/37\,500$ 个橡胶单位。因为总共磨损不能超过 6 个橡胶单位，所以有 $11x/37\,500\leqslant6$，即 $x\leqslant20\,454.5$，即车轮在完全磨损以前，可行驶的最大距离是 20 454.5 公里。

那又应如何确保卡车在轮胎完全磨损以前，完成最大距离的行驶任务呢?

方法是，在行驶 20 454.5 公里的过程中，当驶过了全程的 1/3 时，就停下来，把前面两个轮胎和后面的交换；在驶过全程的 2/3 时又停下来，把前面两个轮胎和后面没有换过的两个交换，即 6 个轮胎每两个都安在前轮一次，并且都经过全程的 1/3。这样，在完成最大行驶距离时，6 个轮胎同时报废。

哨所换班

某班的12名战士担任夜间放哨的任务，他们的执勤时间是晚上6点至次日清晨6点。12名战士巡逻12个小时，每人恰好1小时，每逢整点换班。一天，一名战士病了，不能值班，于是，其余11人每人需巡逻$1\frac{1}{11}$小时。这样一来，换班时间就不像原先那样有规律了。这个$1\frac{1}{11}$在表上怎么看呢？大家看着墙上的挂钟，都沉默了。

突然，一个小战士说："有了，我想出了一个办法，使换班时间既简单又准确。"

你知道他想了一个什么办法吗？

他的办法是，第一个战士晚上6点上岗后，然后每逢分针和时针成一条直线时就换岗，这样就可以保证每人巡逻时间相同且都等于$1\frac{1}{11}$了。

因为晚上6点，钟表的分针和时针恰成一条直线但不重合，到次日清晨6点以前，这种情况还要发生11次。我们知道，在一昼夜中，时针转2周，而分针转24周，分针比时针多转22周。因此，在一个昼夜中分针要一次又一次地赶上并超过时针，共22次。也就是说，时针转1周，而分针转12周，分针比时针要多转11周。分针每转一周，时针就转1小时即1/12周。如果以晚上6点时针和分针成为直线的位置作为始边开始度量角度，则时针和分针成为直线的位置相应的角度应为$360°/11n$，$n=1, 2, \cdots, 11$。

如果你还怀疑这个结果，我们可以简单计算一下。钟表面共有60个刻度，分针每走过1格表示1分钟，走过60个格就是1小时。假设时针与分针连续2次形成直线的这段时间里，分针走了x格，则时针走了$x-60$格。解$x/12=x-60$，得到$x=720/11\approx 65.5$格，也就是说，两次成直线之间的时间为12/11小时，1/11小时也就是约5.5分钟。

生 财 有 道

相邻的某两个国家因为交战，关系极为紧张。某日 A 国宣布："今后，B 国的 1 元钱只折合我国的 9 角。" B 国听说这一消息后，非常气愤，于是采取对等措施，也宣布："今后，A 国的 1 元钱只折合我国的 9 角。" 因此，有一个住在边境的商人趁着这个机会发了大财，你知道他是怎么做的吗？

既然 A 国宣布，B 国的 1 元钱在 A 国使用只折合 9 角，这说明，两国的货币还是流通的，那就可以在 A 国买东西时换 B 国的钱。所以精明的商人就会这样做，首先在 A 国购买 10 元钱的东西，付 1 张 A 国的百元纸币，然后要求，找 B 国的纸币（肯定需找回 100 元），所以他就赚了 10 元钱；然后他拿着这张钱，用同样的方法到 B 国买东西，同样要求找 A 国的纸币（同样需要找回 100 元），如此循环，就在不知不觉中赚了一大笔钱。

当然可以不一定要买东西。完全可以直接兑换货币，即在 A 国使用本币兑换币值低的 B 国货币，再拿到 B 国用 B 国本币兑换币值低的 A 国货币，换到 A 国货币后再到 A 国换 B 国货币，不断反复，最终必发大财。

幼儿园的纠纷

幼儿园开学第一天，刚刚入园的小班小朋友看到阿姨准备发水果糖，大家一拥而上，有的拿得多，有的拿得少，动作慢的小朋友一颗也没拿到，于是委屈地哭起来了。

阿姨要求大家把拿到的糖果统统放回盒子里去，以便重新平均分配，但那些拿得多的小朋友，撅着小嘴怎么也不肯。

怎么办呢？

聪明的阿姨立刻说："我们大家来做个游戏，好吗？"

小朋友一听乐开了，大家都说“好”！阿姨让小朋友围坐成一圈，要求大家数一数自己手里的糖块是单数还是双数；如果是单数，阿姨再给他一块凑成双数。接下去，每个人把手中糖块的一半分给他的左邻，同时从他的右邻手中接过半数糖块，这就完成了第一次调整。之后，如果发现谁的手中糖块变成了单数，再向阿姨要一块凑成双数。然后再把手中糖块的半数分给他的左邻，同时从他的右邻手中接过半数糖块，这就完成了第二次调整。

说也奇怪，经过几次这样的调整后，每人手中的糖块一样多了，一场纠纷无形中解决了。

为了了解调整是怎样进行的，我们以一个最简单的例子说明如下。

假定只有三个小朋友，开始时，A、B、C 手中各有 6、3、1 块糖果。阿姨先把每人手中糖块补成双数，变成 $A(6)$、$B(4)$、$C(2)$。

等到大家的糖果数相等以后，无论再调整多少次，各人手中的糖果数量始终不再改变。

如果孩子数多了，是否也能达到平衡呢？答案是肯定的。

从图 1 中我们不难看出，最后平衡后的总数变大了，能不能保证总数不变或者基本不变呢？当然可以。

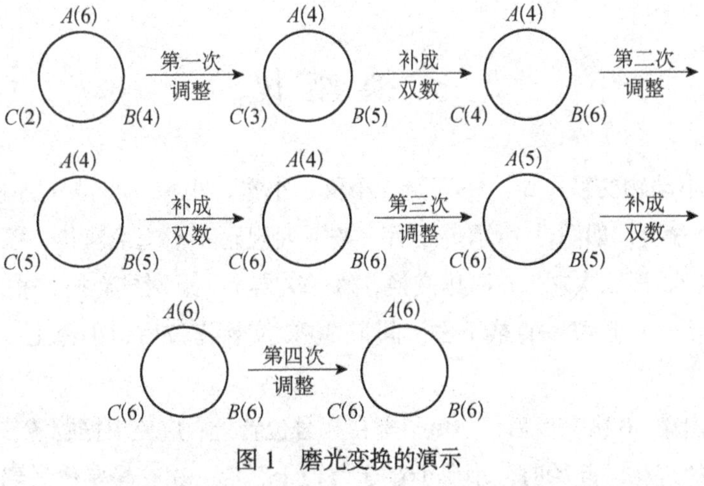

图 1　磨光变换的演示

实际上，上述小朋友刚刚玩的游戏有两个小小的漏洞，不知读者是否发现。什么漏洞呢？第一，糖果不是被抢光了吗？补偶的糖果从哪里来呢？第二，不是还有一些小朋友没有抢到吗，分给他们的糖果又该从哪里来呢？这两个问题都好解决。

首先，补偶的糖果可以让抢到糖果的小朋友每人拿出 1 块，这样因为大家都要拿出 1 块，所以应该不会有小朋友不愿意的。

其次，没有拿到糖果的小朋友肯定不会参加游戏，当最后全部平衡后，可以让每个人拿出 1 块或 2 块糖果分配给没有抢到的小朋友。

这一游戏是北京大学教授闵嗣鹤先生引入的。

数学中把这种能逐步缩小差别的变换，叫作“磨光变换”。数学里的磨光变换是有实际背景的，在数学中，若变换具有缩小差别达到平衡的性质，则称这种变换为“磨光变换”。自然界里就存在着这种磨光变换的模型。例如，水总是由高处向低处流，在一定范围里，逐步达到各处水位相同，直至平衡。在一盆冷水里，倒入一定量的热水，水的各部分温度不一致，经过一定时间后，水温趋于一致，这是水中热量交换的结果，一部分水放出热量，而另一部分水吸收热量，终于达到热平衡，也是一种磨光变换。

在高等数学里，将学到各种各样的磨光变换，它们在无线电技术、信号分析、滤波、计算机辅助设计等方面，都有着广泛的应用。

交换座位

四个小动物交换座位。一开始，小鼠、小猴、小兔、小猫分别坐在 1、2、3、4 号位置上，如图 1 所示。之后，按下列规则不断交换座位，第一次上、下两排交换，第二次左、右两排交换，第三次再上、下两排交换，第四次再左、有两排交换……这样一直换下去。问第 30 次交换座位后，小兔坐在第几号位置上？

要知道第 30 次交换后，小兔子坐在几号位置上，应先根据题意找出小兔子座位变化的规律。起始时，小兔子在 3 号位上，第一次交换座位后到 1 号位，第二次到 2 号位上，第三次到达 4 号位上，第四次又回到 3 号位，于是其变化的规律如图 2 所示。

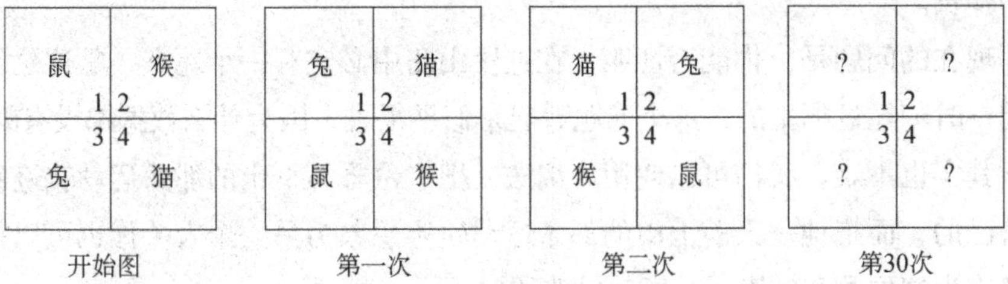

图 1　四个小动物换座位

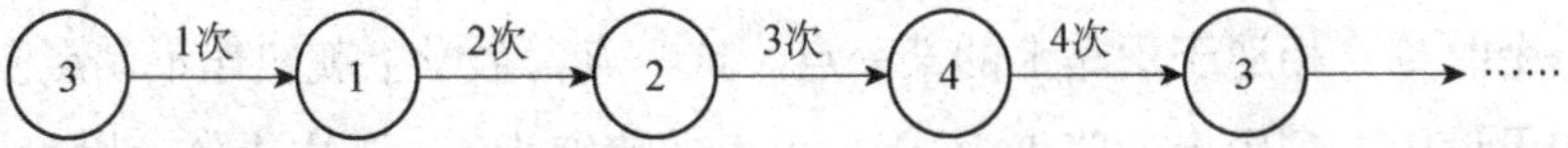

图 2　小兔的座位变化

由图 2 可以看出，每一次交换座位，小兔子的座位按顺时针方向转动一格，每 4 次交换座位，小兔子又回到原来的座位（3 号位）。按此规律，第 30 次（30=4×7+2）交换座位后，小兔子应在 2 号位上。

这样的运动，在数学上称为“置换”，而小兔子座位改变的运动称为“旋转”。置换与旋转都是群论、几何学等数学分支中的重要概念。这道题虽然简单，其中却蕴含着不少道理。请读者再找出其他三个小动物座位变化的规律，第 30 次交换座位后，4 号位上坐的是哪个小动物？

通过观察不难发现，对角位置上的两个小动物旋转的方向是一致的，即小兔和小猴是顺时针方向旋转，小猫和小鼠是逆时针方向旋转。所以第 30 次交换座位后，4 号位上坐的应该是小老鼠。

不 动 点

清晨，一位香客怀着虔诚的心情上山进香。从山下到山顶只有一条狭路，十分崎岖陡峭。这位香客走得非常吃力，时快时慢，速度很不均匀，太阳下山时，他总算到了山顶。

他在山上住了一天后，又循原路下山，也是从清晨出发，走路时快时慢。说也真巧，在太阳下山时他又回到了原来山脚下的出发点。一来一回，用的时间一样长。

现在的问题是，你能否证明，在这段山路中必定有一个地点，是这位香客在同一时刻经过那里的？这个问题看起来似乎很难，因为什么数据都没有啊！

其实也不难。我们可以使用虚拟法，把这位香客下山的那条运动轨迹看作他自己的，而把他一天前上山的那条运动轨迹想象为另一个人（你也可以把他想象成为这位香客的影子）所走的路线。

这样一来，一个人上山，另一个人下山，又只有一条路，因此两人必然会在同一个时刻，相遇于山路上的某一点。这一点，数学上就叫作不动点。

如果设山下到山上的路程为 s，上山人的速度为 v_1，下山人的速度为 v_2，相会的时间为 t，则有 $s=v_1t+v_2t$，一旦两个人的速度确定了，这个不动点也就确定了，即或者是距离山脚的 v_1t 处，或者是距离山顶的 v_2t。

这就是我们所要证明的结论。一个看来十分困难、无从着手的证明题，在丰富的想象力的启发下迎刃而解。

不动点在数学中是一个函数术语，是指“被这个函数映射到其自身的一个点”。

举一个例子：取一个纸盒和一张纸，纸的大小恰好盖住盒内的底面。可想而知此时纸上的每个点与盖在它下面的盒底上的那些点是配成对的。把这张纸拿起来，随机地揉成一个小球，再把小球扔进盒里。拓扑学家已经证明，不管小球是怎样揉成的，也不管它落在盒底的什么地方，在揉成小球的纸上至少有一个这样的点，它恰好处在它原来与盒底配对的点的正上方。

例如，有一个定义在实数域上的函数 f，$f(x)=x^2-3x+4$，则 $x=2$ 是函数 f 的一个不动点，因为 $f(2)=2$。

并非每一个函数都具有不动点。例如，$f(x)=x+1$ 就没有不动点。因为对于任意的实数，x 永远不会等于 $x+1$。用图像的话来说，不动点意味着点［x，$f(x)$］在直线 $y=x$ 上，或者换句话说，函数 $f(x)$的图像与那根直线有共点。不动点定理用初等数学可以这样理解，连续映射（函数）f 的定义域包含值域，则存在一个 x 使得 $f(x)=x$。

甲午战争距今多少年

在中国历史上，很多重大的历史事件都是以干支纪年法表示的，如甲午战争、戊戌变法、辛亥革命等。你能知道甲午战争距今有多少年吗？当然，如果手头有日历，回答这个问题就很容易。如果没有日历呢，那就需要了解干支纪年法的有关知识。

干支是天干和地支的合称。干指天干，共有 10 个符号，分别为甲、乙、丙、丁、戊、己、庚、辛、壬、癸；支指地支，共有 12 个符号，分别为子、丑、寅、卯、辰、巳、午、未、申、酉、戌、亥。

干和支组合后用于纪年，即将 10 个天干和 12 个地支按顺序搭配组合成干支，用于纪年。按此排法，当天干 10 个符号排了六轮与地支 12 个符号排了五轮以后，可构成 60 个干支年，续排下去又将恢复原状，周而复始，即民间所说“六十甲子”（表 1）。

表 1　六十甲子干支对照表

1 甲子	2 乙丑	3 丙寅	4 丁卯	5 戊辰	6 己巳	7 庚午	8 辛未	9 壬申	10 癸酉
11 甲戌	12 乙亥	13 丙子	14 丁丑	15 戊寅	16 己卯	17 庚辰	18 辛巳	19 壬午	20 癸未
21 甲申	22 乙酉	23 丙戌	24 丁亥	25 戊子	26 己丑	27 庚寅	28 辛卯	29 壬辰	30 癸巳
31 甲午	32 乙未	33 丙申	34 丁酉	35 戊戌	36 己亥	37 庚子	38 辛丑	39 壬寅	40 癸卯
41 甲辰	42 乙巳	43 丙午	44 丁未	45 戊申	46 己酉	47 庚戌	48 辛亥	49 壬子	50 癸丑
51 甲寅	52 乙卯	53 丙辰	54 丁巳	55 戊午	56 己未	57 庚申	58 辛酉	59 壬戌	60 癸亥

这个表有几个特点很重要：第一，天干中的奇数序数只跟地支中的奇数序数组合，天干中的偶数序数只跟地支中的偶数序数组合。例如，甲只跟地支中的 1、11、9、7、5、3、组合，乙只跟地支中的 2、12、10、8、6、4 组合等。

第二，每一年中的地支序号可以反映这一年是“六十甲子”中的第几个十年。如辛亥年，辛是天干中的第 8 位，它只与地支中的 8、6、4、2、12、10 号组合。亥是地支中的第 12 位，因此可知辛亥年是六十甲子中的第 5 个十年。

干支纪年萌芽于西汉，始行于王莽，通行于东汉后期。汉章帝元和二年（公元 85 年），朝廷下令在全国推行干支纪年。也有人认为中国在汉武帝以前就用干支纪年。

要知道甲午战争距今多少年？首先需要知道今年是什么年。这当然可以查日历。但是，如果没有日历可查，该怎么办呢？

方法就是，应用公元年的某一年，除以 60（指六十甲子），余数应小于 60，再用余数减去 3（干支纪年是从公元 4 年开始使用的），即可知道这一年在 60 甲子中的排位。

如对于 2016 年，用 2016÷60，余数为 36，再 36−3，得数是 33，查 60 甲子干支对照表（表 1）33 号干支，得知是丙申年。

如果手头没有这个表 1，也不难。33 号的天干序号可以肯定是丙（天干共 10 位，33 除 10 余 3），地支序号用 33 除以 12 余 9，因此可以肯定是申。所以，2016 年是丙申年。

再比如求公元 1911 年的干支。1911÷60 余数为 51，减 3 后得 48，查表 1 知 48 对应的干支是辛亥，即 1911 年为辛亥年。手头没有表 1 时可知，8 对应的天干是辛，48 正好可以被 12 整除，因此地支序号应该是 12 即亥。

由于干支纪年 60 年一循环，当公元年数除以 60 的余数小于等于 3 时（0，1，2，3），需借干支纪年的一个周期 60 之数，如 1981 年除以 60 余数为 1，直接减 3 不够减，加上 60 之后再减 3 等于 58，查表 1 便知 1981 年为辛酉年。余可类推。

知道了当年的干支年号，就不难知道甲午战争距今多少年了。甲午年按顺序距离丙申年是 2 年，即 2014 年。由此不难知道，甲午战争距今已经 122 年了（首先我们知道，甲午战争发生在 19 世纪末，距现在应该是过了 2 个六十甲子）。

用同样的办法不难知道，“戊戌变法”距今已经 118 年了（戊戌年在六十甲子表中排序为 35）。

天干定位的一般方法是尾数定位法。我们已经知道，干支纪年法正式推行的第一年是公元 4 年，这一年也就是干支纪年的第一年。那么依此类推，即可得到十位天干的对应年数如表 2 所示。或者，也可以用公元年尾数减 3 得到天干的序数。

表 2　十位天干的对应序数

天 干 名	甲	乙	丙	丁	戊	己	庚	辛	壬	癸
对应序数	4	5	6	7	8	9	0	1	2	3

比如，甲午战争爆发于 1894 年，尾数为 4，对应的天干是甲；戊戌变法发生于 1898 年，尾数是 8，对应的天干是戊。

有一道历史试题是，甲午战争发生于 1894 年，八国联军侵华的 1900 年应该是（　　）

A. 己亥年　　B. 庚子年　　C. 辛丑年　　D. 壬寅年

答案是 B。

地支定位的一种简单方法是生肖定位法。我们知道，中国有十二生肖，而这十二生肖与十二地支存在着一一对应的关系，见表 3。

表 3　十二位地支的对应属相

地 支 名	子	丑	寅	卯	辰	巳	午	未	申	酉	戌	亥
对应生肖	鼠	牛	虎	兔	龙	蛇	马	羊	猴	鸡	狗	猪

所以，要是知道某年的属相，结合上面的尾数定天干的方法，这一年的干支纪年就很容易推理出来了。比如，2016 年是猴年，则地支就应该是申，尾数是 6，则天干应该是丙。因此 2016 年的干支纪年是丙申年。

有一道历史试题是，相传唐玄宗因属鸡而热衷斗鸡，唐玄宗出生之年应该是（　　）

A. 庚申年　　B. 癸卯年　　C. 甲辰年　　D. 乙酉年

正确答案是 D。

生肖定地支的方法虽然简单，但不是所有年份的属相我们都能知道。所以还要找个能解决所有年份的地支定位方法。常用的地支定位方法就是余数定位法，即用某个公元年数除以 60 的余数减 3 后得到的六十甲子序数除以 12，所得余数即地支位数。

比如，如果我们想要知道 1949 年的干支年份，天干序数应该是己，地支序数应该是丑（1949 除 60 的余数是 29，减 3 为 26，除 12 的余数是 2），即 1949 年应该是己丑年。

你可以多举几个年份，用上述所介绍的方法算算，看看是否可行。为了帮助读者核对和检验计算得正确与否，这里给出表 4，以方便读者检查。

表 4　240 年中的干支年份对照表

甲子	乙丑	丙寅	丁卯	戊辰	己巳	庚午	辛未	壬申	癸酉
1804	1805	1806	1807	1808	1809	1810	1811	1812	1813
1864	1865	1866	1867	1868	1869	1870	1871	1872	1873
1924	1925	1926	1927	1928	1929	1930	1931	1932	1933
1984	1985	1986	1987	1988	1989	1990	1991	1992	1993
甲戌	乙亥	丙子	丁丑	戊寅	己卯	庚辰	辛巳	壬午	癸巳
1814	1815	1816	1817	1818	1819	1820	1821	1822	1823
1874	1875	1876	1877	1878	1879	1880	1881	1882	1883
1934	1935	1936	1937	1938	1939	1940	1941	1942	1943
1994	1995	1996	1997	1998	1999	2000	2001	2002	2002
甲申	乙酉	丙戌	丁亥	戊子	己丑	庚寅	辛卯	壬辰	癸巳
1824	1825	1826	1827	1828	1829	1830	1831	1832	1833
1884	1885	1886	1887	1888	1889	1890	1891	1892	1893
1944	1945	1946	1947	1948	1949	1950	1951	1952	1953
2004	2005	2006	2007	2008	2009	2010	2011	2012	2013
甲午	乙未	丙申	丁酉	戊戌	己亥	庚子	辛丑	壬寅	癸卯
1834	1835	1836	1837	1838	1839	1840	1841	1842	1843
1894	1895	1896	1897	1898	1899	1900	1901	1902	1903
1954	1955	1956	1957	1958	1959	1960	1961	1962	1963
2014	2015	2016	2017	2018	2019	2020	2021	2022	2023
甲辰	乙巳	丙午	丁未	戊申	己酉	庚戌	辛亥	壬子	癸丑
1844	1845	1846	1847	1848	1849	1950	1951	1952	1953
1904	1905	1906	1907	1908	1909	1910	1911	1912	1913
1964	1965	1966	1967	1968	1969	1970	1971	1972	1973
2024	2025	2026	2027	2028	2029	2030	2031	2032	2033
甲寅	乙卯	丙辰	丁巳	戊午	己未	庚申	辛酉	壬戌	癸亥
1854	1855	1856	1857	1858	1859	1860	1861	1862	1863
1914	1915	1916	1917	1918	1919	1920	1921	1922	1923
1974	1975	1976	1977	1978	1979	1980	1981	1982	1983
2034	2035	2036	2037	2038	2039	2040	2041	2042	2043

投票和选举

假如你有两个朋友，三人决定晚上要一起活动，活动的参考方案有 3 个，即看电影（M）、跳舞（D）和去茶馆聊天（T）。为了说明问题，现假定三个人分别记作 A、B、C。对这三个方案，A 倾向的顺序是 M>D>T，B 倾向的顺序是 D>T>M，C 倾向的顺序是 T>M>D。因三人的倾向完全不同，因此决定用投票方式进行表决。表决的方式是在每两个方案中确定一个。首先对 M（看电影）和 D（跳舞）进行表决，结果是 M 以 2∶1 胜出，即结果是 M>D。然后对 D 和 T 进行表决，结果是 D 以 2∶1 胜出，即结果是 D>T。似乎结果已经初露端倪。按照推理，M>D，D>T，那么是不是就一定是 M>T 呢，结论是未必。因为事实上，第三轮对 M 和 T 投票的结果表明，T 以 2∶1 胜出，即 T>M。这是什么原因呢？

投票是社会成员偏好和选择的一种经典的表达方式。社会生活中经常需要我们有所选择，很多情况下可能都需要投票。

比如说，每个青年人在成年的时候，都需要给自己选择一个可靠的终身伴侣，而这常常让很多人感到头痛。假定有一位女郎同时相中了 A、B、C 三位男士，这三位男士都很不错，A 很风趣，B 很成熟，C 很浪漫，究竟选择哪一个，就很难让人取舍。你可能觉得风趣不如成熟可靠，可成熟又没有浪漫有情调，而浪漫呢，又不如风趣那么让你开心。究竟该选择哪一个呢？如果能让你独立自主地选择倒还省事一点，如果还要考虑很多其他人的选择，那就更麻烦。比如说，很多人对你的婚事都很关心，包括你的父母、姑妈、姨妈及兄弟姐妹等，如果把他们的意见都考虑进来，那么要得出一个大家都满意的结果几乎是不可能的。美国斯坦福大学的肯尼斯·阿罗教授最早对这类问题予以关注，并取得了一些非常有用的研究成果。

对于上面的问题三个人通过投票，采取大多数原则，得出的结果却是大相径庭的。这个例子所反映的道理是深刻的。如果是国家或社会对若干个公共事业方案进行表决，如国家选举总统，或者某个城市对若干个公共事业项目进行选择等，通过投票方式，就很有可能会得出矛盾的结果。这个问题就被称为阿罗问题，也叫投票悖论或循环投票。200 多年前，法国的孔多塞侯爵就发现，过半数的投票规则可能会导致悖论。

阿罗教授认为，对于社会选择问题，在非独裁的情况下，不存在任何能够加总社会个体成员偏好的方法。这也就是所谓的阿罗不可能性定理。

所谓加总社会偏好的方法，即找到一个社会偏好函数，它必须同时满足以下几个最基本的要求。①传递性，即假如人们在 A 和 B 之间选择 A，在 B 和 C 之间选择 B，那么在 A 和 C 之间就应该选择 A。②全体一致性，即假如人们在 A 和 B 之间一致倾向于 A，那么选择的结果就应该是 A 而不是 B。③不相关选择的相互独立性，即人们在 A 和 B 之间的选择并不取决于是否存在一个另外的选项 C。④非独裁性，即不管在什么情况下，没有任何人可以每次想做什么都能得逞，因为不存在任何独裁的力量。

阿罗证明了，这样的社会偏好函数是不存在的。选举正是社会偏好的集中反映，然而实践中通行的选举方法即大多数原则往往不具备传递性，从而会产生矛盾。我们知道，在数学中通行的原则是，如果 $a>b$，$b>c$，则一定有 $a>c$。然而在选举中，正如我们所看到的，如果 A 优于 B，B 优于 C，却未必有 A 优于 C。也就是说，社会偏好不满足传递性的规律。这就是阿罗不可能性定理的意思。

1951 年，阿罗令人信服地证明了他的结论，并指出，任何可以想象得出的民主选举制度都可能产生出不民主的结果，他的思想使得数学家和经济学家感到震惊，他的论证立刻在世界学术理论界引起了争论。阿罗也因此于 1972 年获得了诺贝尔经济学奖。

民主的方法可能会产生不民主的结果，这种例子在选举的过程中很多。比如说，假定有 A、B、C、D 四个候选人，最喜欢 A 的选民是 26%，最喜欢 B 和 C 的选民各有 25%，最喜欢 D 的选民是 24%。如果进行一次性投票，按照“选票最多者当选”的原则，必然是 A 当选。也就是说，按照这里的原则，结果是大多数选民（占 74%）不喜欢的人当选。这里，采用的方式叫作直选机制。

即使是按照大多数原则，同样可能会出现这样的结果。比如说，现在要选举甲担任人民代表，假定全部选民是 25 人，已知其中可能同意甲的选民只有 9 人，按照大多数原则，甲能否当选呢？这就取决于选举的规则。如果采用选民直选并只进行一次性投票，则甲肯定落选。但如果把全部选民分成 5 组，把可能同意的 9 人平均地分到 3 个组中，这样按照大多数原则，则甲必然当选。这样，就在民主的方式下产生了不民主的结果，即按照大多数原则，使得大多数人不同意的候选人（16/25=64%）当选了。这种方式叫作间接选举机制。

在管理的过程中，一些单位或组织的领导人常常通过分组讨论的方法促成某个议案的通过，其实道理也是这样。在间接选举机制条件下，如果可以采用不等距分组，则导致的不民主的程度就可能更甚。假定有一个 300 人的组织，现在要对 A、B 两个候选人进行选举。假定有 2/3 的人反对 A 而赞成 B，只有 1/3 的人赞成 A 而反对 B。这样，按照直选机制，肯定是 B 当选，A 落选。而如果按照间接选举机制，同时采用不等距分组，就另当别论了。

现在，我们假定可以将全部选民分为 3 个组，这 3 个组既可以浑然天成，也可以人为划分。现假定 3 个组的人数分别为 50 人、100 人和 150 人，同时假定第 1 组中有 30 人赞成 *A*，第 2 组中有 60 人赞成 A，第 3 组中有 10 人赞成 A，赞成 A 的总共是 100 人，恰好占总人数的 1/3。现在按照大多数原则进行表决，则 A 一定将以 2∶1 胜出。

阿罗定理表明，社会缺少而且实际也不可能有一种客观地反映社会群体偏好的方法。比如，是小布什而不是戈尔当选美国第 53 届总统，就是取决于所采用的“民主选举”规则，如果使用另外的一套规则得出的可能是另外的一种结果。

我们知道，美国实行的是投票人选举制度，谁获得了某一州的多数票谁就获得了该州所分配的所有的选举人选票。这有点类似于上述所说的间接选举机制。小布什与戈尔之争的关键是佛罗里达州的选举结果，小布什获胜的原因就在于他以微弱优势获得了佛罗里达州 25 个选举人的选票。最终，使得他能够以 277∶266 的微弱优势战胜了戈尔。

此外，阿罗定理也还表明，社会的选择方法不可能既是有效率的又是民主的，因为循环投票本身就是无效率的，而有效率的方式必须是独裁的。这就再次揭示了民主和效率的矛盾。民主要求必须按照一定的程序进行决策，效率则要求必须当机立断。在管理的过程中，这种矛盾会经常出现。妥善地处理民主与效率的关系，是领导艺术的重要内容。

骰子悖论

现在假设有四枚外形与一般骰子完全相同的骰子，不同的地方是这些骰子6个面上的点数不是1～6，而是如下：

骰子A的点数分别是4，4，4，4，0，0；

骰子B的点数分别是3，3，3，3，3，3；

骰子C的点数分别是6，6，2，2，2，2；

骰子D的点数分别是5，5，5，1，1，1。

现在要求从这四枚骰子中挑选一枚，然后掷着玩，谁掷的点数大就算谁赢。如果是你，为了使获胜的可能性大一些，应选择哪一枚骰子？

我们来分析一下。

A与B相比较，A掷得的点数为"4"时A必胜，掷得的点数为"0"时A必负，因为A的点数有4个是"4"，2个是"0"。因此A对B，A胜的可能性为4/6，A负的可能性为2/6。总起来说，A优于B。

B与C相比较，B掷得的点数总是3，C掷得的点数为"6"时，B必负，C掷得的点数为2时，B必胜，因为C有2个"6"点，4个"2"点。因此B对C，B胜的可能性为4/6，负的可能性为2/6。总起来说，B优于C。

C与D相比较，稍微复杂些。我们可以通过表1看出两者的胜负情况。其中，√表示C胜D，×表示C负D。

表1 C与D的比较

D \ C	6	6	2	2	2	2
5	√	√	×	×	×	×
5	√	√	×	×	×	×
5	√	√	×	×	×	×
1	√	√	√	√	√	√
1	√	√	√	√	√	√
1	√	√	√	√	√	√

容易看到，在 36 种可能性中，C 有 24 种可能会胜。因此，在 C 与 D 的比较中，C 有 4/6 的可能性会胜，2/6 的可能性会负。总起来说，C 优于 D。

至此，我们看到 A 优于 B，B 优于 C，C 优于 D。一个非常自然的想法是，A 一定会优于 D。然而，实际情况却恰恰相反。

通过表 2，我们可以看清两者的胜负情况。其中，√表示 A 胜 D，×表示 A 负 D。

表 2　A 与 D 的比较

D \ A	4	4	4	4	0	0
5	×	×	×	×	×	×
5	×	×	×	×	×	×
5	×	×	×	×	×	×
1	√	√	√	√	×	×
1	√	√	√	√	×	×
1	√	√	√	√	×	×

可以看到，在 36 种可能性中，A 只有 12 种可能会胜。因此，在 A 与 D 的比较中，A 有 2/6 的可能性会胜，4/6 的可能性会负。因此，D 优于 A，而不是 A 优于 D。

于是，我们发现这四枚骰子相互比较时：A 优于 B，B 优于 C，C 优于 D，D 优于 A。我们有时会错误地认为传递性可以适用于各种场合。美国斯坦福大学概率统计学家埃夫伦设计的这一骰子悖论给出了又一个非传递系统的例子。

雪 花 曲 线

你会画雪花曲线吗？

雪花曲线是由数学家科赫发明的一种奇妙曲线，任何人都能绘制它。

先画一个等边三角形，把每边三等分，再在中间的三分之一部分向外各画一个较小的等边三角形，并抹去无用的线段，这样就画出了一个六角星，如图 1 所示。

(a) (b)

图 1 雪花曲线（一）

再在六角星的每条边上用完全类似的办法向六角星外画出更小的等边三角形，于是曲线变得越来越长，开始像一片雪花了。再重复几次这个过程，将使曲线变得更长、更美丽，见图 2。上述全部作图过程都可以利用圆规和直尺来完成。

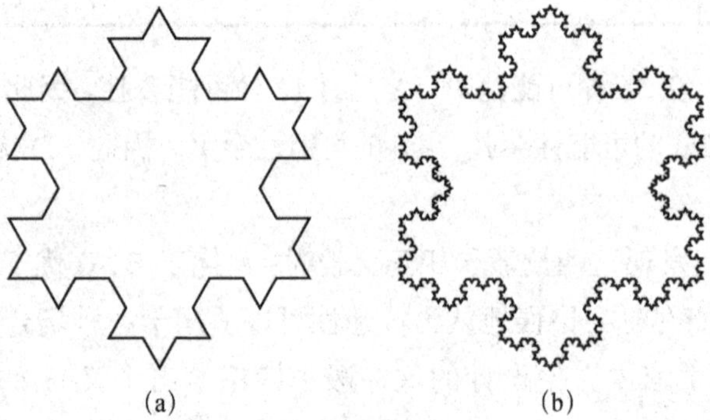

(a) (b)

图 2 雪花曲线（二）

按照这个方法不断地画下去，你愿意曲线多长，它就可以有多长。

雪花曲线是最美丽的“病态曲线”之一，其长度趋于无穷大，但是每条曲线所围的面积却构成一个收敛数列，它收敛于第一个等边三角形面积的 8/5 倍。这就产生了一个匪夷所思的悖论，即一个“无穷大”的边界，却包围着一个有限的面积，如果把整条曲线画在一张很小的纸上就可以看到这一点。正因为它的面积有限，所以我们将能看到，它可以画在一张小小的邮票上，始终不越出其藩篱，然而它的长度却可以远远超过地球与最遥远的星云的距离！具有有限的面积，但却有着无限的周长，这确实令人惊异。

它的另一个奇妙性质是，在极限曲线上的任一点都不能确定它的切线，即曲线不可导。

雪花曲线是20世纪新诞生的一门几何学——分形几何学的重要研究对象之一。它是比较典型的分形图形，具有严格的自相似特性。

皮亚诺曲线

你能用一条曲线填满一个给定的正方形吗？对于一般的读者来说，这个问题可能有点难，因为这也是一个专门的数学问题。

我们知道，曲线是一维的，正方形是二维的，一般来说，一维的东西是不可能填满二维的方格的。但是皮亚诺曲线恰恰给出了反例。

照一般人的想象，那样的曲线是不可能存在的，因为曲线是一维图形，它只有长度，没有宽度和厚度。但是意大利数学家皮亚诺却在1890年举出一例，表明确实存在着通过某一正方形内所有各点的连续曲线，这个发现引起了广泛的重视，随即又发现了其他例子。为了纪念第一个发现者，此后凡是能填满一个正方形的曲线都被称为皮亚诺曲线。

下面介绍一个比较简单的方法，这个例子是由波兰数学家希尔平斯基所提供的。

如图 1 所示，先把正方形划分为同样大小的四格，称为第一级格子；然后画一个十字形的多边形，使它通过这四格，这样的多边形就叫作第一级曲线，记为 *C*1。然后把每个第一级格子再一分为四，照葫芦画瓢，把四条缩小了的 *C*1 曲线沟通起来，连成一条较复杂的曲线，称之为第二级曲线，记作 *C*2。重复这样的过程，即可得到 *C*3、*C*4 等，如图 2 所示。如此无限继续下去，其极限曲线便是能填满正方形的曲线。

皮亚诺曲线也是分形几何学的重要研究对象。

皮亚诺曲线表明，一维的曲线是可以填满二维的方格的。这说明我们对维数的认识是不足的，有必要重新考察维数的定义。这就是分形几何考虑的问题。

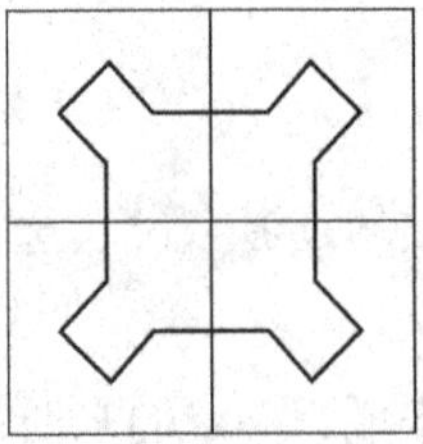

图 1　皮亚诺曲线（一）

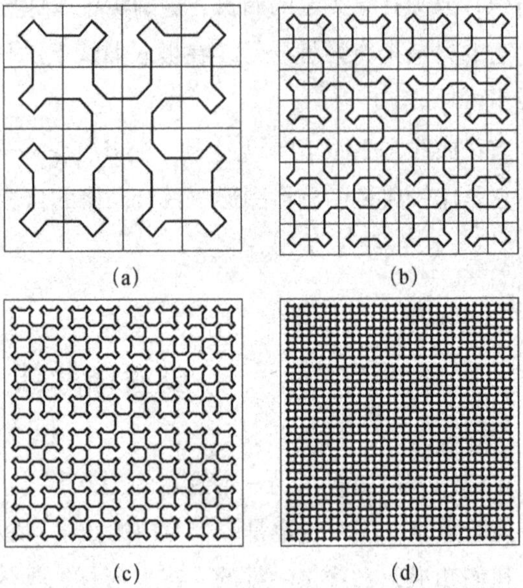

图 2　皮亚诺曲线（二）

在分形几何中，维数可以是分数，叫作分维。

此外，皮亚诺曲线像雪花曲线一样，是连续的但处处不可导的曲线。因此如果我们想要研究传统意义上的曲线，就必须加上可导的条件，以便排除像皮亚诺曲线这样的特例。

图 3 给出的是一条不在正方形中的皮亚诺曲线。你能看出这条曲线的两个头在哪吗？

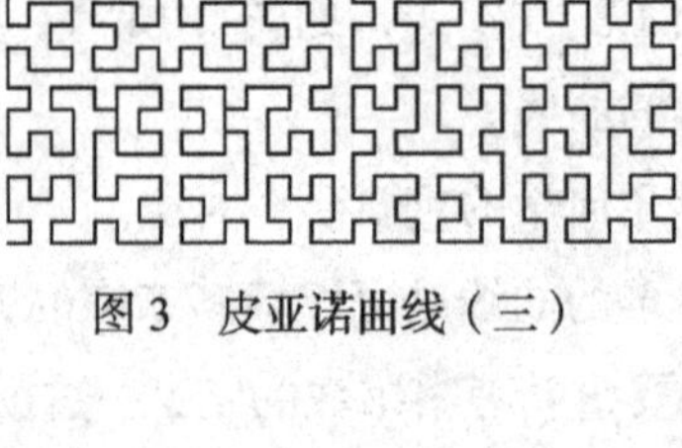

图 3　皮亚诺曲线（三）

无 独 有 偶

请先准备一支铅笔。可以先用铅笔任意画一条封闭的虚曲线，曲线可以与自身相交，然后在封闭虚曲线上面任意画一条封闭实曲线。实曲线可以与自身相交，但是不能通过虚曲线的交点，也不能经过已有的两曲线的交点。这样你就得到一个复杂的图形如图 1 所示。

只要符合上述条件，无论你画的曲线多么复杂，多么奇形怪状，虚曲线与实曲线的交点个数的奇偶性都是可以判断的，你能知道它是奇数还是偶数吗？

它一定是偶数，这就是偶然中的必然。这里面有没有什么复杂的道理呢？

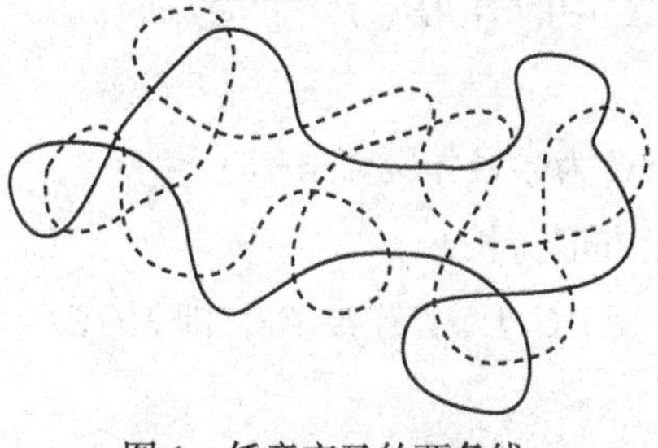

图 1　任意交叉的两条线

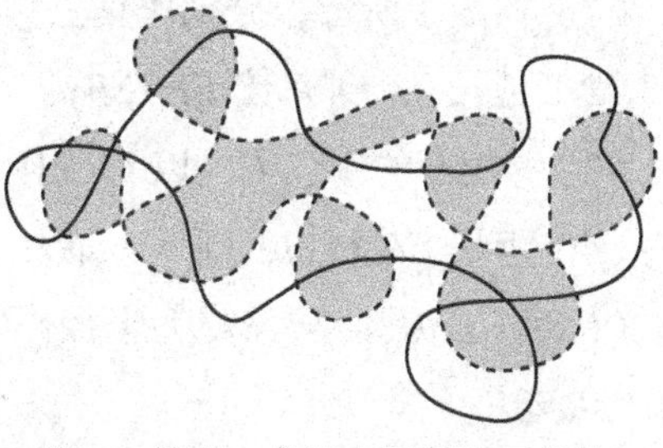

图 2　填充一条线空间后的两条线

这里面当然有客观规律在起作用，不过一点儿也不复杂。

我们可以把虚曲线所有封闭独立的部分看成一个“公园”，如图 2 中的阴影所示，而实曲线就是一个人游览的路线。因为实曲线不能经过已有的两曲线的交点，所以这个人从“入口”进入一个公园以后，必须在另一个“出口”离开，这样 2 条曲线就有 2 个交点。无论这个人多么随意地闲逛，它只能从一个“入口”进入，从另一个“出口”离开。否则，他将滞留在某个区域，而不可能回到出发点（因为实曲线也是封闭的）。这就证明了两条曲线交点的个数必定是偶数。不论曲线的形状多么复杂，这个性质一定成立，这就是由非常有趣的拓扑数学提供的一个问题。

唯物辩证法强调，必然中有偶然，偶然中有必然，也正是这个道理。你不妨数一数，图 2 中两条曲线的交点是多少个，是不是 20 个，不多也不少。

正三角形变正方形

拼图本是一类智力游戏，由此引申出大量有趣的问题。

英国趣味数学家杜登尼在20世纪初于《迈尔日报》上提出下面的问题：如何将一个正三角形剖分成四块，用它们可拼成一个无缝隙且无重叠的正方形？

问题解答者众多，但正确解答者几乎没有。稍后，杜登尼发表了他自己的裁拼方法。

方法是按照下面的步骤严格剖分的，做的时候需要准备一把带刻度的直尺和一把圆规。

（1）如图1所示，分别作正三角形 ABC 中的边 AB、BC 的中点 D、E；

（2）延长 AE 到 F 使 $EF=EB$；

（3）求 AF 的中点 G，以 G 为圆心，AG 为半径作圆弧 AHF；

（4）延长 EB 到 H，则 EH 即为所拼正方形边长；

（5）以 E 为圆心，EH 为半径作弧 HJ 交 AC 于 J，连接 EJ，即 $EJ=EH$，同时取 $JK=BE$；

（6）作 $DL\perp EJ$ 于 L，$KM\perp EJ$ 于 M。

如是，正三角形 ABC 被剖分成Ⅰ、Ⅱ、Ⅲ、Ⅳ四个部分，而用它们恰好可拼成一个等积的正方形，如图2所示。请你仔细地看一看图2中的边是不是图1中的对应边，有没有标错了的呢？没有吧！

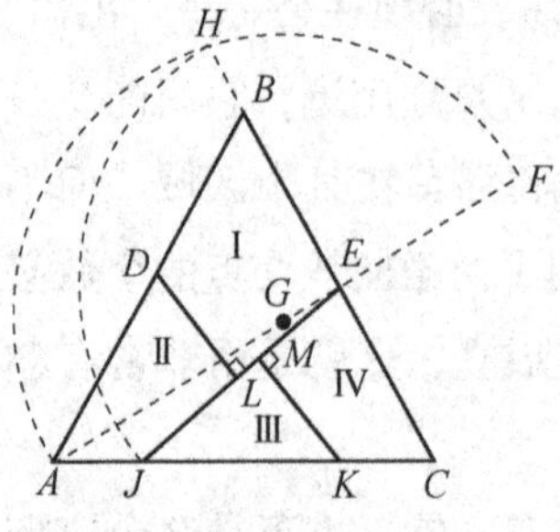

图1　分割正三角形

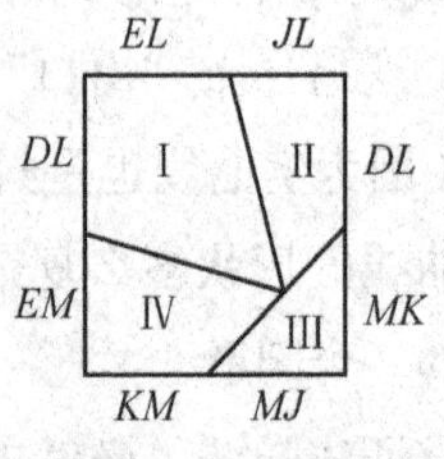

图2　用正三角形拼成的正方形

如图 1 所示的正三角形也叫作杜登尼正三角形。此题无疑是初等几何中的珍品。

完美正方形

给你一个正方形，你能把它分割成尽可能多的任意边长的正方形吗？

这是一个趣味数学问题，它有一个专门的名字，叫作完美正方形或完美正方块问题，是指在一正方形内如何切割出大小都不相同的小正方形，或者说如何用大小完全不同的小正方形填满大正方形的问题。这个问题最早由数学家莫伦提出。

数学家们一度花了很大精力都无任何结果，以至于 1930 年苏联著名数学家鲁金猜想，不可能把一个正方形分割成有限个大小不同的正方形。莫伦对此猜想提出了挑战，并提供了一个解决思路：如果同一个矩形可以由两个不同的正方形剖分，且其中一个剖分的每个正方形都不同于另一个剖分的每个正方形，那么，这两个剖分再添上两个正方形（它异于两个剖分中的任何一个正方形），便可构造出一个完美正方形。而在此之前，完美矩形已经有了比较丰富的成果。

1939 年，斯普拉格按照莫伦的构想成功地构造出一个 55 阶的完美正方形，其边长为 4205 个单位。

几个月后，阶数更小（28 阶）、边长更短（1015 个单位）的完美正方形由剑桥大学三一学院的四位大学生构造出来。

1948 年，威尔科克斯构造出 24 阶完美正方形，但其中含有一个完美矩形（此类正方形称为混完美正方形，完全由正方形构造成的正方形称为纯完美正方形）。一直到 1978 年，这个纪录才被打破。

1967 年，威尔森构造成功 25 阶、26 阶完美正方形。

1962 年，荷兰特温特技术大学的杜伊维斯廷证明：不存在 20 阶以下的完美正方形。

1978 年，杜伊维斯廷借助计算机技术，成功地构造出一个 21 阶的完美正方形，它是唯一的，且它不仅阶数最低，同时数字也更简单，此外构造上也有许多优美的特点，比如 2 的某些次幂恰好位于一条对角线上，等等。

杜伊维斯廷同时还证明了：低于 21 阶的完美正方形不存在。

1982 年，杜伊维斯廷又证明了：不存在低于 24 阶的混完美正方形。

1992 年，布卡姆和杜伊维斯廷给出了 21～25 阶全部 207 个纯完美正方形，各个阶数的完美正方形数目分别为 1、8、12、26 和 160 个。

至此，完美正方形的讨论暂时画上一个句号。但数学家的研究并没有停止，他们又研究了不同大小正方形是否可以填充整个平面的问题，此外他们还将完美剖分的问题推广到莫比乌斯带、圆柱面、环面和克莱茵瓶上，也取得了许多有趣的成果。

图 1 和图 2 分别给出了一个 21 阶的完美正方形（1978 年）和一个 25 阶的完美正方形。

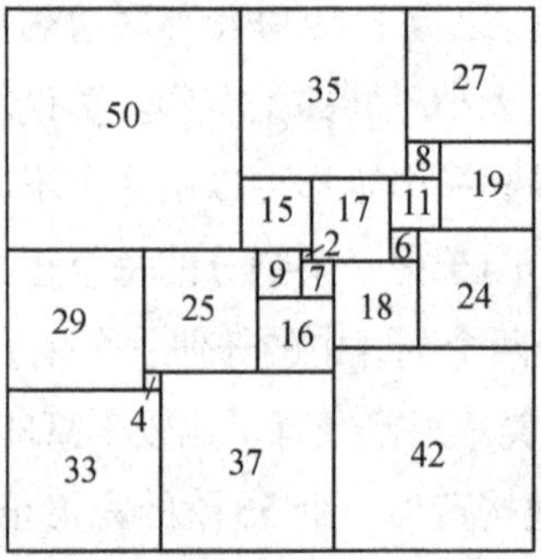

图 1　21 阶的完美正方形

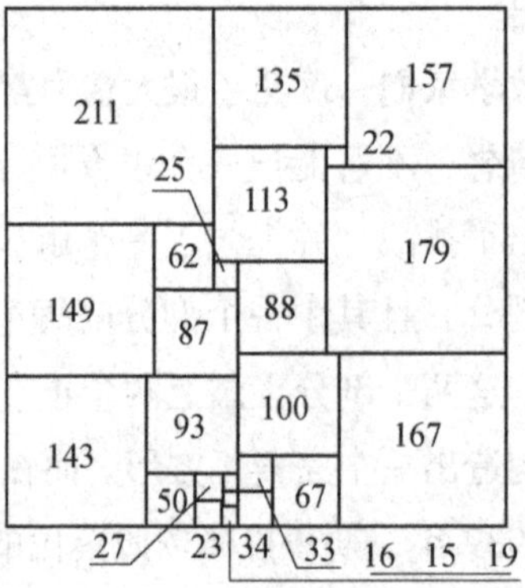

图 2　25 阶的完美正方形

“完美正方形”是一个非常有趣的问题。我们容易算出：$1^2+2^2+3^2+\cdots+24^2=70^2$，但是，如果要在 70×70 的正方形中不重叠地放下 1×1，2×2，3×3，…，24×24 的 24 个小正方形却是办不到的。

生命游戏

“生命”游戏是细胞自动机理论的一种最简单的实例，它是当代英国著名代数学家、剑桥大学教授康韦发明的，由于有数学科普作家马丁·加德纳的推荐而迅速传播到世界各国。

“生命”游戏是单人游戏，它能模拟自然界各类物种的增殖、稳定、面临灭绝与摇摆不定等状态。开始时，可以在棋盘上的格子里随便放置几枚棋子，构成一种几何图形，并予以命名，如三叶虫、四眼鱼等，称为原始物种。构成图形的每一枚棋子，称为“细胞”。规定每个细胞有 8 个“近邻”。除了上、下、左、右四个近邻，与之最接近的四个斜角上的细胞也算近邻，如图 1 中的黑点。

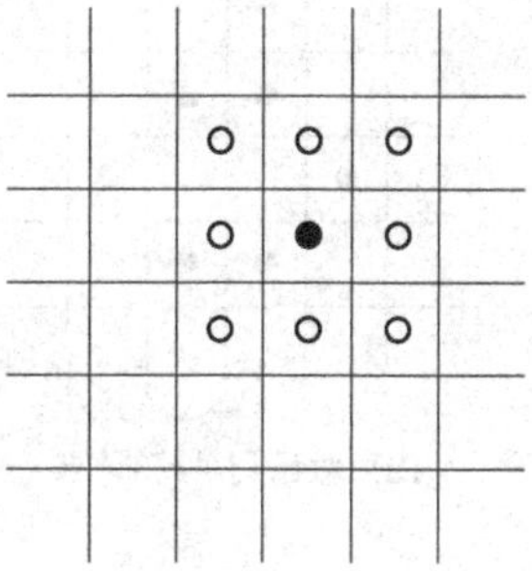

图 1　细胞的近邻示图

从一个状态过渡到下一个状态需要满足以下三条规则。

（1）存活——具有 2 个或 3 个近邻的细胞，下一时刻将继续生存。

（2）死亡——具有 4 个或 4 个以上近邻的细胞，在下一时刻要死亡，这是由过分稠密、食物不足及环境质量恶化而导致的死亡；另外，只有 1 个近邻或没有近邻的细胞，在下一时刻也要死亡，这是由过分稀疏而导致的死亡；死亡的棋子就要拿出棋盘。

（3）新生——如果棋盘上有某一空白点，此刻恰有三个近邻，则在下一时刻，在这一空白点处将要“繁衍”一个细胞。

规则仅此三条，十分简单，任何人都能理解，但是照此演变下去，却是变幻莫测的。现在，人们已经编好程序，使它可以在带有图像显示设备的计算机上进行模拟。它着实要比一些“捉强盗”“星球大战”等电子游戏有意思得多。

图 2 中的原始物种“三叶虫”是一种“振荡态”，像是十字路口闪烁的红绿灯。

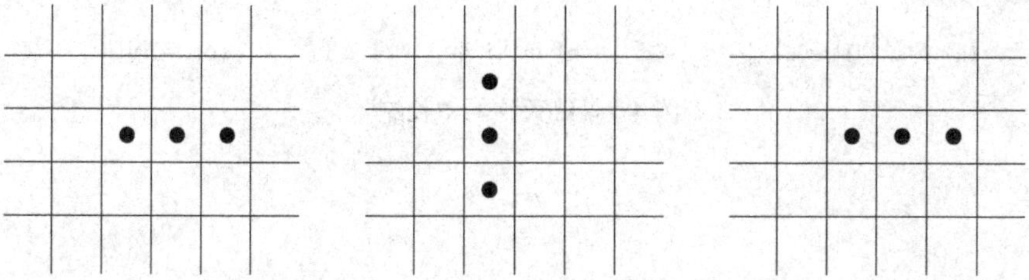

（a）原始物种 t=0时刻　　（b）t=1时刻　　（c）t=2时刻

图 2　“振荡态”的“三叶虫”

图 3 的原始物种“乌龟”则是一种稳定状态，保持原状，不生不灭。因为，它的每一个细胞都有 2 个近邻。这似乎可以从某种意义上理解为“神龟”长寿的秘诀。

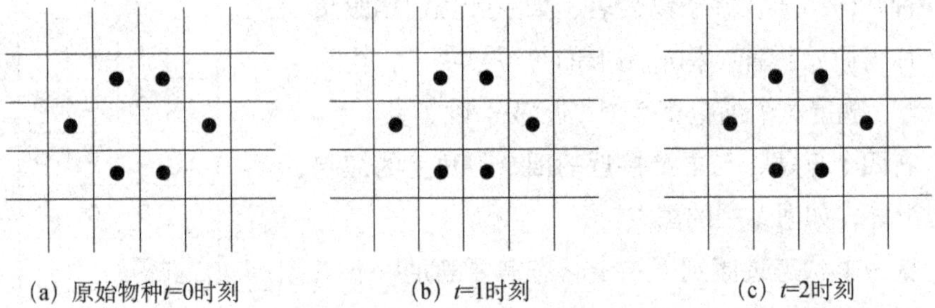

图 3　稳定状态的“乌龟”

图 4 的原始物种“长蛇”却越缩越小，最后灭绝。

作为一种游戏，如果你能创设一种原始物种结构使得它能越繁衍越多，你就是大赢家；反之，如果你创设的原始物种结构没有经过几轮演变就全部消失，那你就输了。

生命游戏很好地模拟了现代城市生活和生态状况。人太多，拥挤，生活和管理成本高，面临的问题比较多；人太少，发展受限，也有问题。所以，城市人口必须有一个适度规模和合理结构。

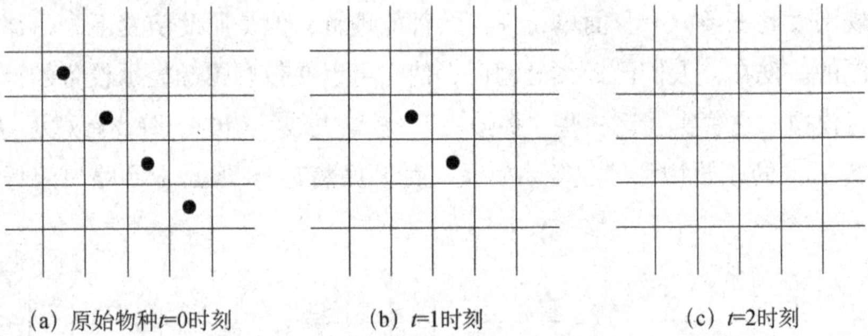

图 4　最终灭绝的“长蛇”

航海图及航海

图 1 中给出的两条虚线是由好望角到澳大利亚南端某港的两条航线，现在要你选择一条最近的航线，你会选择哪个？不懂得航海图的人，肯定会认为直线最短，这就错了。同时这里还涉及一个问题，即轮船在航海旅行中通常会选哪条航线？

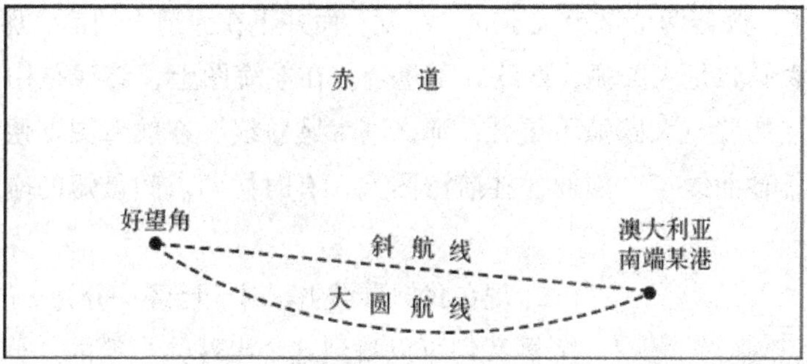

图 1　好望角到澳大利亚南端两条航线示意图

航海家使用的地图，是按照荷兰数学家兼地理学家麦卡托的方法绘制的航海图，这种方法叫作“麦卡托投影法”。这种有方格的地图很容易看懂，因为它的经线都用平行的直线来表示，而纬线是用垂直于经线的直线来表示。

大家可以想一想，从某一海港到另一海港的最短航线应该是怎样的？也许你会不假思索地回答：“那自然是在航海图上，连接这两个港口的直线了。”可是，事实并不是这样，我们将要告诉你，图 1 中用虚线表示的那段弧线，才是从好望角到澳大利亚南端的最短路线。为什么呢？通过计算可以知道，图上所画的“直线的”航线（即斜航线），从好望角到澳大利亚南端的航程是 6020 海里，而那条“曲线”的航线（即大圆航线）的航程却是 5450 海里，竟比前面一条航线短 570 海里，约合 1055 公里。

这究竟是怎么一回事呢？大家知道，我们的地球是一个球体（严格地说，是一个椭球体），球面的任何一部分不可能毫无重叠或破裂而展开成平面，因此要在纸上画出一部分地面，不可避免地总要产生一些畸变。不论哪一种地图，不是有这一种畸变，便是有那一种畸变，一点畸变没有的地图是不存在的。用麦卡托投影法绘制的地图也不例外，特别在高纬度的地方，误差就格外大。

假若有一个圆西瓜，我们用切菜刀通过中心一刀切下去，把它正好切成相等的两半，那么它的切口是圆形的，这种圆，数学上叫作大圆，并且还可以证明，西瓜面上任意两点间的最短线一定是通过两点间的大圆弧。

怎样来具体求出这段大圆弧呢？我们可以做一个实验：在地球仪上找两个城市，通过这两个城市拉紧一条细线，这条细线就是大圆弧了。

如果两个城市正巧位于赤道上，那么通过它们的大圆弧当然就是赤道（0°的纬线）了。假若两个城市位于同一纬度，而并不在赤道上的活，那么，纬线是纬线，大圆弧是大圆弧，两线并不重合。在航海图上，纬线是用直线来表示的，既然纬线与大圆弧不重合，那么“大圆航线”在航海图上便肯定不是直线而是某种曲线了。因此，在航海图上，有时候两点间最短的航线并不是直线。

图 2　被切了两刀的西瓜

现在我们再设想，对于已经一分为二的圆西瓜，无疑我们可以找到这个半球体半径的二分之一处或四分之一或四分之三处，或者离开二分之一切口一段距离的任意地方都行，然后以这里为切口，对着与第一刀切口（即大圆面）平行的方向切下去，这样就得到了一个更小的圆切面，如图 2 所示。这个圆切面的投影线与第一刀切下去的圆切面的投影线是平行的，投影线的长度是这个小圆切面的直径，但是任意一条直径线两个端点的实际距离却是这个圆切面周长的一半。现在，你再用刀在这个圆切面的外表上从对着其中一个直径上的两点的任意地方切下去，所得到的弧线的长度一定小于这个圆切面投影线的实际长度，如果从与圆切面垂直的方向对着直径线上的两点切下去所得到的弧线最短，这就是前面刚刚说到的大圆弧。这就是用麦卡托投影法绘制的航海图，为什么直线距离比弧线距离更长的道理。也就是说，直线的距离是与把地球一分为二的投影线平行的小圆切面的投影线，它的实际长度是小圆的半周长，而弧线则是这个小圆切面外表上对应于小圆切面上任意直径切下去所得到的弧线，它的长度小于小圆切面的半周长。

或许有人会说，既然用麦卡托投影法绘制的地图给了人不正确的印象，为什么还要用它呢？

因为它可以很简单地用直线来表示轮船的定向航线，这样轮船始终可以保持一个固定不变的方向。比如说，从好望角驶往澳大利亚的南端，如果走“斜航线”，虽然要多走一些路，但是可以始终保持往东南方87°50′的航行方向不变，如果走“大圆航线”，就必须时时改变航行的方向。所以，轮船在航海旅行中通常都会选择图中用直线表示的较远的“斜航线”，即为了方便识别航行方向宁肯多走。

研究各种地图投影法，是属于“数学制图学”的范围，它有着很重要的实用意义。

怎样挖掘隧道

被誉为“世界级工程”的秦岭终南山公路隧道，全长18公里有余，分东西两线，Ⅰ线长18 460米，Ⅱ线长18 456米，2000年8月正式开通运营。每每穿行在陕西省的这个“世纪工程”之中，我总会想如此长的大隧道究竟是怎么挖掘出来的？直到后来读了苏联科普作家别莱利曼的著作《趣味物理学（续编）》，这个问题我才多少明白了一点。

长隧道是怎样挖掘出来的呢？我们来一起看看图 1，图中给出了上中下修筑隧道的三种不同方法。你能知道长隧道通常是按哪一种方式挖掘过去的吗？ 哪一种方式又是我们通常理解的水平挖掘方式呢？

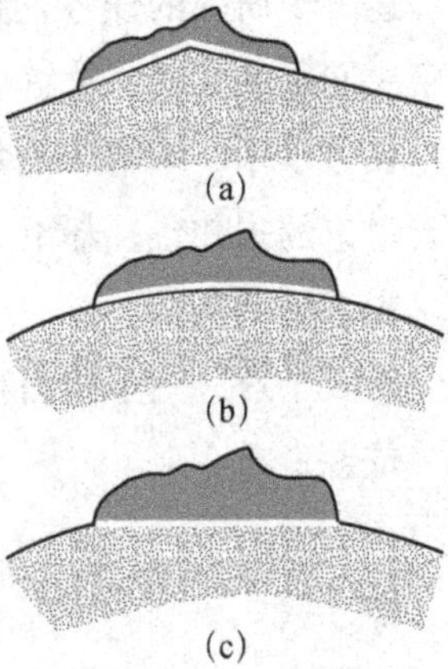

图1 长隧道的三种开挖方式

水平挖掘方式不是上面那一种，也不是下面那一种，而是中间沿着弧线挖掘的那一种。在这条弧线上的所有点都跟垂直线，即地球的半径成直角。只有它才是按水平方式挖掘的隧道，因为它的曲度完全跟地面的曲度相符。

通常的大隧道都是照图 1（a）的样子建造的，它是沿着跟隧道两端的地面相切的那两条直线走的。这样的隧道，开始微微向上升起，后来又微微向下倾斜。它的好处是里面不会积水，水会自己流出来。

假如隧道是严格地按照水平的方向，即图 1（b）建造的，那么长隧道就成了弧形。里面的水也就不会向外流，因为隧道里每一点的水都处在平衡的状态中。当这样的隧道长度超过 15 公里的时候（如瑞士新普伦隧道就长达 20 公里），你就不能站在隧道的一头看到它的另一头，因为你的视线被隧道的底遮住了，因为这样的隧道的中点要比它的两端高出 4 米以上（长度超过 15 公里时）。

最后，如果沿着一条连接隧道两端的直线来建造隧道，即如果像图 1（c）那样，就会从两端微微地向中点倾斜。这时候水不但不能向外流，还会积在中间最低的部分。为什么呢？因为隧道中间离地心最近，半径最短，地球的引力最大。可是如果你站在这种隧道的一端，却可以望见它的另一端。从图 1（c）中我们就可以看出这一点。

形形色色的未知数

运筹学研究的任务主要是两个：一是建模，二是模型求解。建模也就是寻求解决问题的方法。求解模型，实际上都是在求解某个或某些未知数。

在数学中，求解未知数通常都是用解方程或解联立方程组的方法。这里我们要讨论的未知数，却不一定要用解方程的方法获得。

先看一个例子。

有一个数，三个相加和三个相乘相等，求这个数？

依题意有

$$Y+Y+Y=Y\times Y\times Y$$

即

$$3Y=Y^3\rightarrow Y^2=3\rightarrow Y=\pm\sqrt{3}$$

所以，这个数或是 $+\sqrt{3}$ 或是 $-\sqrt{3}$。

第二个例子。

有一个数学式，其未知的数字分别用 X、Y 表示：

$$(8XYX9)^2=YYYXYYXXYX$$

那么多 X 和 Y，你能知道它们到底是几？

根据题目，Y 应该是 8 的平方的首位数，X 应该是 9 的平方的末位数。

$9^2=81$，所以，$X=1$

$8^2=64$，所以，$Y=6$

所以，原式应该是 $81\,619^2=6\,661\,661\,161$。

第三个例子，叫作《智探珠宝洞》。

有一个妖魔把珠宝藏在了山里的一个洞中，洞门紧闭，门上面挂着一把特大的 3 位数字的号码锁。洞门的两侧分别挂着一副对联，对联这样写道：“若要门开路通达，必先识得我你他。”再抬头一看，原来横匾上写着一道奇怪的算式：

$$\begin{array}{r} 你我 \\ +\ \ 你你 \\ \hline 我你他 \end{array}$$

你能运用你的智慧，打开这个珠宝洞的门吗？

现在，设我=X，你=Y，他=Z，则原数学式变成如下形式：

$$\begin{array}{r} YX \\ +\ \ YY \\ \hline XYZ \end{array}$$

$Y+Y$ 变成一个十位数，必然有 $X=1$；$Y+Y$ 其个位数仍为 Y，必定后面进了一位，而 $X+Y$ 既然能进一位，且已知 $X=1$，必然 Y 是最大自然数，即应有 $Y=9$。由此 $X+Y=10+Z$，即 $10=10+Z$，显然 $Z=0$。

所以，$X=1$，$Y=9$，$Z=0$。

也就是，我你他=190。

这就是号码锁的密码，知道了它，就可以方便地取到珠宝。

第四个例子，奇偶相乘。

在如图 1 所示的算式中，“奇”字代表一个奇数即指 1、3、5、7、9 中的某一个；“偶”字代表一个偶数，即指 0、2、4、6、8 中的某一个。为使竖式成立，求它所代表的数字。

在乘法中，奇数乘以奇数得到奇数，奇数乘以偶数、偶数乘以偶数都得到偶数。在加法中，奇数加上偶数得到奇数，奇数加上奇数、偶数加上偶数都得到偶数。

据此，对照部分积进行分析，被乘数中的“奇”不小于3，因为如果“奇”小于3，即使与9相乘，进位也不可能是偶数。从第二部分积看，它只能是3，否则与乘数中的“偶”相乘，便不会是两位数了。

由被乘数中的“奇”是3，可推知乘数中的“偶”等于2，否则，便不可能使第二部分积为两位数。

进一步可确定，被乘数中的“偶”不大于4，否则，第二部分积的百位数将是奇数。验证后，可以断定“偶”等于2。

最后分析乘数中的“奇”代表的数字。经尝试，3、5、9都不符合条件，所以，乘数的个位数的“奇”应该是7。这样，算式就解出来了。答案如图2所示。

奇偶	32
×　偶奇	× 27
偶偶偶	224
偶偶	64
偶偶偶	864
图1　一个乘法算式	图2　乘法算式的解

第五个例子，人过大佛寺。

看下面的算式，求出5个汉字所代表的数字。

　人过大佛寺
×　　　　4
寺佛大过人

答案是，21 978×4=87 912。答案怎么来的，留给读者自己思考，这里不再赘述。

阿基米德的玩笑

阿基米德是古希腊伟大的科学家，他身后留下了许多感人的故事，最著名的自然是关于叙拉古城国王王冠的故事。国王怀疑金匠用一些合金偷换了他王冠上的黄金，就请阿基米德来测定王冠的真正含金量。阿基米德一直解不开这道难题。但有一天，在洗澡中他忽然找到了答案。兴奋之余，他竟然忘记了穿上衣服便从浴盆里跳出来，跑到了叙拉古城的大街上，边跑边欢呼："尤里卡！尤里卡！"（这一古希腊语的意思是："我找到了！我找到了！"）他的这个伟大发现正是物理学中的"阿基米德浮力定理"，是流体静力学中的第一个基本原理。

有一次他利用滑轮组的原理，把拴着大船的绳子塞在国王手里，国王轻轻一拽，便把大船位动了。于是，阿基米德有些得意忘形，口吐狂言，他说：只要给我一个支点，我就能撬起地球。这种"玩笑"看似夸张，其实却包含了这样一个重要的规律：利用某些简单机械可以挪动重物，改变用力方向，或者改变物体运动的速度。

现在给你一个题目。

假如你能够施加一个 100 牛顿的力，且受力点能够以 1 米/秒的速度运动，那么，利用杠杆（不考虑杠杆的质量）让你把一个 120 000 牛顿的重物抬起 5 厘米，需要花费的时间是多少？

备选答案有四个：A. 5 秒；B. 10 秒；C. 30 秒；D. 60 秒。

该选哪个答案呢？

我们来进行分析，不考虑杠杆的质量，人利用杠杆做的功等于直接提起重物做的功，即 $Fs=Gh$ 或 $\frac{F}{G}=\frac{h}{s}$。其中，F 为作用力；s 为作用力运动距离；h 为重物运动距离；G 为重物重力。

于是

$$s=\frac{Gh}{F}=\frac{120\,000\text{牛}\times 0.05\text{米}}{100\text{牛}}=60\text{米}$$

需要的时间为

$$t=\frac{s}{v}=\frac{60米}{1米/秒}=60秒$$

故答案为D。

现在我们来分析阿基米德夸口的玩笑。我们知道地球的重力为 6×10^{25} 牛，假设支点距地球1米，阿基米德给杠杆的最大压力为600牛，则阿基米德要撬动地球需要一根多长的杠杆？我们可以从求出的杠杆的长度来判断他的想法是否可行。

杠杆的平衡条件（杠杆原理）是，要使杠杆平衡，作用在杠杆上的两个力矩（力与力臂的乘积）大小必须相等，即动力×动力臂=阻力×阻力臂，用代数式表示为 $F\cdot L_1=G\cdot L_2$，也就是 $\frac{F}{G}=\frac{L_2}{L_1}$。式中，$F$ 为动力；G 为阻力；L_1 为动力臂；L_2 为阻力臂。从上式可看出，欲使杠杆达到平衡，动力臂是阻力臂的几倍，动力就是阻力的几分之一。

通过简单的计算，动力臂的长度应为 6×10^{23} 米。这是一个什么概念呢？我们知道，光的速度是 3×10^5 千米/秒，一年是 3.15×10^7 秒，即一光年大约就是 10^{13} 千米（$3\times3.15=9.45\approx10$），那么 6×10^{20} 千米就是 6×10^7 光年，也是说他要用光运行的速度走花那么多时间走那么长的路程，他会有那么长的寿命吗？

我们再假定，阿基米德真能找到这样的一个支点，而且也能找到一根足够长、足够结实的杠杆。那么，阿基米德要把地球抬高1厘米，根据公式 $Fs=Gh$，

$$s=\frac{Gh}{F}=\frac{6\times10^{25}牛\times0.01米}{600牛}=10^{21}米=10^{18}千米$$

即这个着力点的运动距离就是10万光年。把这两点合起来也就是说，他需要离开地球，花 6×10^7 光年走到杠杆的另一头，然后再花 10^5 光年的时间握住杠杆的力点把杠杆压下 10^5 光年的距离。$6\times10^7+10^5$ 光年可不是个近距离，他要用光的速度（即每秒钟30万千米）走610万年，阿基米德怎么会有那么长的寿命呢？更何况，我们根本不可能找到这样的支点，因为按照杠杆原理，重物和支点必须是在同一个平面上。而地球我们知道运行于宇宙太空之中，不在任何平面上，因此我们根本不可能找到这样的支点。

“真理再跨出一步，就会成为荒谬。”阿基米德的玩笑正说明了这一点。

参考文献

别莱利曼. 2009. 趣味物理学（续编）. 谷羽，赵秋长译. 武汉：湖北少年儿童出版社

陈书凯. 2006. 聪明人的思维游戏. 北京：海潮出版社

堵丁柱. 2001. 趣味逻辑问题. 长沙：湖南教育出版社

韩雪涛. 2007. 从惊讶到思考——数学悖论奇景. 长沙：湖南科技出版社

华宇工作室. 2006. 练脑趣味游戏. 上海：上海科学普及出版社

江乐兴. 2009. 哈佛陶冶学生的 300 个趣味游戏. 北京：朝华出版社

金锦达，徐内仁. 1988. 数学与物理趣味游戏. 北京：中国科学技术出版社

柯枤. 1987. 趣味图论. 北京：中国青年出版社

马良. 2010. 高级运筹学. 北京：机械工业出版社

李佳东. 2006. 开发思维的趣味游戏. 北京：海潮出版社

林春增. 2000. 趣味智慧游戏. 济南：黄河出版社

刘松裕. 1980. 趣味数学问题. 香港：万里书店

谈祥柏. 1982. 趣味对策论. 北京：中国青年出版社

谈祥柏. 2005. 乐在其中的数学. 北京：科学出版社

熊斌，谈祥柏. 2009. 趣味数学. 上海：上海辞书出版社

熊义杰. 1997. 运筹学教程. 第 2 版. 北京：国防工业出版社

熊义杰. 2010. 现代博弈论基础. 北京：国防工业出版社

易南轩. 2004. 数学美拾趣. 第 2 版. 北京：科学出版社

张润青. 1991. 趣味数学 365. 北京：国际文化出版公司

后　记

再有一年多时间我就要从为之奋斗了33年的高校教师岗位上光荣退休了。越是临近退休，越是想把积累了30多年的一些有用的东西留下来。可以说，这本书正是在这种想法的驱使下形成的一个成果。

本书基础材料大多是在本人近30年的运筹学教学生涯中逐步积累形成的，书稿主体内容则是在近一年多的时间内，在大量阅读“趣味数学”“趣味游戏”“益智问题”“思维训练”等书籍的基础上，经过加工整理形成的。在此，我要感谢本书参考文献中罗列的所有书籍的作者，是他们为我的学习、思考提供了丰富的一手资料。尽管有时候，对于一个问题的思考常常会让我彻夜难寐，但我还是要说，是他们的成果充实和丰富了我的学习和生活。每当我有所顿悟的时候，我总有一种想立刻从床上爬起来，把它记录下来的冲动，但是为了不影响家人，这些工作只能在第二天完成。每当这个时候，我总会有一种十分自豪的成就感。

本书应该算是我与科学出版社第二次合作的一个成果（第一次合作的成果

是《技术溢出效应与区域经济发展》一书的出版）。本书之所以能够顺利面世，在这里我首先要感谢本书的责任编辑石卉和科学出版社的领导，是他们的慧眼识珠才使得本书的出版成为可能。尤其是石卉编辑，当她听了我想要出版本书的计划和想法后，很快地浏览了我为本书写的前言和前10节的样章，对本书给予了充分的肯定。在此，我要真诚地说一声："石编辑，谢谢你！感谢你为本书所付出的辛勤劳动。"

本书或许是我个人学术生涯的"终结号"了。我将把它作为一份珍贵的礼物，献给多年来一直支持我关心我陪伴我的所有亲人、朋友和同事，以此感谢他们对我多年的照顾、鼓励和鞭策。

熊义杰

2017年1月于故都西安